I0409213

Revista de
Direito Magis

Volume 2 | Número 1 | Ano 2023

© 2022- | Revista de Direito Magis

2023

R454   Revista de Direito Magis
2023   v. 1, Betim, 2022

       v. 2, n. 1, a. 2, 2023

       ISSN: 2764-8087
       E-ISSN: 2764-8095

       1. Direito. 2. Pesquisa Jurídica. I. Revista de Direito Magis.

                              CDD: 340 / CDU: 340

Revista de
Direito Magis

EXPEDIENTE

Editor-Chefe
Michel Canuto de Sena | UFPR - Universidade Federal do Paraná *(PR, Brasil)*

Conselho Executivo
Clayton Douglas Pereira Guimarães | ESDHC - Escola Superior Dom Helder Câmara *(MG, Brasil)*

Glayder Daywerth Pereira Guimarães | ESDHC - Escola Superior Dom Helder Câmara *(MG, Brasil)*

Conselho Editorial
Bruno Marini | UFMS - Universidade Federal de Mato Grosso do Sul *(MS, Brasil).*

Clayton Douglas Pereira Guimarães | ESDHC - Escola Superior Dom Helder Câmara *(MG, Brasil)*

Danielle de Ouro Mamed | UFMS - Universidade Federal de Mato Grosso do Sul *(MS, Brasil).*

Fábio Augusto de Souza | UFPR - Universidade Federal do Paraná *(PR, Brasil).*

Francielle Elisabet Nogueira Lima | UFPR - Universidade Federal do Paraná *(PR, Brasil).*

Guilherme Christen Möller | UNISINOS - Universidade do Vale do Rio dos Sinos *(RS, Brasil).*

Glayder Daywerth Pereira Guimarães | ESDHC - Escola Superior Dom Helder Câmara *(MG, Brasil)*

Graciele da Silva | UFMS - Universidade Federal de Mato Grosso do Sul *(MS, Brasil)*.

Heloisa Helena de Almeida Portugal | UFMS - Universidade Federal de Mato Grosso do Sul *(MS, Brasil)*.

Maria Fernanda César Las Casas de Oliveira | USP - Universidade de São Paulo *(SP, Brasil)*.

Mariana Almirão de Sousa | USP - Universidade de São Paulo *(SP, Brasil)*.

Michel Canuto de Sena | UFPR - Universidade Federal do Paraná *(PR, Brasil)*.

Patricia Soares Pacheco | UFMS - Universidade Federal do Mato Grosso do Sul *(MS, Brasil)*.

Paulo Roberto Haidamus de Oliveira Bastos | UFMS - Universidade Federal do Mato Grosso do Sul *(MS, Brasil)*.

Pietra Daneluzzi Quinelato | USP - Universidade de São Paulo *(SP, Brasil)*.

Ronald Jean de Oliveira Henriques | PUC/MG - Pontifícia Universidade Católica de Minas Gerais *(MG, Brasil)*

Thiago Teixeira Santos | PUC/MG - Pontifícia Universidade Católica de Minas Gerais *(MG, Brasil)*

Conselho Parecerista
André Felipe Krepke | UFJF - Universidade Federal de Juiz de Fora *(MG, Brasil)*.

Clayton Douglas Pereira Guimarães | ESDHC - Escola Superior Dom Helder Câmara *(MG, Brasil)*

Felipe Gomes Carvalho | ESDHC - Escola Superior Dom Helder Câmara *(MG, Brasil)*.

Glayder Daywerth Pereira Guimarães | ESDHC - Escola Superior Dom Helder Câmara *(MG, Brasil)*

Jordano Paiva Rogério | FDUL - Faculdade de Direito da Universidade de Lisboa *(LX, Portugal)*.

Júlio Moraes Oliveira | FUMEC - Universidade FUMEC *(MG, Brasil)*.

Marcelo Gonçalves | UNIJUI - Universidade Regional do Noroeste do Estado do Rio Grande do Sul *(RS, Brasil)*.

Nathan Gomes Pereira do Nascimento | UNESP - Universidade Estadual Paulista Júlio de Mesquita Filho *(SP, Brasil)*.

Pedro Alberto Alves Maciel Filho | UEL - Universidade Estadual de Londrina *(PR, Brasil)*.

Victoria Emily da Silva Oliveira Castro | FDUL - Faculdade de Direito da Universidade de Lisboa *(LX, Portugal)*.

Revista de
Direito Magis

SUMÁRIO

Revista de
Direito Magis

APRESENTAÇÃO

O estudo crítico e construtivo dos modelos jurídicos contemporâneos demonstra-se como uma das principais atividades dos pesquisadores da seara jurídica visto que esse processo possibilita a reavaliação dos paradigmas atuais e a pavimentação de novos caminhos para o Direito e para a sociedade contemporânea.

Nesse contexto, a *Revista de Direito Magis (RDM)* se estabelece como um dos principais instrumentos, *independente e autossuficiente*, de propagação de pesquisas científicas em âmbito nacional e internacional. A *Revista de Direito Magis* se propõe a ser um amplo espaço de fomento e divulgação da pesquisa científico-jurídica conjuntamente à *AGEJ - Associação Guimarães de Estudos Jurídicos* e ao *Magis – Portal Jurídico*.

É com grande felicidade que apresentamos a toda comunidade jurídica o primeiro volume da *Revista de Direito Magis* em 2023 (v. 2, n. 1, a. 2, 2023), o Dossiê "Violência: formas e meios de enfrentamento".

O presente número do Periódico é constituído por uma série de pesquisas científicas inéditas, nas quais os diversos autores se propõem a discutir temas complexos e suscitar significativas transformações na sociedade contemporânea e no universo jurídico.

A violência é um fenômeno humano que engloba a manifestação de comportamentos e ações que infligem danos físicos, psicológicos, emocionais ou sociais sobre indivíduos ou grupos. Este conceito abrange uma miríade de formas de expressão, tais como agressão física, verbal, psicológica, sexual, econômica e institucional. A incidência da violência pode ser observada em diversos contextos, permeando as esferas familiares, interpessoais, comunitárias, laborais e sociais, e, em última instância, estendendo-se mesmo às escalas internacionais, como em conflitos armados. As consequências da violência são de extrema gravidade, culminando em traumas físicos e emocionais nas vítimas, ao mesmo tempo em que contribui para o aprofundamento das desigualdades e injustiças sociais.

Dentre as diversas vítimas de violência, há de se mencionar as crianças e adolescentes. O artigo 227 da Constituição Federal de 1988 afirma que o direito fundamental de crianças, de adolescentes e de jovens de estar a salvo de qualquer espécie de violência. O direito de não sofrer violência está relacionado com o direito fundamental à saúde e a vida, pois são requisitos essenciais para o desenvolvimento da pessoa em sociedade. Por outro lado, o ambiente eivado por atos de violência impede que desenvolvimento pessoal, além de afetar diretamente a dignidade da pessoa humana.

Outro dispositivo que afirma essa garantia é a Lei n. 13.431 de 2017, que estabelece e disciplina o sistema de garantia de direitos da criança e de adolescente vítima ou testemunha de violência. Ainda, tal dispositivo traz quatro aspectos: (I) a classificação e o conceito das espécies de violências; (II) definição dos procedimentos de escuta especializada e depoimento especial; (III) os direitos e garantias; e (IV) políticas públicas correspondentes.

A violência é considerada um fenômeno social e que surge da convivência social. Ela pode ser estudada e disciplinada por diversos campos da ciência, dentre eles: as ciências sociais, a psicologia, a economia, a ciência jurídica e a antropologia. O termo violência vem do latim *vis*, que significa força. Assim, a utilização da força não é destinada a somente o uso da força física, pois a doutrina divide esse fenômeno da sequente maneira: (I) violência física; (II) violência psicológica; (III) violência sexual; (IV) violência patrimonial; e (V) violência moral.

A violência física é aquela conduta que ofende a integridade ou saúde corporal da vítima. Nesse sentido, os casos de violência escolar nem sempre terminam em uma perseguição verbal ou em ataques verbais, em muitos casos, ocorre a violência física contra a pessoa. O que resulta em isolamento social dentro e fora da escola e o mais grave, a vítima regida pelo medo, na maioria dos casos, escolhe por omitir de seus familiares e pessoas próximas sobre os atos violentos.

A violência psicológica, consiste em uma conduta que causa danos emocionas e diminui a autoestima da vítima. Esses prejuízos afetam não somente o rendimento escolar, mas todo o desenvolvimento psicológico sadio da criança e do adolescente. Geralmente, o objetivo do agressor é de degradar os sentimentos da vítima, expondo os seus comportamentos, crenças, realidade econômica, orientação sexual, identidade de gênero, entre outros mediante ameaça, constrangimento, humilhação, isolamento, vigilância constante, insulto, chantagem, ridicularização, entre outros mecanismos que possam trazer prejuízos à saúde psicológica e a autodeterminação da vítima.

A violência sexual, consiste na conduta que tem por objetivo constranger por meio de atos sexuais ou libidinosos a vítima. Ainda, a título de exemplo, manter relações sexuais não desejadas com o agressor, coação ou uso de força com intenção sexual, o impedimento de utilização de métodos contraceptivos, à gravidez, ao aborto ou a prostituição. Todos esses atos além de lesivos a vítima, ainda carregam uma cicatriz mais funda, ou seja, no contexto escolar, isso é enquadrado como estupro de vulnerável.

Em linhas gerais, a violência, inclusive a perpetrada contra crianças e adolescentes, para sua erradicação e prevenção exige a implementação de medidas legais, educacionais e sociais, de modo a promover uma sociedade mais segura e equitativa. Com vistas contribuir com as relevantes discussões relativas ao tema, bem como a promoção do aprofundamento dos estudos das ciências sociais sobre o assunto, com ênfase no Direito, a *Revista de Direito Magis (RDM)* publica o presente Dossiê "Violência: formas e meios de enfrentamento".

Na oportunidade, a *Revista de Direito Magis* agradece aos autores do presente número pela confiança depositada em nosso periódico para realizar a publicação de seus estudos, aos membros do Conselho Executivo pela direção da revista, aos membros do Conselho Editorial pelo auxílio na direção científica e ao Conselho Parecerista pelo esforço e tempo empregados na avaliação dos artigos submetidos à revista.

Uma boa leitura!

Michel Canuto de Sena

Revista de
Direito Magis

VICTIMAS Y HOMOSEXUALIDAD: VULNERANDO LOS DERECHOS DE UNA MINORIA: ¿SER VISIBLE O NO EN UNA JUNGLA DE CEMENTO?[1]

VICTIMS AND HOMOSEXUALITY: VIOLATING THE RIGHTS OF A MINORITY: BEING VISIBLE OR NOT IN A CONCRETE JUNGLE?

Santiago Serna Muñoz[2]

Resumen: La propuesta investigativa parte de la necesidad imperante de volcar la mirada sobre una población que por años ha estado desprotegida por el estado, permitiendo que la sociedad atente contra su integridad física, psicológica y material. Así pues, a lo largo del documento se relatará lo que significa a nivel social ser abiertamente homosexual y el impacto que ello ha tenido en la vida de cada uno de los sujetos que a raíz de su identidad de género y orientación sexual sufrió atropellos, vulneración y violación de sus derechos. Se pretende que el lector se sitúe en tiempo y espacio logrando empatía respecto a los crímenes de lesa humanidad y la victimización de la población gay en Colombia preguntándose por las vulnerabilidades más comunes sufridas por las victimas homosexuales y el impacto que ello tuvo en lo psicológico, material, físico y en el proyecto de vida. Para ello se recurrió a la técnica de la entrevista semi-estructura la cual permitió que se formularan preguntas emergentes conforme se desarrollaba el encuentro. Finalmente, los resultados obtenidos dieron cuenta de la situación de vulneración de derechos de la comunidad gay y sus alcances en las orbitas que circunscriben al ser humano: social, política, económica, ambiental, familiar e individual enmarcada en el Derecho Internacional Humanitario, Derechos Humanos y leyes nacionales.
Palabras Claves: Gay; Victima; Conflicto Armado; Derechos Humanos; Vulneración.

---

[1] Artículo publicado originalmente por Editorial Académica Española-2021, con el titulo "Víctimas y homosexualidad: Vulnerando los derechos de una minoría". Actualizado, modificado y ampliado para mejor adaptarse al Dossier "Violencia: modos y medios de afrontamiento".
[2] Trabajador Social de la Universidad del Quindio-Colombia. Especialista en Gestión de Procesos Psicosociales Y Máster en Intervención Social en Sociedades del conocimiento con experiencia en intervención y acompañamiento a víctimas de conflicto armado y poblaciones vulnerables.

Abstract: The research proposal is based on the prevailing need to focus on a population that for years has been unprotected by the State, allowing society to attack its physical, psychological and material integrity. Thus, throughout the document, it will be related what it means, at the social level, to be openly homosexual and the impact that this has had on the life of each of the subjects that, as a result of their gender identity and sexual orientation suffered abuses, violation and vulneration of their rights. Then it is intended that the reader situates himself in time and space in order to achieve empathy regarding the crimes against humanity and the victimization of the gay population in Colombia wondering about the most common vulnerabilities suffered by homosexual victims, and the psychological impact that this has had in their physical and material level, including also their life project. To this end, the semi-structured interview technique was used, which allowed emerging questions to be formulated as the meeting developed. Finally, the results obtained gave an account of the situation of violation of rights of the gay community and its scope in the orbits that circumscribe the human being: social, political, economic, environmental, family and individual framed in International Humanitarian Law, Human Rights and national laws.

Keywords: Gay; Victim; Armed Conflict; Human Rights; Vulneration.

1   INTRODUCCIÓN

Hablar de diversidad sexual y de género se convierte en un asunto espinoso en las estructuras patriarcales de la sociedad, debido a que las subjetividades se están viendo condicionadas por el proyecto heteronormalizador (Foucault, 1976). Esto es un conjunto de representaciones sociales cargadas de contenido que cuadriculan a los sujetos a aspiraciones, comportamientos, acciones y relaciones enmarcadas en la superioridad androcéntrica, la procreación como fin sexual, la relación hombre-mujer como el único esquema aceptado, el matrimonio tradicional y la familia nuclear como proyecto coercionador en las utopías que como individuos se tienen de futuro. Por tanto, dicho asunto se vuelve el pilar de las denominadas sociedades de control, las cuales a través de dispositivos limitan y constriñen el ejercicio de la sexualidad construyendo identidades normalizadoras y patológicas para separar y manejar a los sujetos según el discurso de verdad construido en el seno de la ciencia específicamente la psiquiatría.

Ello conlleva a preguntarse por la situación actual de la comunidad Lesbiana, Gay, Transexual y Bisexual en adelante LGTB en un país en conflicto armado, en donde las victimas sin distinción de su sexo, género, edad, orientación sexual y procedencia sufren vulneración y violación a sus derechos fundamentales. No obstante, el universo de victimas es amplio, siendo necesario delimitar para el presente proyecto a la población homosexual y su relación con el conflicto. Así las cosas, la organización Colombia Diversa adelantó trabajos relacionados con la caracterización de la violencia y su impacto en la población LGTB del país, encontrándose que en la nación poco se ha investigado del tema, sin embargo existen reportes de denuncias realizadas por la comunidad al circular panfletos con interés de "limpieza social" mencionándose a los homosexuales como objetivos a eliminar. En función de ello es importante conocer los datos recolectados por la organización, los cuales develan la existencia de discriminación y su posible relación con el conflicto armado, así como los dispositivos de control y sanción social implementados por los grupos armados ilegales en algunas zonas del país.

La información recopilada deja ver la apremiante necesidad de generar políticas públicas para la protección de las comunidades históricamente segregadas y la responsabilidad del estado en la garantía de sus derechos. Así las cosas, Colombia Diversa (2005) en El *Informe de derechos humanos de lesbianas, gay, bisexuales y transgeneristas en Colombia* reportó varios hechos de violencia relacionados con el conflicto armado. El primero de ellos tenía que ver con la violencia por intolerancia o "limpieza social", reflejándose que hubo una amenaza del 29 de septiembre del 2005 contra la comunidad LGBT del centro de la ciudad de Pereira, la cual la había hecho un grupo de "limpieza social" autodenominado "Cazano"; también se documentó la amenaza que había recibido una pareja de lesbianas por parte de presuntos integrantes de las Autodefensas Unidas de Colombia (AUC) en una vereda cercana a Ibagué, así como casos ocurridos en años anteriores: el homicidio de un hombre gay en el 2003, en el municipio de Caldas, Antioquia; el de una travesti en Campoalegre, Huila –15 de marzo del 2005–; amenazas a un hombre gay y la desaparición forzada de su hermano en Barrancabermeja, Santander; el homicidio de tres travestis en Barranquilla –9 de septiembre del 2005.

Albarracín (2011) en Desplazamiento Forzado contra las personas LGTB expone que para los años 2006 y 2007 la organización Colombia Diversa presentó antecedentes de violencia en el marco del conflicto armado, destacando el informe de Amnistía Internacional, *Cuerpos marcados, crímenes silenciados*. Teniendo en cuenta que el año 2006 se caracterizó por la desmovilización de grupos paramilitares se centraron los datos en el accionar de estos, reportándose un caso de amenaza en el centro de Pereira en el año 2006, circulación de panfletos amenazantes en el municipio de Barrancabermeja en 2007 y el riesgo de desplazamiento que éste generó. De otro lado, el 13 de mayo del 2009, al menos un hombre gay había sido asesinado y torturado en el casco urbano de Aracataca-Magdalena. En varias ciudades del país se han denunciado amenazas y homicidios perpetrados especialmente por grupos de paramilitares desmovilizados. En Cúcuta, el 5 de septiembre, se reportó una amenaza contra las travestis que ejercen prostitución en la zona céntrica de la ciudad y posteriormente el asesinato de tres de ellas. En Medellín, en el mes de agosto, murió una pareja de lesbianas que vivían en una zona de la ciudad donde hacen presencia las llamadas bandas emergentes conformadas por desmovilizados.

Esto permite identificar que los casos reportados de violación en el marco del conflicto armado son escasos, lo cual no significa que no exista mayor número de vulneración en la medida que como lo menciona Albarracín (2011):

> El ocultamiento de la orientación sexual e identidad de género, sumado a la falta de apoyo de su comunidad y a la ausencia de redes sociales, margina a las víctimas y reduce las probabilidades de que éstas reclamen sus derechos y denuncien los abusos que se cometen contra ellas (p.137)

En ese sentido, se visualiza el miedo existente para afrontar de manera pública la orientación sexual al concebir que se replicara el rechazo en las entidades estatales y de apoyo, traduciéndose en subregistro de los casos y por ende desatención de las situaciones particulares basadas en identidad sexual y de género, tal como atención psico social, orientación e intervención profesional y documentación de los casos. Es de mencionar que el escaso conocimiento de situaciones vulneradoras conlleva la dificultad de formular acciones para su mitigación, prevención y atención de manera directa bajo el precepto de discriminación positiva, razón por la cual las acciones implementadas se basan en la generalidad del Género en su concepción más amplia y en la mayoría de las oportunidades orientada hacia la población femenina.

Así las cosas, se indagó el porcentaje de victimas LGTB en el país y el registro de las mismas, encontrándose que

> Según los datos oficiales, los hechos victimizantes por los cuales se han registrado mayor cantidad de personas LGBTI víctimas del conflicto armado han sido el desplazamiento (72.9 %) y las amenazas (13.85 %). Los delitos en contra de la libertad y la integridad sexual se ubican en cuarto lugar (2.07 %), después de los homicidios (6.3 %). Durante este mismo período, los delitos contra la libertad e integridad sexual aportaron el 1.13 % del total de víctimas a nivel nacional (6653 de 587987), por lo cual la incidencia sigue siendo mayor sobre las víctimas con orientaciones sexuales o identidades de género diversas. (Piza, 2015, p.1)

Para finalizar, la condición de víctima del conflicto armado, aunado a la identificación como persona homosexual en un país heteronormativo con modelos imperantes de masculinidad-virilidad desde una concepción moralista-religiosa aumenta el riesgo de vulneración de los Derechos Humanos, traduciéndose en segregación o expulsión de su medio social o en otros momentos como un veto, lo innombrable lo inexistente, además de existir un subregistro y/o poca documentación de los casos. En suma se pretende dar respuesta a la pregunta ¿Cuáles son las vulnerabilidades más comunes a los derechos de las victimas homosexuales mayores de 18 años por causa del conflicto armado colombiano?

Para ello se propone realizar entrevistas semiestructuradas que posibilite al investigador acercarse al sujeto de estudio desde sus narrativas, orientando el encuentro conforme se produzca la información partiendo de categorías de análisis previamente fijadas que permitan ubicar los datos y posteriormente analizarlos.

2 OBJETIVOS

La presente investigación parte de plantear como objetivo general el pretender determinar las vulnerabilidades más comunes a los derechos de las victimas homosexuales mayores de 18 años por causa del conflicto armado colombiano; el cual a su vez se divide en dos objetivos específicos que tratan de alimentar el planteamiento general.

2.1 General

Determinar las vulnerabilidades más comunes a los derechos de las victimas homosexuales mayores de 18 años por causa del conflicto armado colombiano.

2.2 Específicos

• Enumerar los daños ocasionados a las víctimas en el marco del conflicto armado.
• Describir el tipo de acciones que implementaron los grupos armados para la vulneración de los derechos.

3 MARCO TEORICO

El conflicto armado en Colombia ha dejado millones de víctimas, entre estas personas pertenecientes al colectivo LGBT razón por la cual se hace imprescindible definir los conceptos soportes del ejercicio investigativo relacionados con Género, Diversidad Sexual y Derechos Humanos.

De otro lado, según la Unidad para la Atención Integral y Reparación a las Víctimas-UARIV (2018) se cuenta con un registro total de 8.666.577 personas que han sufrido vulneración y violación de los Derechos Humanos de las cuales 2159 se han identificado como LGTB, ello con fecha a corte de 1 de abril del mismo año.

3.1   De los derechos humanos

La Declaración Universal de Derechos Humanos nace el 10 de diciembre de 1948 en Paris como instrumento para garantizar la dignidad humana:

> La Asamblea General de las Naciones Unidas proclama la Declaración Universal de Derechos Humanos como ideal común por el que todos los pueblos y naciones deben esforzarse, a fin de que tanto los individuos como las instituciones, inspirándose constantemente en ella, promuevan, mediante la enseñanza y la educación, el respeto a estos derechos y libertades, y aseguren, por medidas progresivas de carácter nacional e internacional, su reconocimiento y aplicación universales y efectivos, tanto entre los pueblos de los Estados Miembros como entre los de los territorios colocados bajo su jurisdicción (Fundación Pro Derechos Humanos, s,f. p.1)

No obstante, Colombia ha estado inserta en un contexto de conflicto en donde se cercenaron los Derechos Humanos y vulneraron las libertades individuales, siendo necesaria la generación de un cuerpo jurídico para atender a la población victima producto del conflicto. En suma, la ley 1448 de 2011 por la cual se dictan medidas de atención, asistencia y reparación integral a las víctimas del conflicto armado interno y se dictan otras disposiciones, se esfuerza en proporcionar un marco jurídico para la atención y reparación de las personas que han sufrido algún hecho victimizante, siendo importante definir lo que se entiende por victima conforme a la citada ley:

> Se consideran víctimas, para los efectos de esta ley, aquellas personas que individual o colectivamente hayan sufrido un daño por hechos ocurridos a partir del 1° de enero de 1985, como consecuencia de infracciones al Derecho Internacional

Humanitario o de violaciones graves y manifiestas a las normas internacionales de Derechos Humanos, ocurridas con ocasión del conflicto armado interno. <Apartes subrayados CONDICIONALMENTE exequibles> También son víctimas el cónyuge, compañero o compañera permanente, parejas del mismo sexo y familiar en primer grado de consanguinidad, primero civil de la víctima directa, cuando a esta se le hubiere dado muerte o estuviere desaparecida. A falta de estas, lo serán los que se encuentren en el segundo grado de consanguinidad ascendente (Ley 1448/2011, Por la cual se dicta medidas de atención, asistencia y reparación integral a las víctimas del conflicto armado interno y se dictan otras disposiciones).

De otro lado, se encuentra el **Derecho Internacional Humanitario (DIH)** entendido como un conjunto de normas que, por razones humanitarias, trata de limitar los efectos de los conflictos armados. Protege a las personas que no participan o que ya no participan en los combates y limita los medios y métodos de hacer la guerra. El DIH suele llamarse también "derecho de la guerra" y "derecho de los conflictos armados". (CICR: 2004). Su pretensión es proteger a las personas que hacen parte de la población civil y no milita en uno u otro bando, además de proteger al personal médico y religioso. No obstante, en Colombia se ha vulnerado dichos principios encontrándose un número elevado de victimas de desplazamiento, asesinatos, abuso sexual, entre otros. En el Registro Único de Víctimas-RUV, implementado por la Unidad para la Atención y Reparación Integral a las Victimas-UARIV a partir de la Ley 1448 de 2011, con corte a abril de 2018, se identifican 2159 personas con orientaciones sexuales e identidades de género no heteronormativas. (UARIV, 2018). Lo anterior denota un subregistro en la medida que se hace un cómputo de un poco más de 8 millones de personas registradas ante las autoridades como víctimas del conflicto armado.

Se debe tener en cuenta que relatos de personas víctimas ponen en manifiesto la ridiculización y humillación que han sufrido hombres homosexuales en función de su identidad de género y orientación sexual, así se evidencia en Histórica (2013):

Fue un espectáculo bastante fuerte. Ellos empezaron desde temprano. Vendían cerveza, ahí había de todo, comida, y colocaron a las personas a boxear. Tú sabes que poner a boxear unas personas que son gays, eso genera como mucha parodia para todos; todo el mundo se reía, parecía el circo romano ellos boxeaban; los demás se reían. Entonces, allá a ellos les colocaban como unas batolas [prenda de vestir femenina], sus guantes, y hacían un espectáculo como si fueran mujeres que estuvieran pegándose cachetadas. El boxeo de un hombre es a golpes pero allá era dándose cachetadas. Entonces eso daba cierta risa, producía emoción, la gente se reía. Yo vi como catorce parejas, pero eso se extendió. Cuando yo me vine eran las ocho pero me imagino que eso continuó (p.49)

La narración devela la violencia simbólica y psicológica al utilizar la fuerza y las armas para obligar a los sujetos a realizar acciones bajo presión.

Siendo reconocido que la población LGTB en razón de su orientación sexual e identidad de género ha sido discriminada, vulnerada, maltratada y torturada surgen en 2007 los principios Yogyakarta en donde se expone que "todos los seres humanos nacen libres e iguales en dignidad y derechos. Todos los derechos humanos son universales, complementarios, indivisibles e interdependientes. La orientación sexual y la identidad de género son esenciales para la dignidad y la humanidad de toda persona y no deben ser motivo de discriminación o abuso." Esto está en congruencia con la Constitución Política Colombiana de 1991 la cual en su artículo 13 afirma que:

Todas las personas nacen libres e iguales ante la ley, recibirán la misma protección y trato de las autoridades y gozarán de los mismos derechos, libertades y oportunidades sin ninguna discriminación por razones de sexo, raza, origen nacional o familiar, lengua, religión, opinión política o filosófica. El Estado promoverá las condiciones para que la igualdad sea real y efectiva y adoptará medidas en favor de grupos discriminados o marginados. El Estado protegerá especialmente a aquellas personas que por su condición económica, física o mental, se encuentren en circunstancia de debilidad manifiesta y sancionará los abusos o maltratos que contra ellas se cometan (p.16).

En suma, la dignidad humana como centro de los Derechos Humanos se vio cercenada por acciones vulneradoras de las normas internacionales y de la carta magna del país.

3.2   De la sexualidad

La persona víctima del conflicto armado posee diversas características como sexo, religión, edad, estrato socio económico, nivel educativo y orientación sexual. Sin embargo el presente ejercicio investigativo se centra en la victima homosexual hombre mayor de 18 de edad partiendo de auto identificación de la orientación sexual a nivel social y/o familiar y ser víctima del conflicto armado. En ese sentido, se entiende la *Orientación Sexual* desde los principios Yogyakarta (2007) como:

> independiente del sexo biológico o de la identidad de género; se refiere a la capacidad de cada persona de sentir una profunda atracción emocional, afectiva y sexual por personas de un género diferente al suyo, de su mismo género o de más de un género, así como a la capacidad de mantener relaciones íntimas y sexuales con personas (p.8).

Para la Corte Interamericana de Derechos Humanos el concepto de *homosexualidad* está relacionado con la capacidad de los individuos de sentir atracción, afectiva, emocional o afectiva por personas de su mismo género, además de sostener relaciones eróticas o afectivas con estas.

Aunado a lo anterior Savin (2000) define *la identidad sexual*

> como una categoría con reconocimiento social que señala sentimientos, percepciones y significados que un individuo posee respecto del ámbito sexual, la atracción y comportamiento que lo hace auto identificarse como gay o lesbiana, trascendiendo la esfera erótica para adentrarse en lo afectivo y simbólico (p.14).

El ser homosexual en Colombia ha generado dificultades sociales y morales a partir de ideas religiosas sustentadas en la procreación, el matrimonio y la unión de un hombre y mujer; a ello se suma el conflicto armado interno y la vulneración a los Derechos Humanos a las personas, catalogándose como ciudadanos de segunda clase. Así las cosas, Caballero (2011) expone que:

> Las personas LGBT que deben abandonar sus lugares de origen o residencia porque son receptoras de manifestaciones más cotidianas de discriminación, de formas de exclusión difíciles de probar y de actos menos graves de violencia que las que estipula la definición legal de desplazamiento forzado (p.132).

En algunas zonas del territorio nacional la identificación como homosexual constituía un riesgo al ser rechazado por los grupos armados al margen de la ley, generándose acciones violentas y vulneradoras de Derechos Humanos con sustento en la discriminación y no respeto a la diferencia, razón por la cual se reconoció en la sentencia de Puerto Boyacá la categoría de victimas a la población diversa. Con base en lo anterior se podría asociar lo que expone Fuente (s.f):

> Para sobrevivir a un medio tan hostil, el homosexual recurre al secreto, al encubrimiento y a la doble vida. Antes de salir del armario es obligado por el rechazo de otros, directo o indirecto, a entrar en él. Personas que tienen aprecio por estos sujetos se retiran de ellos para no ser señalados como iguales y acarrearse la misma sanción social. Paralela a esta vivencia es la de los familiares y amistades que no tuvieron opción y que se ven compelidos a admitir esta realidad, lo que implica el aceptar que en su grupo hay un individuo que no sigue los patrones tradicionales de la sexualidad (p.65).

Ahora bien, la multiplicación del discurso heteronormativo propio de ideas religiosas, permite y justifica de alguna manera el lastimar y herir a los desviados sociales que retan la "normalidad", esto a su vez logra que los crímenes de odio y lesa humanidad perpetrados hacia los homosexuales abiertamente declarados se presenten en el contexto nacional, pues como lo mencionaron los entrevistados en el informe de Colombia Diversa (2011) en cuanto a población LGTB desplazada, el sentir el rechazo social y familiar también es una forma de violencia en tanto que fueron expulsados de sus lugares de origen; si bien no existe relación directa con el concepto jurídico de desplazamiento armado se entrevé la homofobia y la reproducción en los sistemas familiares de la hetero normatividad como regla ponderante.

Lo anterior permite abordar el concepto de sexualidad Weeks (1998) la cual se entiende como una construcción histórica, que reúne una multitud de distintas posibilidades biológicas y mentales, identidad genérica, diferencias corporales, capacidades reproductivas, necesidades, deseos y fantasías.

El concepto de Weeks permite conjugar la discriminación y rechazo a la población homosexual con una construcción social mediante la cotidianidad en donde impera la heterosexualidad como manifestación sexual aceptada. La interiorización de normas sociales contra la diversidad sexual pudo dar fuerza al accionar de los grupos armados, además de replicar ideas de sociedades heteronormativas negando la multiplicidad del ser en su esfera erótica afectiva, traduciéndose en *homofobia*, concepto que surgió con el psicólogo estadounidense George Weinberg en 1972, el cual se refiere al odio irracional, prejuicio, aversión, rechazo y discriminación hacia los homosexuales.

Es por ello que es necesario tratar de ligar la homofobia con el accionar de los grupos armados y la cosmovisión de sociedad que tenían, teniendo en cuenta los mensajes amenazantes e intimidantes relacionados con limpieza social y el señalamiento como personas no gratas dentro del territorio. Lo anterior podría responder a la construcción social de la heterosexualidad como natural, normalizada en contra posición de lo punitivo y castigado basado en ideas religiosas. La homofobia pueda visualizarse de diversas formas, sin embargo en el marco del conflicto armado la expulsión de los territorios, los asesinatos, desapariciones y amenazas eran las estrategias recurrentes de intimidación, como se reflejará en apartados siguientes.

El último referente es el de *Género*   que según Ortiz (2003) es:

> entendido como el significado que las sociedades le han atribuido a los rasgos biológicos asociados con el sexo; se trata de construcciones históricas, ya que varían entre sociedades y

se modifican con el transcurso del tiempo y, en ese sentido, son arbitrarias, pues no existe una correspondencia unívoca entre el sexo —rasgo biológico— y el género —significado cultural—. Se distinguen dos géneros básicos: masculino y femenino, pero éstos son modelos ideales, ya que lo que opera en la realidad es un amplio espectro entre estos dos modelos; aunque también existen individuos cuya mezcla de características de ambos géneros hace difícil ubicarlos en alguna de estas dos categorías y son denominados andróginos (p.1).

Con base en el entendimiento de los conceptos se analizará la relación existente entre crímenes perpetrados por grupos alzados en armas y la población homosexual.

3.3   Del marco jurídico colombiano

De otro lado, respecto al marco jurídico y avance en garantías y reconocimiento de la comunidad gay como víctima se encontró la sentencia del Tribunal Superior de Bogotá Sala de Justicia y Paz en donde el Magistrado Eduardo Castellanos Ros se pronunció en el caso Botalón y de otros paramilitares el municipio de Puerto Boyacá, instando a las instituciones estatales a fortalecer la documentación de los casos mediante su registro e incorporación de enfoque diferencial basado en la orientación sexual e identidad de género. Dicha sentencia reconoce a la población LGTB como víctima del conflicto armado en Colombia al confirmarse el asesinato y destierro de ciudadanos identificados como homosexuales en el municipio de Puerto Boyacá.

Así mismo, la declaración universal de Derechos Humanos en su artículo 3 menciona que todo individuo tiene derecho a la vida, a la libertad y a la seguridad de su persona, adicionalmente el articulo 5 expone que nadie será sometido a torturas, ni a penas o tratos crueles, inhumanos o degradantes. No obstante, dichos postulados no fueron respetados por los grupos insurgentes, violentando el tratado internacional y la constitución política de Colombia al perpetrar crimines de lesa humanidad tal como lo sostiene la sentencia Botalón en su parte emotiva.

Es por ello que la ley 1448 de 2011 Por la cual se dictan medidas de atención, asistencia y reparación integral a las víctimas del conflicto armado interno y se dictan otras disposiciones, advierte dentro de sus artículos el respeto a los Derechos Humanos y tratamiento diferencial, exponiendo que:

> Artículo 3°. Víctimas. Se consideran víctimas, para los efectos de esta ley, aquellas personas que individual o colectivamente hayan sufrido un daño por hechos ocurridos a partir del 1o de enero de 1985, como consecuencia de infracciones al Derecho Internacional Humanitario o de violaciones graves y manifiestas a las normas internacionales de Derechos Humanos, ocurridas con ocasión del conflicto armado interno. <Apartes subrayados CONDICIONALMENTE exequibles> También son víctimas el cónyuge, compañero o compañera permanente, parejas del mismo sexo y familiar en primer grado de consanguinidad, primero civil de la víctima directa, cuando a esta se le hubiere dado muerte o estuviere desaparecida. A falta de estas, lo serán los que se encuentren en el segundo grado de consanguinidad ascendente (p.1)

En el artículo anterior se reconoce a la población LGBTI como sujeto de derechos y reclamante de los mismos, dándole participación a la pareja como beneficiaria y heredera.

> *Artículo 6°. Igualdad.* Las medidas contempladas en la presente ley serán reconocidas sin distinción de género, respetando la libertad u orientación sexual, raza, la condición social, la profesión, el origen nacional o familiar, la lengua, el credo religioso, la opinión política o filosófica (p.3)

> *Artículo 13°. Enfoque diferencial.* El principio de enfoque diferencial reconoce que hay poblaciones con características particulares en razón de su edad, género, orientación sexual y situación de discapacidad. Por tal razón, las medidas de ayuda humanitaria, atención, asistencia y reparación integral que se establecen en la presente ley, contarán con dicho enfoque. El Estado ofrecerá especiales garantías y medidas de protección a los grupos expuestos a mayor riesgo de las violaciones contempladas en el artículo 3o de la presente Ley tales como mujeres, jóvenes, niños y niñas, adultos mayores, personas en

situación de discapacidad, campesinos, líderes sociales, miembros de organizaciones sindicales, defensores de Derechos Humanos y víctimas de desplazamiento forzado. Para el efecto, en la ejecución y adopción por parte del Gobierno Nacional de políticas de asistencia y reparación en desarrollo de la presente ley, deberán adoptarse criterios diferenciales que respondan a las particularidades y grado de vulnerabilidad de cada uno de estos grupos poblacionales. Igualmente, el Estado realizará esfuerzos encaminados a que las medidas de atención, asistencia y reparación contenidas en la presente ley, contribuyan a la eliminación de los esquemas de discriminación y marginación que pudieron ser la causa de los hechos victimizantes (p.4)

Nuevamente se pone sobre el escenario el respeto a la diversidad sexual y de género mediante la aplicación de enfoque diferencial y respeto a la dignidad en concordancia con la Constitución Política en donde se expone de manera vehemente que se es igual ante la ley con acceso a los mismos derechos. Ello denota avances importantes en el reconocimiento de los derechos, el posicionamiento como sujetos activos y de especial protección y la necesidad de atender una población que históricamente ha sido renegada y apartada de la estructura social.

3.4   El estigma como medio de señalamiento de la diversidad sexual

La comunidad LGTB se ha visto obligada a defender sus derechos en el ámbito social, político y familiar en tanto que sobre la colectividad ha recaído imágenes, estereotipos y estigmas que los señalan como sujetos indeseados al estar por fuera de la heteronormatividad. En ese sentido, es necesario abordar el concepto de Estigma proporcionado por Goffman y como se ha reproducido en la sociedad la aversión a la diversidad sexual, entendido el mismo "como un atributo profundamente desacreditador; pero lo que en realidad se necesita es un lenguaje de relaciones, no de atributos" (Goffman, 1963, p.13).

De otro lado, el mismo autor define que existen tres tipos de estigmas, sin embargo para efectos del ejercicio investigativo se rescata el segundo concerniente con características del individuo que en palabras de Goffman (1963) está ligado al alcoholismo, adicciones a las drogas, perturbaciones mentales, homosexualidad, entre otros. Así las cosas, la homosexualidad se percibe como un defecto del individuo que debe ser corregido o eliminado en tanto que no responde a las exigencias sociales y culturales frente a la heterosexualidad como única manifestación erótica-afectiva permitida. En la misma línea podría relacionarse la teoría de las Representaciones Sociales formulada por Serge Moscovici en 1961, siendo contemporánea con la de Goffman; Moscovici, según Banchs (1988) en Araya (2002), estudió:

> Cómo las personas construyen y son construidas por la realidad social y a partir de sus elaboraciones propuso una teoría cuyo objeto de estudio es el conocimiento del sentido común enfocado en una doble vía: desde su producción en el plano social e intelectual y como forma de construcción social de la realidad (p.13)

Dicha teoría fue estudiada por diferentes autores entre los que se destaca Sandra Araya quien hace una lectura propia de lo que son las representaciones sociales:

> Las representaciones sociales se dan cuando las personas hacen referencia a los objetos sociales, los clasifican, los explican, y además los evalúan. Sustenta que las personas conocen la realidad que les circunda mediante explicaciones que extraen de los procesos de comunicación y del pensamiento social, las representaciones sociales sintetizan dichas explicaciones y en consecuencia hacen referencia a un tipo específico de conocimiento que juega un papel crucial sobre cómo la gente piensa y organiza su vida cotidiana: el conocimiento del sentido común (Araya, 2002, p.11)

En suma las representaciones constituyen sistemas cognitivos en los que es posible reconocer la presencia de estereotipos, opiniones, creencias, valores y normas que suelen tener una orientación actitudinal positiva o negativa. Se configura a su vez, como sistema de códigos, valores, lógicas clasificatorias, principios interpretativos y orientadores de las prácticas que definen la llamada conciencia colectiva, la cual se rige con fuerza normativa en tanto instituye los límites y las posibilidades de la forma en que las mujeres y los hombres actúan en el mundo. En consecuencia se crea el estigma como representación social negativa de la población LGTB y la inminente emergencia de la homofobia para rechazar cualquier manifestación que no responda a la heterosexualidad imperante, aunado a las acciones tendientes a cercenar sus derechos y posibilidades sociales.

3.5   Algunas consideraciones

No se puede dejar de lado el componente histórico respecto al tema gay, es así como a partir de los años 60"s en Estados Unidos se engendran movimientos sociales a favor de la libertad sexual, poniéndose sobre el escenario lo invisible, impactando las esferas sociales, políticas y familiares. Una vez en el mapa social emerge la homosexualidad como elemento perturbador, la sociedad entra en periodo de crisis y reformulación al iniciarse la "salida del closet" de los sujetos e inserción en la vida de "ambiente", creándose guetos sociales y posiciones radicales respecto a la diversidad sexual. Dichos movimientos tuvieron incidencia a nivel mundial al mostrar una realidad alterna y ajena a la sociedad, reclamándose con mayor firmeza reconocimiento jurídico y social a fin de dejar de ser catalogados como ciudadanos de segundo orden con nulidad en voz y voto. Es a raíz de ello que se reclaman espacios de participación e inclusión, partiendo de lo micro a la macro, develándose maneras alternativas de ser hombre y mujer, rompiendo tácitamente con los patrones heteronormativos y patriarcales; volcándose el movimiento gay en "el reconocimiento social, la integración y equiparación de los derechos de los gay y lesbianas". (Noir, 2010, p.137).

En lo que respecta a Colombia la Constitución Política de 1991 declara que los ciudadanos deben ser tratados con igualdad y dignidad, no obstante se mantienen miradas conservadoras-cristianas en asuntos concernientes al libre desarrollo de la personalidad y orientación sexual, tildándose como algo fuera de lo normal lo que permite enmarcar el concepto de "desviación como disfuncionalidad, considerando que es consecuencia de la ruptura de la función social atribuida a un rol"

(Vicente, s.f, p.16) al no coincidir con las exigencias sociales normalizadoras. Así pues, la familia como primer agente socializador se convierte en la catapulta de dichas concepciones al estar cargada de subjetividades propias del contexto en donde se desarrolla, lo que genera que los modelos imperantes de masculinidad, virilidad y conformación de familia se sostenga. De otro lado, hay quienes pese a la estructura social y la presión que ésta ejerce deciden asumir su orientación sexual ante su familia y amigos o lo que se llama "Salen del closet", entendiendo el closet en forma metafórica como aquello en donde hay refugio y ocultamiento, siendo protector ante los señalamientos sociales; el "desenclosetarse" lleva consigo la carga de asumir públicamente aquello que se debe vivir en secreto. En este sentido es importante mencionar que del closet se sale constantemente en relación con los círculos en donde se muevan los sujetos amigos, colegio, familia, universidad, trabajo existiendo en ocasiones espacios en donde se es abiertamente homosexual y otros en los que no. Finalmente Cornejo (2013) expone que El closet simboliza la opresión de que han sido objeto lesbianas, gays y bisexuales, personas que se han visto forzadas a silenciar su propia identidad sexual (p.7).

4   MARCO METODOLOGICO

Esta investigación parte de un abordaje cualitativo que permite acercarse a los sujetos desde su narrativa y experiencia como víctima del conflicto armado, en consecuencia Sandoval (1996) menciona que:

> ....asumir una óptica de tipo cualitativo comporta, en definitiva, no solo un esfuerzo de comprensión, entendido como la captación, del sentido de lo que el otro o los otros quieren decir a través de sus palabras, sus silencios, sus acciones y sus inmovilidades a través de la interpretación y el diálogo, si no también, la posibilidad de construir generalizaciones, que permitan entender los aspectos comunes a muchas personas y grupos humanos en el proceso de producción y apropiación de la realidad social y cultural en la que desarrollan su existencia (p.32).

Este enfoque permite develar sentimientos, opiniones y perspectivas de los sujetos respecto a un tema, siendo importante para el presente estudio acercarse al individuo homosexual desde su vivencia en la zona de conflicto, tratando de escrudiñar en su experiencia como hombre gay inserto en un contexto de violencia y la relación entre su orientación sexual y los hechos victimizantes acaecidos. Aquí cobra especial relevancia el enfoque cualitativo al adentrarse en las narrativas de los protagonistas y de sus historias para darles significados a la luz del marco conceptual y jurídico de cara a la identificación de la relación existente entre la diversidad sexual, el accionar de los grupos armados y los daños que ello haya podido generar en el individuo:

> La validación de las conclusiones obtenidas se hace aquí a través del diálogo, la interacción y la vivencia; las que se van concretando mediante consensos nacidos del ejercicio sostenido de los procesos de observación, reflexión, diálogo, construcción de sentido compartido y sistematización (Sandoval, 1996, p.26).

El dato empírico recolectado permite al investigador conocer el fenómeno estudiado desde la experiencia de los entrevistados para darle sentido a la luz de las categorías de análisis propuestas.

4.1 Enfoque

El tipo de investigación es de corte cualitativa de tipo interpretativo partiendo del paradigma hermenéutico, que pretende responder al siguiente objetivo: "Determinar las vulnerabilidades más comunes a los derechos de las victimas homosexuales mayores de 18 años por causa del conflicto armado colombiano".

Para la consecución del objetivo, la presente investigación pone como centro al ser humano inserto en un contexto de violencia, siendo víctima del conflicto armado en Colombia en función de su orientación sexual.

4.2   Poblacion y criterios de selección

En lo que respecta a la delimitación de la población, se tiene como base los siguientes criterios:

- Ser hombre mayor de 18 años.
- Estar identificado como homosexual
- Ser víctima del conflicto armado.

Dichos aspectos se basan en el interés del investigador en explorar especialmente con hombres las experiencias vividas a raíz del conflicto armado en relación directa con su orientación sexual. La población abordada no fue de fácil acceso, siendo necesario recurrir a la oficina de Inclusión Social de la Gobernación del Tolima y entablar dialogo con el referente de la población LGBTI del departamento a fin de contactar personas que pudieran hacer parte del proyecto, finalmente se pudo establecer contacto con 4 hombres que reunían las criterios de selección.

Tabla 1: Caracterización sociodemográfica protagonistas
investigativos

# Protagonistas investigativos (4)	1	2	3	4
Género	Masculino	Masculino	Masculino	Masculino
Edades	18-30 (1)	31-40 (1)	31-40 (1)	+40 (1)

Ocupación u Oficio	Estudiante universitario (1)	Funcionario público (1)	Estilista (1)	Recolector de café (1)
Estrato socioeconómico	Estrato 3 (1)	Estrato 3 (1)	Estrato 1 (1)	Estrato 1 (1)
Lugar de nacimiento	Chaparral (1)	Ibagué (1)	Chaparral (1)	Ortega (1)
Nivel de escolaridad	Universitario en curso (1)	Bachillerato completo (1)	Bachillerato completo (1)	Primaria completa (1)

Fuente: Elaboración propia (2018)

Esto respondiendo al muestreo bola de nieve el cual para Salamanca (2007) se basa en la red social para ampliar progresivamente los sujetos partiendo de los contactos facilitados por otros sujetos, se entiende entonces como referidos.

4.3   Categorias de analisis

El ejercicio investigativo parte de dos subcategorías que son: Daños y Accionar de los grupos armados, cada una con sus respectivos ejes temáticos de la siguiente manera: para la subcategoría Daños se relacionan lo Psicológico, Material, Físico y Proyecto de vida, para la subcategoría restante referida a Acciones de Grupos Armados se encuentran las Acciones Bélicas y Acciones Sociales o sanciones. Aunado a que se realiza un proceso de categorización axial basado en identificar en las narrativas conversacionales las categorías predefinidas por el investigador.

Para Henao (1998) se entiende el daño como un hecho:

> Es toda afrenta a la integridad de una cosa, de una persona, de una actividad, o de una situación [...] el perjuicio lo constituye el conjunto de elementos que aparecen como las diversas consecuencias que se derivan del daño para la víctima del mismo. Mientras el daño es un hecho que se constata, el perjuicio es, al contrario, una noción subjetiva apreciada en relación con una persona determinada (p.76).

De igual manera Henao (2015) expone que el daño:

> Es toda afrenta a los intereses lícitos de una persona, trátese de derechos pecuniarios o de no pecuniarios, de derechos individuales o de colectivos, que se presenta como lesión definitiva de un derecho o como alteración de su goce pacífico y que, gracias a la posibilidad de accionar judicialmente, es objeto de reparación si los otros requisitos de la responsabilidad civil –imputación y fundamento del deber de reparar– se encuentran reunidos (p. 280).

El Centro Nacional de Memoria Histórica de Colombia en el documento Aportes Teóricos y Metodológicos para la Valoración de los Daños Causados por la Violencia (2014) define los tipos de daños:

• Daños materiales o patrimoniales hacen referencia a la pérdida o disminución del patrimonio o los bienes de una persona (p.17).

• Daño psicológico son aquellos que causan sufrimiento en la esfera psicológica y moral de las víctimas, sus familiares o personas cercanas (p. 18).

• Los daños físicos o biológicos afectan la vida e integridad personal de la víctima, de sus familiares o la de las personas que, sin ser familiares de las víctimas, tienen una relación cercana con ellas y les han brindado apoyo y ayuda (p.18).

• El daño al proyecto de vida se refiere al perjuicio de los hechos violentos sobre la realización integral de la persona afectada. Dado que, de acuerdo con su vocación, aptitudes, circunstancias, potencialidades y aspiraciones, la víctima se había fijado razonablemente determinadas expectativas y estaba en condición de acceder a ellas hasta que dicho proceso fue truncado (p.18).

Todo ello enmarcado en el accionar de los grupos armados mediante sus acciones bélicas o sociales que arrojaron como resultado la vulneración de los Derechos de la población LGBT.

Tabla 2: Categorías de análisis

VICTIMA HOMOSEXUAL	
SUBCATEGORIAS	**EJES TEMÁTICOS**
Daños	<ul><li>Psicológicos</li><li>Materiales</li><li>Físicos</li><li>Proyecto de vida</li></ul>
Accionar grupos armados	<ul><li>Acciones bélicas</li><li>Acciones Sociales (sanciones)</li></ul>

Fuente: Elaboración propia (2018)

Es por ello que la información recolectada se analizó a la luz de las subcategorías y ejes temáticos, mismos que corresponden a los estipulados en la ley respecto a la reparación integral propuesta por la ley 1448 de 2011 en su artículo 25: "Las Victimas tienen derecho a ser reparadas de manera adecuada, diferenciada, transformadora y efectiva por el daño que han sufrido como consecuencia de las violaciones de que trata el artículo 3° de le presente ley"

Es importante mencionar que la reparación integral se entiende como las acciones implementadas por las entidades gubernamentales en pro de mejorar la calidad de vida de las personas víctimas del conflicto armado.

4.4   Tecnicas e instrumentos de recoleccion de datos

Para efectos de la presente investigación la información se recoge a través de la técnica de la entrevista, que según Spradley (1979):

> Permite volver sobre el sujeto su realidad para que la identifiquen, la reflexionen, la analizan, en otras palabras la deconstruyan a través de su narrativa. La entrevista es una estrategia para hacer que la gente hable sobre lo que sabe, piensa y cree (p.9).

Trayendo a colación a Guber (2001) la entrevista es una situación sobre la que una persona (investigador) obtiene información sobre algo interrogando a otra persona (informante). Esta información suele referirse a la biografía, al sentido de los hechos, opiniones, emociones, a las normas o estándar de acción o a los valores o conductas.

Partiendo de lo anterior y desde la perspectiva constructivista la entrevista es una relación social ya que el entrevistado tiene una gama de información, donde se condensan sentimientos, percepciones, creencias, maneras de ver el mundo e interpretarlo, dicha información permite establecer una relación con el entrevistador puesto que en el encuentro se construye esa realidad, que parte de dicha información.

De otro lado, para Guber (2001):

> La entrevista tiene dos grandes momentos dentro del proceso investigativo: el de apertura y el de focalización y profundización. El primero consiste en que el investigador debe descubrir las preguntas relevantes y en el segundo debe implementar preguntas más profundas que generen ampliación y sistematización de estas relevancias (p.85).

En ese sentido se aplicaran entrevistas semi-estructuradas que posibilite el desarrollo del guion pre-establecido que oriente el encuentro y a su vez permite formular preguntas emergentes que puedan profundizar o complementar los interrogantes previamente formulados. Es así como se plantea iniciar las entrevistas con una identificación general, respondiendo a:

- ¿Usted se identifica como homosexual?
- ¿Qué edad tiene?
- ¿Es usted víctima del conflicto armado?
  a. ¿De qué hecho y en que época?
  b. ¿Cuántos años tenía?
- ¿Podría identificar el grupo armado que perpetuó el hecho victimizante?
- ¿En la zona donde residió que grupos armados existían? Mencione sus nombres, frentes o bloques.
- ¿Considera que algún grupo ejercía mayor grado de intimidación a la población LGBTI? ¿por qué?
- ¿Reconoce si algún miembro del grupo armado se identificaba como miembro de la comunidad LGTB?

Posteriormente un segundo grupo relacionado con Comportamiento y Entorno:

- ¿Era usted abiertamente homosexual en el sector donde residía antes del hecho victimizante?
- ¿Tuvo problemas dentro de la comunidad por su orientación sexual?
- Había algún actor que ejerciera presión o que limitara su orientación sexual?
- ¿Alguna vez sintió temor por develar (hacer pública) su orientación sexual en el lugar donde residía?
- ¿A qué le temía, que le generaba ese temor?
- ¿Existió alguna sanción contra la población LGTB en razón de su orientación sexual? (expulsión del territorio, burlas públicas, entre otras acciones).
- ¿Recuerda si alguna persona fue asesinada, maltratada o violentada por su orientación sexual?
- Existía alguna entidad, organización social pública o privada o alguna persona que diera apoyo a la comunidad LGBTI?

• ¿Cuándo declaró los hechos victimizantes ante las autoridades se identificó como persona del colectivo LGBTI?

Teniendo en cuenta que en el desarrollo de la entrevista pueden emerger cuestiones que no estaban previamente fijadas y que aportan a la consolidación de la información..

4.5   Analisis de informacion

Para el análisis de datos de la presente investigación la técnica de análisis de contenido cobra relevancia, López (2002) la ubica en el ámbito de la investigación descriptiva, pretendiendo descubrir los componentes básicos de un fenómeno determinado, extrayéndolos de un contenido dado a través de un proceso que se caracteriza por el intento de rigor de la medición. Esta técnica permite analizar y sistematizar la información obtenida de los informantes mediante las entrevistas. Para ello se recurrirá al análisis o Codificación descriptiva y primer nivel de categorización, Sandoval (1996) menciona que el proceso se inicia con una fase exploratoria en la cual aparece un primer tipo de categorías eminentemente descriptivas, estas están prefijadas previamente por el investigador.

De igual manera el mismo autor refiere que el sistema categorial empleará, para nombrar sus unidades de análisis o categorías, los llamados" códigos crudos o descriptivos". Los cuales pueden ser, alternativa o simultáneamente, de dos tipos: " vivos" o " sustantivos". En el primer caso, se emplean expresiones textuales de los actores y en el segundo, se acude a denominaciones creadas por el investigador, pero apoyadas en rasgos que es posible identificar y evidenciar en los datos recogidos y agrupados por dicho investigador (p.159).

En suma, Briones (1996) en Mieles y otros (2012) expone que la validación de las conclusiones obtenidas se hace aquí a través del diálogo, la interacción y la vivencia; las que se van concretando mediante consensos nacidos del ejercicio sostenido de los procesos de observación, reflexión, diálogo, construcción de sentido compartido y sistematización.

4.6 Trabajo de campo

El trabajo de campo dio su inicio en la fase de búsqueda de informantes, al ser una población de difícil contacto y acceso se hizo necesario apoyarse en las entidades gubernamentales con presencia en el Departamento del Tolima que abordan a la población LGTB y a las víctimas del conflicto armado. En ese sentido, se estableció comunicación con la oficina de Inclusión Social de la Gobernación del departamento y en cabeza del referente departamental para el colectivo se posibilitó el contacto inicial con la población a trabajar. Es de resaltar que previo a la realización de las entrevistas se explicó a los participantes el objetivo del ejercicio investigativo y su utilización como trabajo académico para obtener el título de Master, para ello se diligenció el consentimiento informado en donde autorizaron la recolección de la información y el tratamiento de los datos. Finalmente, los datos obtenidos se codificaron a fin de proteger la identidad de los participantes, razón por la cual no se encuentra nombres de los mismos si no la palabra "entrevistado" en los fragmentos empleados en el apartado de resultados de la investigación.

5 RESULTADOS DE LA INVESTIGACIÓN

Las personas entrevistadas de manera individual y en momentos diferenciados permitieron el cruce de información al estar presente en sus narrativas aspectos comunes en la vulneración de los derechos de las personas Lesbianas, Gay y Transexuales tales como el estigma a personas que viven con VIH, el trabajo sexual de las mujeres trans y el comportamiento femenino de los hombres gays.

Así las cosas, los hombres gays entrevistados en sus relatos develaron mecanismos, acciones y percepciones respecto a la vulneración de sus derechos en el marco del conflicto armado, es por ello que se condensó en matrices el dato empírico recolectado por persona participante, en tanto que su narrativa permitió el posterior análisis y relacionamiento con las categorías de trabajo propuestas.

5.1   La homosexualidad: ¿libre desarrollo de la personalidad?

La orientación sexual socialmente ha sido avalada y permitida para los heterosexuales, existiendo un veto para aquellas formas de relacionarse erótica y afectivamente que rompen con dicha concepción tradicional, no siendo la homosexualidad ajena a la persecución bajo preceptos religiosos que se traducen en comportamientos y exigencias de moralidad. Así las cosas Costa (1992) en Cornejo (2007) menciona que

> ......reflejaba la obsesión creada por las ideologías instintivistas, evolucionistas y racistas del siglo XIX para justificar el modelo de sexualidad familiar, conyugal y heterosexual en cuanto fortaleza de la moral privada y signo de superioridad de la cultura burguesa frente a otras clases sociales y a los pueblos colonizados (p.86).

Se denota la manera en que se construyó social y culturalmente nociones respecto a las personas homosexuales y como ello emergió en el marco del conflicto armado, Lanteri-Laura (1979) en Cornejo (2007) expone que el homosexual empezó a ser sancionado por no cumplir con la función biológica de reproducción y conservación de la especie, siendo el placer sexual perverso al no relacionarse con la procreación (p.92).

Pues bien, el hombre homosexual en el conflicto armado fue señalado como desviado social al no cumplir con las funciones esperadas respecto a procreación y establecimiento de relaciones heterosexuales, sumado al rechazo hacia las conductas feminizadas de estos: "Los hombres adoptamos posturas femeninas, más espontáneos, eso nos hace más visibles. (Entrevistado 2)"

Los hombres que adoptaban posturas, comportamientos y actitudes de su género opuesto al estar expuestos eran blanco fácil de persecución o intimidación, pues como relató un entrevistado: "desde los 5 años me gustaba ser femenino y por eso vaina del conflicto fue que me cortaron el cabello" (Entrevistado 4).

La narrativa permite identificar como se vulneró el derecho al Libre Desarrollo de la Personalidad consagrado en el artículo 43 de la Constitución Política Colombiana, lo cual se traduce en un daño psicológico por inhibición y coartar la expresión del sujeto mediante la sanción social de cortarle el cabello de manera obligatoria. En suma, las expresiones individuales eran cercenadas por el grupo armado en tanto que no se ajustaban a su tipo ideal de ser hombre heterosexual en la sociedad, esto conllevó a que se cambiaran patrones de comportamiento para lograr un encubrimiento de la orientación sexual.

> Se adoptan comportamientos heterosexuales, el ocultar su comportamiento, invisibilizarse, en Bogotá traté de manejar mi vida homosexual callado, cambiar el tono de voz por una más fuerte, una actitud más ruda, no hablar del tema, no estar con gente gay." (Entrevistado 2)

La intimidación del que fueron víctimas la población LGTB generó transformaciones de vida en los sujetos en la medida que los obligó a despersonalizarse para ajustarse a lo esperado por el contexto de recepción, entendido este como la ciudad, municipio o lugar de acogida posterior al desplazamiento.

5.2   La mujer lesbiana y transexual en el marco del conflicto

La mujer ha sido altamente vulnerada en el conflicto armado, ya sea por violencia sexual o reconfiguración de sus grupos familiares por desaparición o muerte de sus parejas; sin embargo esto para las mujeres heterosexuales, a partir de ello se revisaron las cifras de la Unidad para las Victimas y el Registro Único de Victimas-RUV en las cuales se expone que las mujeres representan el 49,73% de la población incluida en el RUV, información publicada el 7 de marzo de 2017 en la página web de la entidad pública. De otro lado, el informe del subcomité técnico de enfoque diferencial a corte de 2016 establece que la indemnización ha sido otorgada del total a 553 personas bisexuales, 426 gays, 237 lesbianas, y 105 personas trans. (Unidad para las Victimas, 2017. p.1).

Estas cifras denotan dos fenómenos importantes, el primero corresponde al subregistro existente respecto a la identificación de la orientación sexual de la persona declarante o victima ante las autoridades respectivas, pues el documento construido por el subcomité técnico expresa que solo a partir del año 2012 es que se incorporó la variable que permitiera disgregar a la población por orientación sexual e identidad de género. Esto conllevó a que aquellos que relataron hechos victimizantes con anterioridad al 2012 no se les reconociera como población de especial protección en razón de diversidad sexual.

> Creo que en esa época no existía ninguna corresponsabilidad en querer identificar la población LGTB, lo único que importaba era si le dieron un tiro, le mataron la mamá no si es gay o no, eso hace que se invisibilise. (Entrevistado 2)

Se rescata el fragmento anterior en la medida que el entrevistado fue víctima con anterioridad al año en cuestión, no logrando que su orientación sexual e identidad de género quedara registrada en los datos oficiales del gobierno. Esto se corrobora al entrevistado exponer que:

> ....Me dieron un papel en la unidad que decía que era desplazado pero yo no estaba de acuerdo con eso porque en ningún lado decía que yo soy homosexual y el director de la unidad dijo que eso no era importante, que lo que importaba era el hecho victimizante." (Entrevistado 2)

En segundo lugar las mujeres lesbianas y trans han tenido una importante participación en el conflicto, en especial las ultimas al su identificación de genero romper con el sexo biológico e iniciar el tránsito hacia el sexo opuesto; no obstante las cifras expuestas en apartados anteriores denota la baja documentación de los casos. Sin embargo, en palabras de los entrevistados se encontró que las mujeres homosexuales al parecer fueron menos perseguidas o vulneradas en razón de su orientación sexual que los hombres al no estar visibles en sus comunidades.

> En mi contexto y en lo que yo conocí era un poco más marcado hacia mujeres trans y hombres gay, mujeres lesbianas conocidas no fueron desplazadas por su orientación sexual, yo lo percibo así porque las mujeres lesbianas pueden camuflarse más, en cambio los hombres adoptamos posturas femeninas, más espontáneos, eso nos hace más visibles." (Entrevistado 2)

De igual manera:

> ...Eran más rechazados los hombres, las lesbianas casi no, a ellas casi no les hicieron nada, de hecho no se conocen historias de algo contra ellas. Conocí muchos casos de violencia contra los hombres, de hecho existía un homosexual que le decían Care mapa, no sé el nombre, pero lo golpeaban mucho." (Entrevistado 1)

Esto quizá pudo responder a los patrones culturales ligados al machismo y la exigencia social sobre el hombre, quien debe asumir posturas rudas en comparación con las mujeres en quienes no recae esta exigencia. El escenario transexual en Colombia podrá abordarse de manera incipiente en el presente trabajo pues sus dinámicas sociales, culturales, familiares y personales tienen una diferenciación significativa respecto al restante de la comunidad homosexual en la medida que hay modificación corporal y los efectos que ello ocasiona en el contexto inmediato en el que se desenvuelve el sujeto, aunado al trabajo sexual que ejerce un sector de la población trans y el estigma que ha recaído sobre ellas.

> Hubo amenazas en panfletos en donde señalaban a diferentes grupos de personas entre esos los LGTB y a las trabajadoras sexuales, sabemos que la mayor parte de las mujeres trans son trabajadoras sexuales en una sociedad que discrimina" (Entrevistado 3)

Finalmente, la mujer transexual en el marco del conflicto armado fue perseguida y vulnerada al no ajustarse a los requerimientos sociales y culturales al trasgredir la norma social con su tránsito al género opuesto, por su identificación sexual y modificación corporal y actitudinal.

5.3   El VIH y expulsión del territorio

Una de las problemáticas a las que se vio enfrentada la comunidad LGTB es el estigma respecto al Virus de Inmunodeficiencia Humana-VIH como enfermedad exclusiva de los homosexuales, esto generó la expulsión de sus territorios al ser una especie de riesgo para los residentes de la zona. Es de resaltar que en palabras de un entrevistado los desplazamientos por el flagelo del VIH se expandieron hasta afectar a la población indistintamente de su orientación sexual: "Las personas que viven con VIH fueron víctimas de desplazamiento y de violencia, homicidios, independientemente de su orientación sexual." (Entrevistado 2)

Sin embargo, hace hincapié en que un número significativo de pacientes con diagnostico positivo hacía parte del colectivo LGTB relacionando el VIH y la homosexualidad como algo indivisible, señalando a la comunidad como "sidosos", dándose las intimidaciones por medio de acciones directas o panfletos:

> En el 2007 salgo del proyecto y empecé con otra organización y me apasioné con los casos, familias que tenían niños y familias que salieron desplazadas porque alguien en el pueblo dijo que tenían VIH, en el 2009 conocimos un caso de un chico que llegó con VIH a Ibagué y él no quería hablar del tema… Entonces un chico nos contó que las AUC (Autodefensas Unidas de Colombia) en el norte del Tolima se dio cuenta que era paciente VIH y le hicieron tomar sangre y no sabía de qué, además le habían matado su familia. (Entrevistado 2)

Por otro lado, la circulación de mensajes atemorizantes escritos señalando a sectores poblacionales en particular instándolos a abandonar la zona a riesgo de ser víctimas de algún hecho violento:

> Recuerdo mucho un panfleto que llegó a mi casa un día tarde en la noche que decía que iban hacer toque de queda y que iban a matar a los maricas, sidosos y putas, la gente estuvo muy prevenida para salir o llegar tarde, en otros municipios como Fresno, Mariquita, Líbano también y muchas personas se fueron por eso, muchas mujeres trans se fueron y dejaron de hacer el trabajo sexual porque era eso o morirse. (Entrevistado 2)

La modalidad empleada operaba como una especie de advertencia a las personas para que cedieran a las pretensiones de los grupos armados, siendo una forma de intimidación y presión para el abandono de la zona de residencia traduciéndose en desplazamiento forzoso, de otro lado quienes permanecían fueron atacados por el grupo al margen de la ley: "Es cuando tu veías en el pueblo el panfleto que decía que los que tenían VIH y los iban a matar y eso se hizo realidad, los mataron." (Entrevistado 1)

Los panfletos tuvieron impacto al generar el desplazamiento o atentar contra la integridad física de las personas, redundando directamente en la afectación de los Derechos Humanos.

6   CONCLUSIONES

A la luz de los objetivos planteados y su relacionamiento con los ejes temáticos y categorías de análisis propuestas podría decirse que el ejercicio exploratorio surtió su efecto al permitir al investigador identificar la vulneración de los Derechos de la víctima homosexual en el marco del conflicto armado colombiano. Los daños ocasionados se condensan en psicológico, físico, material y su impacto en el proyecto de vida individual o familiar. En ese sentido, se tratará de esbozar los hallazgos por categoría de análisis de la siguiente manera:

Daño Psicológico: Las acciones de intimidación y persecución del que fue objeto la comunidad LGTB provocaron que sus miembros asumieran actitudes de encubrimiento de su orientación sexual, no logrando desarrollarla de manera libre y espontánea en sus lugares de residencia u origen. De igual manera instó a los individuos a adoptar posturas corporales, lingüísticas y actitudinales que no correspondían con su sentir, provocando la despersonalización del sujeto limitando sus acciones como medio de auto protección y ocultamiento.

Daño Material: El desplazamiento forzado o forzoso genera la desvinculación con el predio o casa donde se reside, viéndose la victima obligada a abandonar o vender su propiedad para salvaguardar la vida. Este fenómeno ha sido abordado por el Gobierno Nacional mediante la ley 1448 de Restitución de Tierras Abandonadas o Despojadas, la cual reconoce que en el marco del conflicto armado las personas perdieron el vínculo con sus propiedades a fin de salvaguardar sus vidas o las de sus familiares. Si bien es una ley que cobija al universo poblacional identificado como "víctima" en su operativización se propende por la aplicación del enfoque diferencial para el abordaje de los casos.

Es de resaltar que los datos obtenidos no arrojaron información relacionada con afectaciones de índole material que redundaran en la pérdida o desvinculación de propiedades en zona rural o urbana; no descartándose que en un universo poblacional con mayor amplitud se encuentre el fenómeno señalado ya sea por afectación directa o indirecta a través de familiares.

Daño Físico: Si bien las personas entrevistadas no refirieron ser víctimas de alguna acción directa que afectara su corporalidad, si reconocen que algunos pares homosexuales fueron asesinados o golpeados.

Proyecto de vida: La transición de un espacio rural o municipal a uno citadino supuso el desarraigo de prácticas culturales propias del lugar de origen, perdida de trabajo o actividad agrícola productiva, debilitamiento de relaciones familiares y recomposición del proyecto de vida. El desplazamiento es una situación inesperada que obliga la movilización del sujeto de manera individual, colectiva o de su grupo familiar hacia contextos inciertos, entrando en escena la capacidad de resiliencia para la adaptación al cambio y en consecuencia el redireccionamiento del proyecto de vida familiar o individual.

Acciones bélicas/Sanciones Sociales: En el presente ejercicio investigativo los relatos concernientes con acciones emprendidas por grupos al margen de la ley estuvieron relacionados con la circulación de panfletos o mensajes intimidantes y trato degradante hacia la comunidad LGTB, además de algunas acciones concretas como golpizas, llamadas atemorizantes y asesinatos. En suma, los grupos al margen de la ley reconocían a las personas homosexuales y trans como sujetos indeseados en la zona de su influencia.

A partir de lo anterior puede concluirse a nivel general que la homofobia manifiesta por los grupos armados se tradujo en acciones concretas vulneradoras de Derechos Humanos de las personas LGTB, lo que a su vez conllevó a que se produjera el fenómeno de desplazamiento e inserción en contextos citadinos en donde no se tenía garantizado los mínimos básicos, siendo imperante recurrir a las entidades gubernamentales o red de apoyo para la suplencia de necesidades. En ese sentido, el accionar de las entidades públicas se vio limitado al no contemplar la identificación de la orientación sexual del sujeto que declaraba un hecho victimizante impactando de manera significativa el registro sobre personas auto identificadas como homosexuales en el universo poblacional conocido como "víctimas del conflicto armado"; ello se traduce de manera directa en una baja documentación de los casos y por ende la dificultad de formular estrategias de atención, abordaje e investigación encaminadas a la visibilización de las víctimas con orientación sexual diversa.

De otro lado, en el marco del conflicto armado los hombres gay se vieron obligados a ocultar su orientación sexual como estrategia de supervivencia, así mismo pudo replicarse dicha conducta al momento de declarar ante las autoridades algún hecho violento y no develar la orientación sexual como factor en el que se funda la vulneración de Derechos. De igual manera, se puede mencionar que aquellos que no develaron su orientación sexual a su grupo familiar o círculo social próximo pudieron no hacerlo debido al contexto de violencia, manteniéndose en el ocultamiento como estrategia de auto protección. Esto se liga directamente con el proyecto de vida y la forma en que se debe modificar o reformular el mismo en función de los cambios de vida emergentes e inesperados como lo es desplazarse de un sitio a otro, redundando en la calidad de vida de las personas y su grupo familiar; si bien el proyecto de vida está en constante reformulación deben obedecer los cambios a situaciones esperadas y planeadas, mas no enmarcado en una situación de vulneración de derechos que obligue al sujeto a implementar modificaciones sin previa planeación o contemplación.

El estigma en términos de Goffman desempeña un papel determinante en la vulneración de los derechos teniendo en cuenta que la orientación sexual homosexual rompe con la exigencia social de la heterosexualidad como practica erótica-afectiva permitida, lo que a su vez permite que se develan acciones que rechazan lo que no se ajusta a dicho patrón y en consecuencia se estigmatiza al sujeto homosexual al rotularlo como un ser indeseado en la zona y que debe abandonarla en función de sus gustos sexuales. Situación similar se encontró respecto a las personas que fueron diagnosticadas con VIH, quienes se vieron en la necesidad de salir de su territorio, recayendo sobre estas el señalamiento como enfermas, además del estigma mediante el cual se relaciona la patología con la homosexualidad como un todo indivisible, desconociéndose el alcance de la enfermedad y sus implicaciones de orden bio psicosocial.

Así las cosas, la comunidad LGTB como colectivo se vio afectado al no poder visibilizarse al interior de sus comunidades y familias sin temor a las retaliaciones de los actores armados, impactando directamente a los sujetos de manera individual al limitar su comportamiento y actitudes a las condiciones del contexto, obligándolos a estar "dentro del closet", inhibiendo el libre desarrollo de la personalidad, actividad laboral y locomoción. Es de mencionar que los resultados encontrados arrojan que aquellos que no lograban acomodarse a las exigencias de los actores armados eran obligados a abandonar la zona aunado a la circulación de mensajes intimidatorios.

Finalmente, los hallazgos no difieren de lo expuesto en los estudios de la Organización Colombia Diversa respecto a la baja documentación de los casos y las acciones homofóbicas vulneradoras de derechos de los grupos al margen de la ley en razón de la orientación sexual; estudios que sirvieron como soporte bibliográfico para adelantar el ejercicio de aproximación investigativo, información que se corroboró al momento de contactar la población a estudiar, presentándose diversas dificultades respecto a la identificación de los participantes debido a la ausencia de registros oficiales que permitiera ubicarlos, siendo necesario acudir al voz a voz y mediante la técnica de bola de nieve se logró establecer comunicación con los sujetos.

7   LIMITACIONES Y PROSPECTIVA

El ejercicio investigativo revistió una dificultad importante relacionada con la población a entrevistar, dentro de los motivos que se pudieron identificar está el sub-registro de las entidades estatales respecto a la identificación de la orientación sexual y su invisibilización, lo que generó que se dificultara el contacto para iniciar el proceso de entrevistas, ligado al temor de algunos sujetos para participar en el proyecto. Fue necesario entonces acudir a la Alcaldía de la ciudad de Ibagué y a la Gobernación del departamento del Tolima quienes mediante la oficina de Inclusión y desarrollo social posibilitaron el contacto con algunos participantes, no obstante esto no obedeció a bases de datos que las dependencias tuvieran, sino mediante el voz a voz y bola de nieve donde el primer contactado referenció al siguiente.

Es de tener en cuenta que la dificultad en la consecución de los participantes solo permitió hacer un acercamiento somero de la vulneración de sus derechos en el marco del conflicto, siendo necesario que se explore con un universo poblacional más amplio que pueda validar la información aquí condensada. De otro lado, la revisión documental revistió una complejidad alta al no lograrse ubicar estudios distintos a los elaborados por la Organización Diversa y el Centro de Memoria Histórica, la primera de carácter privado y la segunda estatal, relacionados con la victimización de la comunidad LGTBI en el marco del conflicto armado; ello impidió que se pudiera hacer un comparativo entre los hallazgos aquí condensados y de otras fuentes de la literatura científica. Se espera entonces que esta aproximación inste al lector a preguntarse por la comunidad LGTB, su invisibilización en el conflicto interno y la imperiosa necesidad de develarlos como víctimas del conflicto armado en razón de la orientación sexual.

8   ¿SER VISIBLE O NO EN UNA JUNGLA DE CEMENTO?

Colombia ha sido un país que ha avanzado en la normatividad frente a la protección de las personas diversas, a partir de lo consignado en la Constitución Política de 1991 y el derecho al libre desarrollo de la personalidad, además ha prevalecido el concepto de la igualdad mediante el cual se ha reconocido el derecho a la pensión, al matrimonio y se promulgó la ley antidiscriminación 1482 de 2011. No obstante, un marco normativo en si mismo no es una herramienta suficiente, aunque si necesaria, para afrontar las dificultades que las personas con orientaciones sexuales diversas enfrentan día a día.

Ello lo refleja el informe sobre la situación de los derechos humanos de personas LGTBIQ+ en Colombia 2022 elaborado por la organización Caribe Afirmativo; texto que reúne las vulneraciones y violaciones a las que son víctimas la población LGTBIQ+ sin ninguna razón distinta al odio por su orientación sexual y/o identidad de género, tales como *"...homicidios y/o feminicidios, lesiones personales, amenazas, violencia policial y actos de discriminación y hostigamiento..."* (Caribe Afirmativo 2022).

Por otro lado, las Naciones Unidas en su informe para los Derechos Humanos (2022) expone que los actores armados ejercen violencia en zonas rurales mayoritariamente, viéndose afectada la población LGTBIQ+ mediante los homicidios y desplazamientos impactando en el deterioro del tejido social y la capacidad de organización de las comunidades.

El fenómeno del desplazamiento interno trae consigo desolación, tristeza, desarraigo, desesperanza y en ocasiones muerte; las personas se ven en la necesidad de dejar la ruralidad e insertarse en ciudades desconocidas, metrópolis o no, con unas dinámicas culturales, sociales, económicas y de relacionamiento que distan de la vida en el campo. El ser víctima de conflicto armado en Colombia se ha relacionado con indefensión, traumas físicos y emocionales, deficiencias económicas y afectaciones familiares; creándose una imagen entorno al "desplazado"[3] de persona altamente vulnerable con necesidad de asistencia estatal y a

---

[3] toda persona que se ha visto forzada a migrar dentro del territorio nacional abandonando su localidad de residencia o actividades económicas habituales, porque su vida, su integridad física, su seguridad o libertad personal han sido vulneradas o se encuentran directamente amenazadas, con ocasión de cualquiera de las siguientes situaciones: conflicto armado interno, disturbios y tensiones interiores, violencia generalizada, violaciones masivas de los derechos humanos, infracciones al derecho internacional humanitario u otra circunstancia emanadas de las situaciones anteriores que puedan alterar o alteren drásticamente al orden público". (Ley 387 de 1997, artículo 1).

Revista de Direito Magis | V. 2 | N. 1 | P. 13-73 | 2023
DOI: 10.5281/zenodo.8335554

su vez visto con desconfianza por los residentes del lugar de recepción. Sumado a ello, las personas LGTBIQ+ se enfrentan a nuevas discriminaciones, reproches y segregaciones, emergiendo de nuevo situaciones problemáticas a partir de su forma de ser y estar en el mundo, trasladándose del campo a la ciudad las manifestaciones de violencia, aunque ya no armada, atentando contra su integridad moral y emocional; surge entonces la pregunta ¿Ser visible o no en una jungla de cemento?

Alejados del riesgo inmediato ocasionado por un grupo armado ilegal y una vez adentrados en ciudades del territorio nacional se genera una sensación, quizá, de calma y protección, preocupándose por otras áreas como la vivienda, el trabajo, la alimentación y el vestido mas no por ocultar quien sé es. No obstante, Caribe Afirmativo realizó un ejercicio de documentación de las cifras de violencia, encontrando lo siguiente:

Tabla 2. Consolidado de violencias por orientaciones sexuales e identidades de género de las víctimas 2022

ORIENTACIÓN SEXUAL IDENTIDAD DE GÉNERO	HOMICIDIOS FEMINICIDIOS	VIOLENCIA POLICIAL	AMENAZAS	DISCRIMINACIÓN Y HOSTIGAMIENTO	TOTAL DE VÍCTIMAS
Hombres gais	47	36	1469	892	2444
Mujeres lesbianas	14	21	679	493	1207
Hombres bisexuales	10	15	384	69	488
Mujeres bisexuales	4	12	372	52	440
Personas con experiencia de vida trans	49	12	280	174	491
Otras identidades	15	0	290	13	327
Sin especificar	6	8	53	22	98
TOTAL DE VÍCTIMAS	145	104	3527	1725	5501

Fuente: Elaborado con la información triangulada de los datos entregados por la Fiscalía General de la Nación, los informes anuales de la Defensoría del Pueblo y del Observatorio de DD HH de Caribe Afirmativo.

Fuente: Informe sobre la situación de los derechos humanos de personas LGTBIQ+ en Colombia 2022 elaborado por la organización Caribe Afirmativo

Como se ve en la tabla anterior, los hombres gais son quienes aportan un número mayor de víctimas de discriminación, lo que corresponde con los hallazgos en la presente investigación respecto a la alta incidencia del sexo masculino en hechos victimizantes que desencadenaron el desplazamiento y abandono de la zona de residencia. Si bien no es posible determinar si dentro del universo de las personas consignadas en la tabla de la referencia existen quienes se identifiquen así mismo como desplazadas por el conflicto armado en Colombia, si permite analizar el panorama al que se enfrentan en los centros poblados de recepción de desplazados y la forma en que se manifiesta la discriminación, segregación y maltrato a la población LGTBIQ+.

Retomando la pregunta ¿Ser visible o no en una jungla de cemento?, la respuesta podría enmarcarse en *"depende"* del contexto donde se desenvuelve el sujeto y la intención o no de silenciarse por temor a ser vulnerado o por el contrario levantar su voz y hacerse sentir.

Es una dicotomía que enfrenta el individuo frente a ser o no ser, estar o no estar, hacer o no hacer y por supuesto la forma en que se auto percibe y lo que desea proyectar. Colombia es un país con grandes pasos en materia de normatividad para la protección de la vida, sin embargo, se requiere fortalecer la operatividad de los instrumentos, políticas y recursos dispuestos para tal fin. Aunado a la imperante necesidad de generar conciencia social, cultura del respeto, empatía y comprensión frente a las distintas formas en que el ser humano se construye como sujeto, evitando trasgredir las cosmovisiones de sí mismo y de los otros, un mundo globalizado nos invita a reconocer y reconocernos como sujetos de derechos insertos en un sistema mundo que llamamos sociedad.

"una sociedad educada en diversidad sexual es una sociedad que entenderá que el ser humano tiene distintas formas de estar y ser en el mundo"

BIBLIOGRAFÍA Y ENLACES

Araya, S. (2002) *Las representaciones sociales: ejes teóricos para su discusión.* Costa Rica: FLACSO.84

Revista de Direito Magis | V. 2 | N. 1 | P. 13-73 | 2023
DOI: 10.5281/zenodo.8335554

Banchs, M. (2000). Aproximaciones procesuales y estructurales al estudio de las representaciones sociales. *Papers on social representations*, *9*, 3-1.

Buenfil, M. (2013). *Duelo en la diversidad cuando los hijos salen del clóset.* México D.F: Asociación Mexicana de Educación Continua y a Distancia, A.C.

Caribe Afirmativo (2022) No se mata lo que no se olvida: Informe sobre la situación de los derechos humanos de personas LGTBIQ+ en Colombia 2022.

Ceballos-Fernández, M. (2014). *Identidad homosexual y contexto familiar heteroparental: implicaciones educativas para la subversión social.* Revista Latinoamericana de Ciencias Sociales, Niñez y Juventud, *12*(2), 643-658.

Colombia Diversa. (2017). *Vivir bajo sospecha. Estudios de caso: personas LGBT víctimas del conflicto armado en Vistahermosa y San Onofre.*   Recuperado   de http://www.colombiadiversa.org/conflictoarmadolgbt/documentos/vivir%20baja%20sospecha.pdf

Comisión Nacional de Reparación y Reconciliación (Colombia). Área de Memoria Histórica. (2013)¡*Basta ya! Colombia: Memorias de guerra y dignidad.* Centro Nacional de Memoria Histórica.

De Colombia, C. P. (1991). Presidencia de la República. Santa Fe de Bogotá.

Cornejo Espejo, J. (2007). *La homosexualidad como una construcción ideológica.* Límite.

Cornejo, J. (2010). *Jóvenes en la encrucijada.* Última década, *18*(32), 173-189.

Espejo, J. C. (2012). *"Coming out" en la escuela.* Bagoas-Estudos gays: gêneros e sexualidades.

De Yogyakarta, P. (2007). *Principios sobre la aplicación de la legislación internacional de derechos humanos en relación con la orientación sexual y la identidad de género. Yogyakarta, Indonesia: Comisión Internacional de Juristas y Servicio Internacional para los Derechos Humanos.* Recuperado de: www. yogyakartaprinciples. org/principles_sp. pdf.

Fernández (2017) Capitulo 1 La guerra también nos tocó: panorama sobre la violencia hacia las personas LGBT en el conflicto armado Vivir Bajo Sospecha. *Estudios de caso: personas LGBT víctimas del conflicto armado en Vistahermosa y San Onofre.* (p. 20) Bogotá.

Fuente Rocha, E. (2006). La homosexualidad en la familia. *Tramas* (24), 61-73.

Goffman, E., & Guinsberg, L. (1970). *Estigma: la identidad deteriorada.* Buenos Aires: Amorrortu.

Guber, R. (2001). *La etnografía: método, campo y reflexividad* (Vol. 11). Editorial Norma.

Jiménez, M., Borrero, N., & Nazario, J. A. (2011). Adolescentes gays y lesbianas en Puerto Rico: procesos, efectos y estrategias. *Revista Puertorriqueña de Psicología, volumen (22).*

Ley 1448/2011, de 10 de junio *Por la cual se dicta medidas de atención, asistencia y reparación integral a las víctimas del conflicto armado interno y se dictan otras disposiciones,* Diario Oficial, 48096, de 10 de junio de 2011

López, F. (2002). El análisis de contenido como método de investigación. Revista de Educación, 4. Universidad de Huelva

Mesa, J. A. C. (2015). *The repair of damage event in Colombia.* Revista de la Facultad de Derecho y Ciencias Políticas, 45(123), 317-363.

Mieles Barrera, M. D., Tonon, G., & Alvarado Salgado, S. V. (2012). Investigación cualitativa: el análisis temático para el tratamiento de la información desde el enfoque de la fenomenología social. Universitas humanística, (74).

Cortés, M., & Irina, L. (2014). *Memoria e imágenes de la violencia: relatos que marcaron a niños y jóvenes en la segunda mitad de los años ochenta en Colombia* (Doctoral dissertation, Universidad Nacional de Colombia).

Noir, R. (2010). *Sobre El Movimiento LGHBT (Lésbico, Gay, Homosexual, Bisexual, Transgénero)*. Revista Electrónica de Psicología Política8 (22). Recuperado de http://www. psicopol. unsl. edu. ar/abril2010_Nota8. pdf.

Ortiz-Hernández, L. (2004). *La opresión de minorías sexuales desde la inequidad de género*. Política y cultura, (22), 161-182.

Platero, R., & Fernández, C. (2005). Conceptos clave sobre Homosexualidad y Lesbianismo.

Ramírez, M. E. (2013). *Construyendo Memoria Colectiva contra la impunidad y la Revictimización. Colombia: Grupo Pro Reparación Integral*. Agencia Diakonia.

Salamanca, A. Martin-Crespo, C. (2007) *El muestreo en la investigación cualitativa.*

Sandoval, C. (1996). *Investigación cualitativa*. Bogotá: Instituto Colombiano para el Fomento de la Educación Superior.

Sexual, O. Identidad de Género y Expresión de Género: Algunos Términos y Estándares Relevantes, (2012). *Estudio elaborado por la Comisión Interamericana de Derechos Humanos "CIDH" en cumplimiento de la resolución AG/RES, 2653.*

Unidad para las victimas (2017) Orientación Sexual e Identidad de Género.

Weeks, J. (1981). *Sex, politics and society* (p. 94). London: Longman.

ANEXOS

Prototipo de entrevista

OBJETIVO GENERAL: Determinar las vulneraciones más comunes a los derechos de las victimas homosexuales mayores de 18 años por causa del conflicto armado colombiano.

EJES TEMATICOS	PREGUNTAS	
• Psicológicos • Materiales • Físicos • Simbólicos	Identificación General	1. ¿Usted se identifica como homosexual? 2. ¿Qué edad tiene? 3. ¿Es usted víctima del conflicto armado? a. ¿De qué hecho y en que época? b. ¿Cuántos años tenía? 4. ¿Podría identificar el grupo armado que perpetuó el hecho victimizante?
	Comportamiento y Entorno	5. ¿Era usted abiertamente homosexual en el sector donde residía antes del hecho victimizante? 6. ¿Tuvo problemas dentro de la comunidad por su orientación sexual? 7. ¿Había algún actor que ejerciera presión o que limitara su orientación sexual? 8. ¿Alguna vez sintió temor por develar (hacer pública) su orientación sexual en el lugar donde residía?

Revista de Direito Magis | V. 2 | N. 1 | P. 13-73 | 2023
DOI: 10.5281/zenodo.8335554

		a. ¿A qué le temía, que le generaba ese temor?
	Intensificación del conflicto y entorno	9. ¿Considera que el conflicto en la zona pudo influenciarlo para salir o no del closet? 10. ¿Usted fue perseguido o desplazado por su orientación sexual? 11. ¿Considera que su orientación sexual tuvo alguna relación con el desplazamiento? 12. ¿Dejó propiedades, negocios u otros elementos al momento de salir de la zona donde residía? 13. En la zona habían panfletos o mensajes intimidantes contra la población LGTB? ¿De qué manera asumió la situación? a. Podría describir el contenido de los mensajes. 14. ¿Para los grupos armados existía alguna diferencia entre un hombre gay y una mujer lesbiana?

| • Acciones bélicas
• Acciones Sociales (sanciones) | Identificación | 15. ¿En la zona donde residió que grupos armados existían? Mencione sus nombres, frentes o bloques.
16. Considera que algún grupo ejercía mayor grado de intimidación a la población LGBTI ¿por qué?
17. ¿Reconoce si algún miembro del grupo armado se identificaba como miembro de la comunidad LGTB? |
| | Intensificación del conflicto y entorno | 18. ¿Existió alguna sanción contra la población LGTB en razón de su orientación sexual? (expulsión del territorio, burlas públicas, entre otras acciones).
19. ¿Recuerda si alguna persona fue asesinada, maltratada o violentada por su orientación sexual?
20. Existía alguna entidad, organización social pública o privada o alguna persona que diera apoyo a la comunidad LGBTI?
21. ¿Cuándo declaró los hechos victimizantes ante las autoridades se identificó como persona del colectivo LGBTI? |

Revista de Direito Magis | V. 2 | N. 1 | P. 13-73 | 2023
DOI: 10.5281/zenodo.8335554

Matrices de entrevistas

Matriz 1: Entrevista

Entrevistado 1	
Hombre 25 años	¿Usted se identifica como homosexual? Si. ¿Qué edad tiene? 25 años ¿Es usted víctima del conflicto armado? ¿De qué hecho y en que época? ¿Cuántos años tenía? Si, en marzo de 1999 mataron a mi papá, él trabajaba como auditor en la cooperativa de caficultores del sur del Tolima y descubrió un lavado de activos de las farc y lo mataron por planadas. A nosotros nos amenazaban porque mi mamá empezó a investigar por la muerte de mi papá y eso. ¿Podría identificar el grupo armado que perpetuó el hecho victimizante? Las FARC ¿Para los grupos armados existía alguna diferencia entre un hombre gay y una mujer lesbiana? Si, eran más rechazados los hombres, las lesbianas casi no, a ellas casi no les hicieron nada, de hecho no se conocen historias de algo contra ellas. Conocí muchos casos de violencia contra los hombres, de hecho existía un homosexual que le decían Care mapa, no sé el nombre, pero lo golpeaban mucho.

	¿Considera que algún grupo ejercía mayor grado de intimidación a la población LGBTI ¿por qué?
	Sí, porque en Chaparral hasta hace poco mataron a una mujer trans y sigue viéndose, allá anualmente hacían como un reinado de gays y siempre los golpeaban o algo pasaba, las farc siempre estaban en desacuerdo con eso, aunque el evento sigue dándose. Hace 4 años fui a Chaparral y supe que al señor que prestó la finca para el reinado lo mataron y se cree que fue las FARC porque ellos no estaban de acuerdo con eso.
	¿Existió alguna sanción contra la población LGTB en razón de su orientación sexual? (expulsión del territorio, burlas públicas, entre otras acciones).
	Algunas veces rotaban panfletos con nombres de personas que iban a matar y muchos se iban, los que no los mataban. Aparecían comerciantes y homosexuales.
	Existía alguna entidad, organización social pública o privada o alguna persona que diera apoyo a la comunidad LGBTI?
	Nunca existió, hasta hace poco existe.

Fuente: Elaboración propia (2018)

DOI: 10.5281/zenodo.8335554

Matriz 2: Entrevista

Entrevistado 2	

• Hombre 32 años	¿Usted se identifica como homosexual? si
	 ¿Qué edad tiene?
	     32 años
	
	 ¿Es usted víctima del conflicto armado?
	     a. ¿De qué hecho y en que época?
	     b. ¿Cuántos años tenía?
	 Yo empecé a trabajar en al año 2004 en un proyecto contra el SIDA y empezamos a hacer sensibilización, de ese proyecto salieron organizaciones que trabajan con eso, en el norte había AUC y algo de guerrilla, en el sur guerrilla. Entonces las personas que viven con VIH fueron víctimas de desplazamiento y de violencia, homicidios, independientemente de su orientación sexual. Nosotros los recibíamos mientras adelantaban todas las gestiones con la unidad de víctimas. En el 2007 salgo del proyecto y empecé con otra organización y me apasioné con los casos, familias que tenían niños y familias que salieron desplazadas porque alguien en el pueblo dijo que tenían VIH, en el 2009 conocimos un caso de un chico que llegó con VIH a Ibagué y él no quería hablar del tema, nosotros éramos como la red primaria, porque la mayoría no tenían red por el estigma y hacíamos red de apoyo.

Entonces un chico nos contó que las AUC en el norte del Tolima se dio cuenta que era paciente VIH y le hicieron tomar sangre y no sabía de qué, además le habían matado su familia. Cuando él declaró en la UARIV no dijo que era positivo para evitar la estigmatización. Entonces hicimos un sin número de denuncias por el atraso en las atenciones, los traslados médicos y eso, yo me volví la cara publica del asunto, entonces a raíz de eso empecé a recibir llamadas muy extrañas pero hice caso omiso, eso no tiene que ver conmigo, ni nada, también empezamos hacer denuncias de trafico de medicamento porque la gente no tenía que comer y los vendían, recibía muchas llamadas y caso omiso, incluso identificaba que la persona que me llamaba tenia acento paisa, siempre me decía que por estar defendiendo a los maricas me iba a morir, una vez llegando a la alcaldía me llamaron y me dijeron cosas muy puntuales que ropa tenía mi mamá, donde estaba estudiando mi sobrino, yo que estaba haciendo y que si no me iba de Ibagué ese mismo día me mataban.

Llegué a mi casa hice maleta y cuando estaba en el terminal de Ibagué me iban a matar, eso fue en el 2010, por estar defendiendo a los maricas, es que en ese época la mayoría de los diagnosticados eran LGBTI, es cuando tu veías en el pueblo el panfleto que decía que los que tenían VIH y los iban a matar y eso se hizo realidad, los mataron.

Yo le dije a mi mamá que me habían trasladado para Bogotá, hice cambiar el número de la casa, y le dije a una ex pareja porque le encargué a mi familia. Llegué a Bogotá y le dije a un amigo que qué hacía y él me dijo vete para la Unidad para las Victimas, yo no sabía muy bien que hacer. Yo llego hacer una fila con 150 personas a Soacha donde todo es precario lo que uno escucha, la gente dice que te calles y no cuentes tu historia porque en la fila podía haber algún infiltrado, yo me identifiqué como líder social y como homosexual. Yo le llamé a eso el paseo de la muerte porque uno le cuenta a uno y a otro lo que pasó para que ellos digan si es cierto no lo que estás diciendo, entonces bajó el director y me dijo que me iban a dar un mercado, una cobija y una olla y que era lo único que se podía hacer por ahora, yo no tenía dinero y una señora me dijo que recibiera eso y me dijo si quieres yo te lo recibo y te puedes quedar en mi casa, yo allá no tenía familia, vivía muy atemorizado pensando que me iban a matar. Salí como a las 11 de la mañana con una cobija, un mercado y una olla y me fui a vivir a la casa de la señora.

¿Podría identificar el grupo armado que perpetuó el hecho victimizante?

Yo siempre concluí que eran las AUC porque siempre denunciamos cosas de municipios del norte del Tolima que era donde ellos estaban, cuando llegué a Bogotá me dijeron que ellos ya se habían ido desmovilizado pero habían disidencias, ellos una vez se identificaron como AUC.

¿Era usted abiertamente homosexual en el sector donde residía antes del hecho victimizante?
Siempre he sido abiertamente homosexual. Yo nunca recibí ninguna ayuda del estado, jamás se interesó en proteger mi vida que era lo que necesitaba, eso lo ratifiqué cuando fui a Bogotá a un encuentro, duré dos años completamente escondido, tratando de no tener vinculo telefónico con mi familia porque pensé que algo les iba a pasar, creo que en esa época no existía ninguna corresponsabilidad en querer identificar la población LGTB, lo único que importaba era si le dieron un tiro, le mataron la mamá no si es gay o no, eso hace que se invisibilise.

¿Usted fue perseguido o desplazado por su orientación sexual?

Yo pienso que fue una confluencia entre ser homosexual y defender a otros homosexuales en situaciones precarias.

¿Considera que su orientación sexual tuvo alguna relación con el desplazamiento?

Yo siempre he sido abiertamente homosexual porque no todos los homosexuales vivimos con VIH, eso es lo que yo quería mostrar, me decían marica, de todos, cosas muy groseros. De hecho me dieron un papel en la unidad que decía que era desplazado pero yo no estaba deacuerdo con eso porque en ningún lado decía que yo soy homosexual y el director de la unidad dijo que eso no era importante, que lo que importaba era el hecho victimizante.

¿Dejó propiedades, negocios u otros elementos al momento de salir de la zona donde residía?

NO, la casa es de mi mamá y yo opto por irme, yo no podía cambiarle la vida a ella. Cuando me fui le dije que donde estaba no había señal, que viajaba mucho, cuando venía a Ibagué llegaba de sorpresa.

En la zona había panfletos o mensajes intimidantes contra la población LGTB? ¿De qué manera asumió la situación? Podría describir el contenido de los mensajes

Acá en Ibagué los empezamos a recibir, incluso en el barrio en el que yo vivo que es hacia el norte, entonces recuerdo mucho un panfleto que llegó a mi casa un día tarde en la noche que decía que iban a ser toque de queda y que iban a matar a los maricas, sidosos y putas, la gente estuvo muy prevenida para salir o llegar tarde, en otros municipios como Fresno, Mariquita, Líbano también y muchas personas se fueron por eso, muchas mujeres trans se fueron y dejaron de hacer el trabajo sexual porque era eso o morirse.

¿Para los grupos armados existía alguna diferencia entre un hombre gay y una mujer lesbiana?

En mi contexto y en lo que yo conocí era un poco más marcado hacia mujeres trans y hombres gay, mujeres lesbianas conocidas no fueron desplazadas por su orientación sexual, yo lo percibo así porque las mujeres lesbianas pueden camuflarse más, en cambio los hombres adoptamos posturas femeninas, más espontáneos, eso nos hace más visibles.

¿En la zona donde residió que grupos armados existían? Mencione sus nombres, frentes o bloques.

Paramilitares, no recuerdo bloques ni nada, yo había olvidado esto hasta que fui a Bogotá y me movió todo y en la actualidad no quiero que eso siga invisibilizado, el

Revista de Direito Magis | V. 2 | N. 1 | P. 13-73 | 2023
DOI: 10.5281/zenodo.8335554

estado invisibilizó mi calidad de víctima, mis empleos en Bogotá fueron limpiado casas, repartiendo volantes, mojándome, la vida te cambia. Empleos de paga muy baja pero es la lucha por sobrevivir, a mí nunca me llamaron a preguntar oiga lo mataron, que pasó con usted? Mucha gente cayó, la gente oculta su orientación sexual para proteger su vida porque el victimario dice que hay que matarlo por marica, por sidoso, porque siempre nos han relacionado con el diagnostico, todos los maricas son sidosos, entonces se adoptan comportamientos heterosexuales, el ocultar su comportamiento, invisibilizarse, en Bogotá traté de manejar mi vida homosexual callado, cambiar el tono de voz por una más fuerte, una actitud más ruda, no hablar del tema, no estar con gente gay. Cuando se llega a Bogotá ofrecen el trabajo sexual y yo opté por otras cosas, pero muchos si lo hicieron.

¿Existió alguna sanción contra la población LGTB en razón de su orientación sexual? (expulsión del territorio, burlas públicas, entre otras acciones).

Era matarlos porque eso lo decían los panfletos y con horas específicas, tiene 24 horas para abandonar, pero muchos pensamos que era una bobada. No venía a nombre de nadie, solo de la comunidad, sidosos y putas.

¿Recuerda si alguna persona fue asesinada, maltratada o violentada por su orientación sexual?

En esa época la fiscalía levantaba la investigación de asesinatos pero no lo tomaban como población LGTB solo si era hombre o mujer, recuerdo el caso de un estilista en Mariquita, pero su orientación sexual quedaba invisibilizaba porque la fiscalía decía si hombre de32 años asesinado y ya.

Existía alguna entidad, organización social pública o privada o alguna persona que diera apoyo a la comunidad LGBTI?

Yo no conocí ninguna.

¿Cuándo declaró los hechos victimizantes ante las autoridades se identificó como persona del colectivo LGBTI?
Sí, siempre.

La relación con mi familia cambió, yo no les dije lo que había pasado pero no quería que nada les pasara a ellos, yo no quería que los siguieran identificando y opte por aislarme y silenciarme, no les dije todo lo que viví. El trabajo de aca se perdió, yo me fui y no cobré el salario, es cambiar la vida por todo estar bien o estar mal.

Fuente: Elaboración propia (2018)

Matriz 3: Entrevista

Entrevistado 3	
Hombre 36 años	Yo vengo del sur del Tolima, en nuestro territorio el conflicto armado golpeó mucho a la población LGTB, hicimos una línea de tiempo donde se identificó eso. En los territorios predominaban algunas ideologías donde las personas con identidades diversas no cabían, empezando por el núcleo familiar porque los grupos armados al llegar a la zona rural y ver los homosexuales hacia que se fueran o los mataban. Hubo amenazas en panfletos en donde señalaban a diferentes grupos de personas entre esos los LGTB y a las trabajadoras sexuales, sabemos que la mayor parte de las mujeres trans son trabajadoras sexuales en una sociedad que discrimina. Nos decían que por ser homosexuales teníamos un sin número de enfermedades, portadores, cuando son los heterosexuales que no se cuidan y contagian a los otros.

Fuente: Elaboración propia (2018)

Matriz 4: Entrevista

Entrevistado 4	
Hombre 43 años	¿Usted se identifica como homosexual? Sí, claro yo soy homosexual. ¿Qué edad tiene? 43 años ¿Es usted víctima del conflicto armado? De qué hecho y en que época? ¿Cuántos años tenía? Si desde el año 1991 porque las FARC me atropelló por tener el pelo largo, ellos decían que el que tenía pelo largo era ladrón o marihuanero. Yo siempre he sido de Chaparral y vivía en el campo laborando ¿Era usted abiertamente homosexual en el sector donde residía antes del hecho victimizante? No, en esa época era un delito muy feo, le pegaban a uno, solo sabían los amiguitos, muy pocos. Había algún actor que ejerciera presión o que limitara su orientación sexual? Las farc, ellos ponían reglamento que no dejaban entrar marihuaneros, ni ladrones y por eso me cortaron el cabello porque yo lo tenía largo y querer siendo uno y tener que cortarme el cabello o si no que me fuera de la zona. ¿Alguna vez sintió temor por develar (hacer pública) su orientación sexual en el lugar donde residía?

NO, siempre lo llevé en mi sangre, no me dio temor. ¿Considera que el conflicto en la zona pudo influenciarlo para salir o no del closet?

Siempre lo llevé en mi sangre, desde los 5 años me gustaba ser femenino y por eso vaina del conflicto fue que me cortaron el cabello, solo fue eso.

¿Considera que su orientación sexual tuvo alguna relación con el desplazamiento?

Claro, una gran parte, ellos ponían orden es que los homosexuales no eran bienvenidos, luego en el 2006 regresé a coger café y esa vez me desplazaron me dieron 24 horas para que me fuera o si no me desaparecían, eso fueron los milicianos del frente 21 de las farc, me desplazaron por gay. Como yo iba de Chaparral a trabajar a coger café y subí a coger café y un domingo por la tarde y el lunes me dijeron que me tenía que ir, que no podía estar más en el área por ser homosexual y que si no me iba me mataban y me tiraban al rio.

En la zona había panfletos o mensajes intimidantes contra la población LGTB? ¿De qué manera asumió la situación?
Podría describir el contenido de los mensajes.
Una que otra vez dejaron panfletos en la zona urbana, se hacían llamar el escuadro de la muerte, de limpieza, era para ladrones, viciosos, población LGTB.

En esa época no había autoridades ni nada, nosotros vivíamos con miedo, no salíamos de noche a trabajar ni nada. Igual no le prestamos mucha atención a eso.

¿Para los grupos armados existía alguna diferencia entre un hombre gay y una mujer lesbiana?

No se los ideales de ellos, uno no conoce lo que otro está pensando, pero ellos decían que ni la lesbiana ni el homosexual era bien visto.

¿Existió alguna sanción contra la población LGTB en razón de su orientación sexual? (expulsión del territorio, burlas públicas, entre otras acciones).

En ese entonces nos llamaban maricas, gays o areperas, pero si hubo burlas, se burlaban de uno por ser gay, otros decían que nos daban machete para dejar de ser marica, las mujeres nos decían que uno estaba muy bizcocho y que nos enseñaban hacer hombres.

¿Recuerda si alguna persona fue asesinada, maltratada o violentada por su orientación sexual?

Si sucedieron casos, a uno le decían se va o lo matamos entonces por evitar la muerte la gente se iba, entonces algunos nos venimos.

Existía alguna entidad, organización social pública o privada o alguna persona que diera apoyo a la comunidad LGBTI?
Para nada, todo era nulo.

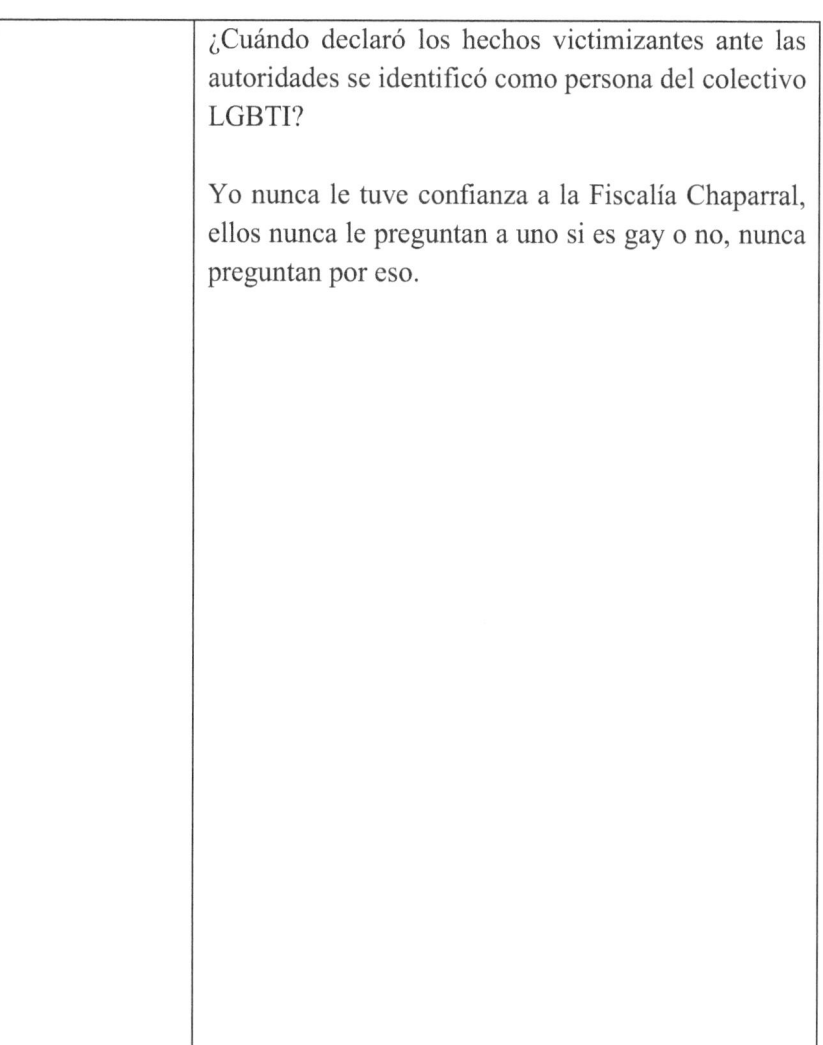

| | ¿Cuándo declaró los hechos victimizantes ante las autoridades se identificó como persona del colectivo LGBTI?

Yo nunca le tuve confianza a la Fiscalía Chaparral, ellos nunca le preguntan a uno si es gay o no, nunca preguntan por eso. |

Fuente: Elaboración propia (2018)

Revista de
Direito Magis

TRANSGRESIÓN DE DERECHOS HUMANOS DE LA MUJER EN ESTADO DE RECLUSIÓN INTRAMURAL EN COLOMBIA

HUMAN RIGHTS VIOLATIONS AGAINST WOMEN IN INTRAMURAL CONFINEMENT IN COLOMBIA

Mario Vásquez Lapeira[1]
Nicole Acosta Toledo[2]

Resumen: Para nadie es un secreto que los derechos de la población femenina privada de su libertad se ven vulnerados por las casi inexistentes políticas públicas que hay al respecto, las precarias condiciones de los centros penitenciarios y carcelarios del país, las pocas garantías que les ha brindado el Estado, entre otros. Igualmente, desde un enfoque de género la población femenina recluida es un grupo poblacional discriminado, porque al hablar de centros penitenciarios y carcelarios se entiende grosso modo los masculinos, invisibilizando las necesidades específicas de las féminas. Por ello, la investigación pretende responder la pregunta problema: ¿De qué manera se transgreden los derechos humanos de la mujer en estado de reclusión en establecimiento penitenciario y carcelario en Colombia? Analizando el papel garante del Estado colombiano respecto al tema desde una metodología cualitativa de tipo documental, centrado en la revisión de literatura especializada y normas nacionales e internacionales respecto al tema. De esta manera, se abordan tres objetivos específicos: i) Identificar los DDHH de la mujer en estado de reclusión en Colombia, ii) Comparar los DDHH de la mujer en estado de reclusión en Colombia y México y iii) Determinar la vulneración de los DDHH de la mujer en estado de reclusión en Colombia. Para así contribuir a la visibilización de la problemática y abordar una perspectiva nacional contrastada con otras legislaciones.

---

[1] Egresado no graduado de la Escuela de Derecho de la Universidad Sergio Arboleda, seccional Santa Marta - Colombia. Miembro activo del Semillero de Investigación de Derechos Humanos y Postconflicto de la misma Universidad. Correo electrónico: mario.vasquez01@usa.edu.co.
[2] Abogada de la Escuela de Derecho de la Universidad Sergio Arboleda, seccional Santa Marta - Colombia. Miembro activo del Semillero de Investigación de Derechos Humanos y Postconflicto de la misma Universidad. Correo electrónico: nicole.acosta01@usa.edu.co.

Palabras Claves: Mujer; Derechos Humanos; Centros Penitenciarios y Carcelarios.

Abstract: It is no secret that the rights of the female population deprived of their liberty are violated by the almost nonexistent public policies in this regard, the precarious conditions of the country's prisons and jails, the few guarantees provided by the State, among others. Likewise, from a gender perspective, the female prison population is a discriminated population group, because when speaking of penitentiaries and prisons, the male ones are generally understood, making the specific needs of women invisible. Therefore, the research aims to answer the problem question: In what way are the human rights of women in prison and penitentiary establishments in Colombia violated? Analyzing the guarantor role of the Colombian State with respect to this issue from a qualitative documentary methodology, focused on the review of specialized literature and national and international standards on the subject. In this way, three specific objectives are addressed: i) To identify the human rights of women in prison in Colombia, ii) To compare the human rights of women in prison in Colombia and Mexico and iii) To determine the violation of the human rights of women in prison in Colombia. In order to contribute to the visibility of the problem and address a national perspective contrasted with other legislations.

Keywords: Women; Human Rights; Penitentiary and Prison Centers.

Resumo: Não é segredo que os direitos da população feminina privada da sua liberdade são violados pelas políticas públicas quase inexistentes a este respeito, as condições precárias das prisões e prisões do país, as poucas garantias dadas pelo Estado, entre outras. Do mesmo modo, numa perspectiva de género, a população prisional feminina é um grupo populacional discriminado, porque quando se fala de penitenciárias e prisões, as masculinas são geralmente compreendidas, tornando as necessidades específicas das mulheres invisíveis. Por esta razão, a investigação visa responder à questão problemática: De que forma são violados os direitos humanos das mulheres em estado de encarceramento em estabelecimentos prisionais e penitenciários na Colômbia? Ao analisar o papel do Estado colombiano como garante nesta questão utilizando uma metodologia documental qualitativa, centrada na revisão de literatura especializada e normas nacionais e internacionais sobre o assunto. Desta forma, são abordados três objectivos específicos: i) identificar a AR das mulheres na prisão na Colômbia, ii) comparar a AR das mulheres na prisão na Colômbia e no México e iii) determinar a violação da AR das mulheres na prisão na Colômbia. A fim de contribuir para a visibilidade do problema e abordar uma perspectiva nacional contrastada com outras legislações.

Palavras-chave: Mujer; Derechos Humanos; Centros Penitenciarios y Carcelarios.

1   CONSIDERACIONES INICIALES

A modo introductorio y de forma general, la presente investigación gira entorno a vizibilizar el flegelo de la transgresión de los derechos humanos de las féminas en estado de reclusión en Colombia, debido a que, la finalidad de los centros penitenciarios es velar por los individuos recluídos que cumplen su sentencia, garantizándoles el respeto por los derechos humanos y el trato digno; para que de esta manera se asegure una conducta de no repetición. Por tal razón, la investigación tiene como objetivo general analizar cómo el Estado colombiano no es garante de los derechos humanos de las féminas en estado de reclusión.

2   METODOLOGÍA

La investigación socio-jurídica se va a desarrollar desde un enfoque cualitativo, por medio de la cual, se analizará el marco jurídico del amparo de los derechos humanos de las féminas en estado de reclusión en Colombia. Esta es de tipo documental, en la cual se realizará el análisis de normas jurídicas nacionales e internacionales. Para esto, nos remitimos a diversas fuentes doctrinales y jurisprudenciales en miras de basar dentro de un entorno normativo toda la información recopilada a lo largo del desarrollo de la actual investigación; con el objetivo de esclarecer cómo el Estado colombiano es o no es garante de los derechos humanos de la mujer en estado de reclusión.

En ese sentido, el método adoptado es el científico, donde a través de este se procura testimoniar todo el contendio informativo con la ayuda de procedimientos investigativos en todos los los objetivos específicos planteados y, de esa forma, cumplir con el desarrollo de estos. Cada uno de dichos objetivos se resuelven haciendo amplio énfasis en el estudio de las normas en enlazadas con el resguardo de los derechos humanos de las féminas en estado de reclusión intramural en Colombia.

3   DECLARACIÓN DE ASPECTOS ÉTICOS

La investigación en cuestión se desarrolló bajo el respeto y la dignificación que pretende la Carta Magna del 91 a todos los grupos pormenorizados asentados en el territorio nacional, en especial respecto a la población femenil recluída. En ese sentido, se busca amparar los derechos del grupo poblacional en cuestión respetando los "Principios y Buenas Prácticas sobre la Protección de las Personas Privadas de Libertad en las Américas" adoptada por la CIDH y, a su vez, el Departamento de Investigación e Innovación de la Universidad Sergio Arboleda, Santa Marta avala el contenido de la misma.

4 IDENTIFICAR LOS DERECHOS HUMANOS DE LA MUJER ES ESTADO DE RECLUSIÓN EN COLOMBIA

En Colombia la Carta Magna en su artículo 93[3] establece que los pactos y acuerdos internacionales adoptados por el país colombiano en materia de derechos humanos prevalecen sobre el orden interno y se prohíbe la limitación de estos. Lo anterior, es relevante debido a que las decisiones tomadas por Naciones Unidas respecto al tratamiento de reclusos enmarcan las pautas y normas básicas que los países deben seguir en temas de higiene, tratamiento médico y alojamiento.

En ese sentido, queda claro que existe normatividad en cuanto a los derechos de las féminas recluídas intramuralmente y, asimismo, de las obligaciones que tiene el Estado para con las reclusas, lo cual, está establecido en la Declaración Universal de Derechos Humanos[4], el Pacto Internacional de Derechos Civiles y Políticos[5], el Pacto Internacional de

---

[3] **Constitución Política de Colombia de 1991.** Art. 93.
[4] **Declaración Universal de Derechos Humanos**, 1948.
[5] Naciones Unidas (1966): **Pacto Internacional de Derechos Civiles y Políticos**. Resolución 2200 A (XXI), de 16 de diciembre de 1966, de la Asamblea General.

Revista de Direito Magis | V. 2 | N. 1 | P. 75-87 | 2023
DOI: 10.5281/zenodo.8335556

Derechos Económicos, Sociales y Culturales[6], la Convención contra la Tortura y Otros Tratos o Penas Crueles, Inhumanos o Degradantes[7].

Respecto al tema en cuestión, la Comisión Interamericana de Derechos Humanos estipula que las personas recluídas obstentan el derecho a la libertad de conciencia y culto, asimismo, se les tiene que garantizar sus derechos a la libertad de expresión, asociación y reunión, entre otros. También, es pertinente mencionar que, la Organización de los Estados Americanos (OEA), aceptó la Convención Interamericana para Prevenir, Sancionar y Erradicar la Violencia contra la Mujer "Convención de Belém do Pará", tratado el cual el Estado colombiano es parte, por lo tanto, debe respetar, acatar y garantizar su contenido.

Ahora bien, en cuanto a la normatividad nacional que busca proteger a la mujer en estado de reclusión, podemos encontrar la Ley 1009/06[8], donde través de esta se instituye de forma fija el Observatorio de Asuntos de Género, la Ley 82/93[9], que crea leyes especiales en protección a las mujeres cabeza de hogar y, la Ley 750/02[10] que regula de forma positivizada el trabajo comunitario y lo concerniente a la prisión domiciliaria. En ese sentido, en Colombia la normatividad respecto a las mujeres en estado de reclusión no es amplia y, esto conlleva a la evidencia de vacíos jurídicos en cuanto a su salud, educación, trabajo y demás aspectos relevantes para la dignificación de las féminas reclusas.

---

[6] Naciones Unidas (1966): **Pacto Internacional de Derechos Económicos, Sociales y Culturales**. Resolución 2200 A (XXI), de 16 de diciembre de 1966, de la Asamblea General.

[7] Naciones Unidas (1984): **Convención contra la Tortura y otros Tratos o Penas Crueles, Inhumanos o Degradantes**. Resolución 39/46, de 10 de diciembre de 1984, de la Asamblea General.

[8] Ley 1009 de 2006. **Por medio de la cual se crea con carácter permanente el Observatorio de Asuntos de Género**. Publicada en el Diario Oficial No. 46.160, de 23 de enero de 2006.

[9] Ley 82 de 1993. **Por la cual se expiden normas para apoyar de manera especial a la mujer cabeza de familia**. Publicada en el Diario Oficial No. 41.101, de 3 de noviembre de 1993.

[10] Ley 750 de 2002. **Por la cual se expiden normas sobre el apoyo de manera especial, en materia de prisión domiciliaria y trabajo comunitario.** Publicada en el Diario Oficial 44.872, de 19 de julio de 2002.

Sin embargo, muchas Instituciones Nacionales no han sido ajenas a la falta de amparo de las féminas en estado de reclusión; de tal manera que, implementan convenios con el Instituto Nacional Penitenciario y Carcelario (INPEC) en aras de garantizar dicha protección a las féminas. Tal es el caso del Instituto Colombiano de Bienestar Familiar, el cual expresó que a partir del año dos mil posee un acuerdo de colaboración con el INPEC, orientado a prestar atención en todos los aspectos a los hijos menores de las reclusas de hasta 3 años y, en especial a las mujeres recluidas en estado de gestación y lactancia. Asimismo, convenios como el del Servicio Nacional de Aprendizaje (SENA), el cual tiene como objetivo brindar capacitación técnica y profesional tanto a los funcionarios del INPEC como a los reclusos.

A pesar de la normatividad colombiana existente para asegurar el resguardo de los derechos de las féminas en prisión, los tratados y convenios internacionales, la mujer en estado de reclusión aún presenta diversas dificultades en varios aspectos, uno de ellos es en el sector salud. En cuanto a lo ínfimo que debería ser respetado dentro del entorno de prisión reclusión por las autoridades encargadas, la Corte Constitucional en la Sentencia 267 de 2018[11] puntualiza en las nociones de: i) la resocialización, ii) las condiciones de las instalaciones de las prisiones, iii) la alimentación dentro de las prisiones, iv) la salubridad, v) los servicios domiciliarios y vi) la entrada a la justicia y la administración. Estas garantías mínimas establecidas son considerados como prima facie, es decir, no son considerados como una lista tal cual que deba ser analizada por el Estado colombiano, pero sí deben tenerse en cuenta para que el Estado las adopte en diferentes contextos carcelarios.

5   COMPARAR LOS DERECHOS HUMANOS DE LA MUJER EN ESTADO DE RECLUSIÓN EN COLOMBIA Y MÉXICO

Existen diversos vacíos tanto en la legislación colombiana como en la mexicana respecto a los derechos de los individuos en estado de

---

[11] Corte Constitucional de Colombia, **Sentencia T-267 de 2018**. Mg. Ponente Carlos Bernal Pulido.

Revista de Direito Magis | V. 2 | N. 1 | P. 75-87 | 2023
DOI: 10.5281/zenodo.8335556

prisión intramural, especialmente los relacionados con las mujeres que impiden el correcto desarrollo y la no vulneración de las garantías básicas de las mismas. En ambos países, la normativa actual relacionada al tema en cuestión establece que debe existir una separación de hombres y mujeres en los centros penitenciarios, sin embargo, en el caso de los Estados Unidos Mexicanos, es hasta el año 2016 donde se puntualizan algunas de las necesidades especiales de cada sexo, en el caso de la mujer, las relacionadas con la maternidad, el ciclo menstrual, el cuidado de los hijos, entre otros (Briseño, 2006)[12]. De lo anterior, se entiende que los centros carcelarios y las políticas públicas que regulan las prisiones, en lato sensu están diseñadas para equiparar las necesidades de los hombres reclusos, aunque paulatinamente se ha tratado de combatir dicha problemática sin conseguir realmente una no vulneración de los derechos humanos de las féminas privadas de su libertad, lo cual se traduce en una doble discriminación dirigida al sexo femenino. Esta doble discriminación se hace evidente, en primer lugar, en la invisibilización parcial de la existencia de mujeres reclusas y sus necesidades y, en segundo lugar, en el desentimiento del Estado en hacer frente a dicho flagelo.

De acuerdo a lo anteriormente mencionado, en el año 2016 en México dentro del periodo presidencial de Enrique Peña Nieto, fue emitido el Decreto por medio del cual se crea la Ley Nacional de Ejecución Penal[13] (en adelante LNEP); dicha Ley hace referencia a todo lo relacionado con la regulación de la población reclusa y las providencias de los jueces donde, además, se hace mención a los derechos y garantías de las mujeres inmersas dentro de los procesos penales. Es por ello que, a partir de la vigencia de la normativa en cuestión, se establecen parámetros diferenciales entre hombres y mujeres en estado de reclusión, otorgándole de esta forma privilegios a las

---

[12] Briseño, M. (2006). **Garantizando los derechos humanos de las mujeres en reclusión.** Instituto Nacional de las Mujeres (INMUJERES) y Programa de las Naciones Unidas para el Desarrollo (PNUD), México.
[13] **Ley de Ejecución Penal**. Texto Vigente. Nueva Ley publicada en el Diario Oficial de la Federación el 16 de junio de 2016. Nueva Ley DOF 16-06-2016.

féminas privadas de su libertad inherentes al sexo femenino, tales como, permitirles estar con sus hijos en caso de que estos tengan menos de tres años de edad, poder solicitarle al juez una pena no privativa de la libertad cuando sea madre cabeza de hogar y la única responsable de un hijo menor de doce años, entre otros (Hernández, 2017)[14]. Lo que se traduce en concluir que, antes de la promulgación de la LNEP las garantías de las féminas en estado de reclusión no eran del todo garantizadas; es hasta el año 2016 donde en México se empieza a dignificar el rol de la mujer en estado de reclusión. Sin embargo, los cambios sociales son procesos que se hacen evidentes con el tiempo y, luego de la entrada en vigor de la LNEP se ha creado conciencia respecto a los derechos de los individuos dentro de las penitenciarías y, se han instaurado medios y alternativas de cumplimiento a normativas como esta.

Algunas de las formas de cumplimiento a medidas gubernamentales del país mexicano en aras de dignificar la vida humana de las reclusas, se hacen evidentes incluso en la actualidad en tiempos de COVID-19. En consecuencia, el Senado aprobó la amnistía de 1.200 personas privadas de la libertad, priorizando a las féminas en estado de embarazo, de lactancia, condenadas por el delito de aborto o con sus hijos menores dentro de las penitenciarías (Verza, 2020)[15]. Ahora bien, haciendo referencia a la legislación mexicana respecto al tema en cuestión, el artículo 18 de la Constitución Política de los Estados Unidos Mexicanos[16] estipula los principios de la pena intramural; a su vez la Ley Federal para Prevenir y Eliminar la Discriminación[17] donde se establecen medidas para mitigar la discriminación, incluso en los centros

---

[14] Hernández, L. R. (2017). **Las mujeres privadas de libertad y sus derechos en la ley nacional de ejecución penal. Un contraste con el derecho internacional.** Jus Semper Loquitur, Nueva Época (17).

[15] Verza, M. (22/4/20). **"México podría excarcelar a 1200 presos por virus o amnistía"**, Chicago Tribune.

[16] **Constitución Política de los Estados Unidos Mexicanos (CPEUM).** Artículo 18. 5 de febrero de 1917.

[17] **Ley Federal para Prevenir y Eliminar la Discriminación.** Texto Vigente. Nueva Ley publicada en el Diario Oficial de la Federación el 11 de junio de 2003. Última Reforma DOF 21-06-2018.

penitenciarios; y también, las regulaciones respecto al tema de las féminas recluídas deberán estar regidas por la Ley General para la Igualdad entre Hombres y Mujeres[18].

6 DETERMINAR LA VULNERACIÓN DE LOS DDHH DE LA MUJER EN ESTADO DE RECLUSIÓN EN COLOMBIA

La transgresión de los derechos humanos de las féminas en prisión actualmente tiene mayor visibilidad en la sociedad, puesto que, esas transgresiones se evidencian incluso desde la infraestructura carcelaria que les brinda el Estado, la cual no permite que se garanticen sus derechos. Para contextualizar respecto a la situación demográfica de las cárceles femeninas, en Colombia existen, 10 centros de reclusión, donde, además, podemos encontrar cárceles masculinas con pabellones especiales para mujeres.

Ahora bien, el INPEC señaló a través de la utilización de encuestas que en el 2020 hubo 101.448 personas en las prisiones de Colombia, donde de ese total de reclusos 6.804 eran del sexo femenino, es decir, lo equivalente al 6.7% de la población recluída en Colombia era femenina. Entendido esto, en el caso de las prisiones mixtas y pabellones para féminas, se presenta puntualmente la problemática que conocemos como hacinamiento, lo cual se traduce en la vulneración del derecho a una infraestructura de las prisiones adecuada, y por ende, la dignidad humana y demás derechos se ven limitados, tal como es el caso del derecho a los servicios domiciliarios dentro de las penitenciarías ocasionando de esa forma la trasgresión a la integridad personal y demás al no garantizar lo estipulado en la Ley, la Constitución y la jurisprudencia.

Es menester destacar el análisis realizado por medio de un estudio ejecutado por Sánchez, Rodríguez, Morad y Fondevila (2018)[19], el cual

---

[18] **Ley General para la Igualdad entre Hombres y Mujeres.** Texto Vigente. Nueva Ley publicada en el Diario Oficial de la Federación el 11 de agosto de 2006. Última Reforma DOF 29-04-2022.

[19] Astrid, M.,Leonardo, R., Gustavo, F., Juliana, M. (2018). **Mujeres y prisión en Colombia: desafíos para la política criminal desde un enfoque de género.**

establece que las féminas dentro de las prisiones claramente se enfrentan a situaciones precarias; en ese sentido, un estudio que confirma lo anteriormente mencionado es el realizado por la Universidad Pontificia Javeriana en el año 2018, cuyo resultado determinó que las féminas reclusas atraviesan un estado de vulnerabilidad al no contar con productos que satisfacen sus necesidades básicas como lo son las toallas higiénicas, asimismo, estableció que un 10% de las reclusas en Colombia no tienen a una persona que pueda suministrarles este producto. A su vez, sus derechos sexuales y reproductivos no son garantizados debido a que, no les brindan la oportunidad de realizarse exámenes médicos relacionados con su salud sexual y reproductiva como lo son las ecografías transvaginales y las citologías (Mujeres y Prisión en Colombia, 2018).

Del mismo modo, más allá del flagelo del hacinamiento carcelario y las precarias condiciones de las prisiones en temas de salubridad, es evidente también que la transgresión de los derechos de las féminas recluídas está determinado por la ineficacia del Estado colombiano al momento de garantizar la resocialización, la transgresión a los derechos de la privacidad, de tener un espacio digno para garantizar la visita conyugal, la igualdad sin dejar de lado la diferenciación propia que debe hacerse al grupo poblacional femenino recluído respecto al de los hombres en prisión, entre otros (Derechos humanos en la prisión: más allá del hacinamiento, 2019)[20].

7   CONSIDERACIONES FINALES

Para resumir, las mujeres en estado de reclusión en Colombia paulatinamente han adquirido una mayor dignificación y reivindicación en cuanto a sus derechos, sin embargo, la protección de estos derechos por parte del Estado colombiano es ineficiente. En ese sentido, instituciones oficiales, organismos internacionales, ONG`s, grupos sociales y demás colectivos han contribuido con el restablecimiento de los derechos de las féminas reclusas en las penitenciarías por medio de

---

[20] **Derechos humanos en la prisión: más allá del hacinamiento.** (2019).

convenios, movilización social, tratados internacionales, entre otros; lo que se traduce en un mayor reconocimiento de los derechos y garantías de dichas mujeres aún cuando el Estado no es lo suficientemente garante.

Del mismo modo, desde una perspectiva comparativa con el país mexicano, es evidente que Colombia se encuentra en una posición de desventaja en cuanto a derechos de las mujeres en estado de reclusión se refiere. Esto se hace evidente en la conciencia social de los ciudadanos y del Estado en el sentido de que, actualmente existe una mayor protección de los derechos de dichas féminas, incluso en tiempos de pandemia por COVID-19.

A su vez, en aras de plasmar una conclusión propositiva, se exhorta a que el Estado colombiano se haga presente dentro del entorno penitenciario y carcelario que afrotan las féminas en su día a día; esto con la finalidad de que se subsanen las falencias que tienen las prisiones en Colombia, en especial las femeninas. También, se hace necesario que el Estado a través de las políticas públicas que giran en torno al tema en cuestión, garantice un enfoque de género en la jurisprudencia y demás normas positivizadas que rigen en Colombia.

REFERENCIAS

Astrid, M.,Leonardo, R., Gustavo, F., Juliana, M. (2018). Mujeres y prisión en Colombia: desafíos para la política criminal desde un enfoque de género. Recuperado de: https://repository.javeriana.edu.co/handle/10554/41010

Briseño, M. (2006). Garantizando los derechos humanos de las mujeres en reclusión. Instituto Nacional de las Mujeres (INMUJERES) y Programa de las Naciones Unidas para el Desarrollo (PNUD), México. Recuperado de: http://cedoc.inmujeres.gob.mx/documentos_download/100793.pdf

Constitución Política de Colombia de 1991. Art. 93. Recuperado de: https://www.funcionpublica.gov.co/eva/gestornormativo/norma.php?i=4125

Constitución Política de los Estados Unidos Mexicanos (CPEUM). Artículo 18. 5 de febrero de 1917. Recuperado de: https://www.gob.mx/indesol/documentos/constitucion-politica-de-los-estados-unidos-mexicanos-97187

Corte Constitucional de Colombia, Sentencia T-267 de 2018. Mg. Ponente Carlos Bernal Pulido. Recuperado de: https://www.corteconstitucional.gov.co/relatoria/2018/T-267-18.htm

Derechos humanos en la prisión: más allá del hacinamiento. (2019). Recuperado de: https://unperiodico.unal.edu.co/pages/detail/derechos-humanos-en-la-prision-mas-alla-del-hacinamiento/

Hernández, L. R. (2017). Las mujeres privadas de libertad y sus derechos en la ley nacional de ejecución penal. Un contraste con el derecho internacional. Jus Semper Loquitur, Nueva Época (17). https://revistas-colaboracion.juridicas.unam.mx/index.php/jus-semper-loquitur/article/view/33987/30942

Ley 1009 de 2006. Por medio de la cual se crea con carácter permanente el Observatorio de Asuntos de Género. Publicada en el Diario Oficial No. 46.160, de 23 de enero de 2006. Recuperado de: https://www.acnur.org/fileadmin/Documentos/BDL/2008/6555.pdf

Ley 82 de 1993. Por la cual se expiden normas para apoyar de manera especial a la mujer cabeza de familia. Publicada en el Diario Oficial No. 41.101, de 3 de noviembre de 1993. Recuperado de: https://oig.cepal.org/sites/default/files/1993_ley82_col.pdf

Ley 750 de 2002. Por la cual se expiden normas sobre el apoyo de manera especial, en materia de prisión domiciliaria y trabajo comunitario. Publicada en el Diario Oficial 44.872, de 19 de julio de 2002. Recuperado de: https://www.funcionpublica.gov.co/eva/gestornormativo/norma.php?i=5561

Ley de Ejecución Penal. Texto Vigente. Nueva Ley publicada en el Diario Oficial de la Federación el 16 de junio de 2016. Nueva Ley DOF 16-06-2016. Recuperado de:

https://www.dof.gob.mx/nota_detalle.php?codigo=5441664&fecha=16/06/2016#gsc.tab=0

Ley Federal para Prevenir y Eliminar la Discriminación. Texto Vigente. Nueva Ley publicada en el Diario Oficial de la Federación el 11 de junio de 2003. Última Reforma DOF 21-06-2018. Recuperado de: https://www.conapred.org.mx/userfiles/files/ley%20Federal%20para%20Prevenir%20la%20Discriminaci%F3n%281%29.pdf

Ley General para la Igualdad entre Hombres y Mujeres. Texto Vigente. Nueva Ley publicada en el Diario Oficial de la Federación el 11 de agosto de 2006. Última Reforma DOF 29-04-2022. Recuperado de: https://www.diputados.gob.mx/LeyesBiblio/pdf/LGIMH.pdf

Rambal Simanca, M. C., Amaris Macías, M. D. C., & Aleksandra Sobczyk, R. (2021). Realidades de las mujeres reclusas en Colombia. Revista Criminalidad, 63(1), 141-154. Recuperado de: https://dialnet.unirioja.es/servlet/articulo?codigo=8076149

Verza, M. (22/4/20). "México podría excarcelar a 1200 presos por virus o amnistía" Chicago Tribune, https://www.chicagotribune.com/espanol/sns-es-coronavirus-mexico-excarcelara-a-1200-presos-20200422kmuuukqedzg5zla2bt4kyypbna-story.html

Vivanco, J. y C. Munoz (21/5/20). "Cómo evitar que las cárceles de América Latina se conviertan en una incubadora del coronavirus." New York Times, https://www.nytimes.com/es/2020/05/21/espanol/opinion/prisiones-covid.html

AGRADECIMIENTOS

El agradecimiento de la actual investigación es primeramente a la familia, a los amigos y demás personas que incondicionalmente han contribuido con su apoyo, compañía y conocimientos. A su vez, agradecer a Duanys Pereira Ortega por forjar nuestras habilidades investigativas y pasión por la investigación.

Revista de
Direito Magis

DERECHOS DE LOS NIÑOS, NIÑAS Y ADOLESCENTES FRENTE A LA VIOLENCIA: EL DERECHO DE LAS VÍCTIMAS A SER ESCUCHADAS Y A DEFENDER SUS DERECHOS E INTERESES EN LOS PROCEDIMIENTOS JUDICIALES[1]

CHILDREN'S RIGHTS IN THE FACE OF VIOLENCE: THE RIGHT OF VICTIMS TO BE HEARD AND TO DEFEND THEIR RIGHTS AND INTERESTS IN LEGAL PROCEEDINGS

Blanca Sillero Crovetto[2]

Resumen: Desde el reconocimiento de los niños como sujetos autónomos, se aborda en el ordenamiento jurídico español el derecho de los niños, niñas y adolescentes a ser oídos y expresar su opinión libremente en todos los asuntos que le afectan y cuando son víctimas de violencia, es necesario exigir que las garantías procesales se respeten en todo momento y lugar. Todas las decisiones que se adopten deben obedecer a la finalidad principal de proteger al menor, salvaguardar su posterior desarrollo y velar por el interés superior; además hay que procurar que la intervención sea lo menos perjudicial, en función de lo que exijan las circunstancias.
Palabras Claves: Derecho del Niño a ser Oído; Violencia; Proceso; Victima.

Abstract: From the recognition of children as autonomous subjects, the article addresses the right of children and adolescents to be heard and express their opinion freely in all matters that affect them and, when they are victims of violence, the requirement that procedural guarantees are respected at all times and places. All decisions taken must obey the main purpose of protecting the child, safeguarding his subsequent development and ensuring the best interests; In addition, care must be taken to ensure that the intervention is the least harmful, depending on what the circumstances require.
Keywords: Right of Children to be Heard; Violence; Judicial Process; Victim.

---

[1] Trabajo realizado en el marco del Proyecto de Investigación "La condena de los excluidos. Fronteras institucionales de los derechos humanos" (PID 2021-122498NB-1000) financiado por el Ministerio de Economía, Industria y Competitividad, cuyos IIPP son los Profes. Dres. Alberto Daunis y Rafael Durán.
[2] Profesora Titular Derecho Civil. Universidad de Málaga (bsillero@uma.es).

---

1   INTRODUCCIÓN

La preocupación por la infancia aparece en declaraciones y convenios internacionales desde principios del siglo XX, pero hasta 1989 no se dio el salto cualitativo que implica aprobar un texto normativo de vocación universal. Dicho texto, la Convención sobre los Derecho del Niño (CDN)[3] adoptada por la Asamblea General de las Naciones Unidas por la Resolución 44/25, de 20 de noviembre de 1989, entró en vigor el 2 de septiembre de 1990[4].

En la actualidad el tratamiento jurídico de la niñez, a nivel internacional y nacional se sustenta sobre tres pilares básicos: el reconocimiento del incremento de su capacidad de ejercicio, la necesaria fundamentación de las decisiones sobre los menores en su interés superior, y el derecho a ser oídos antes de adoptarse, en cualquier ámbito, una decisión que les afecte[5]

Una de las aportaciones más relevantes al derecho internacional de los derechos humanos y a una concepción de niños, niñas y adolescentes (NNA) como sujetos de derechos, la constituye el artículo 12 CDN, que provocó una transformación del enfoque tradicional, que atribuía a los niños y niñas el papel de receptores pasivos de los cuidados y atenciones de los adultos –que serían los encargados de adoptar por sustitución las decisiones de mayor relevancia en aquello que les concierna-, reconocerles como protagonistas activos y, por tanto, llamados a participar en todo proceso de adopción de tales decisiones. NNA, pasan

---

[3] En este trabajo se utilizan indistintamente los términos "menor", más común en el ordenamiento jurídico español, y "niños" "niñas" y "adolescentes" frecuentes en el ordenamiento internacional.

[4] El elevado número de Estados parte resulta muy expresivo del amplio consenso que suscita la idea de que los derechos de los niños han de ser un objetivo común y primordial de la humanidad, en Defensor del Pueblo (2014) *"Estudio sobre la escucha y el interés superior del menor. Revisión judicial de medidas de protección y procesos de familia"*, Madrid, mayo, pág. 9.

[5] BARBER CÁRCAMO, R. (2019): "El derecho del menor a ser oído y a que su opinión sea tenida en cuenta", *REDUR*, 17, diciembre, pág.6

a ser contemplado como individuos con opiniones propias que habrán de ser atendidas en consonancia con su capacidad y madurez.

Este nuevo marco jurídicosocial se proyecta en España en la Ley Orgánica 1/1996, de 15 de enero, de Protección Jurídica del Menor, (en adelante Ley Orgánica 1/1996), que en su Exposición de Motivos se refiere a los niños "como sujetos activos, participativos y creativos, con capacidad de modificar su propio medio personal y social; de participar en la búsqueda y satisfacción de sus necesidades y en la satisfacción de las necesidades de los demás".

2   EL DERECHO DE NIÑOS, NIÑAS Y ADOLESCENTES A SER OÍDOS Y ESCUCHADOS

El derecho del niño a expresar su opinión y a que se tenga en cuenta se introdujo por primera vez en el artículo 12 CDN con el siguiente texto:

> 1. Los Estados partes garantizarán al niño que esté en condiciones de formarse un juicio propio el derecho de expresar su opinión libremente en todos los asuntos que afectan al niño, teniéndose debidamente en cuenta las opiniones del niño, en función de la edad y madurez del niño. 2. Con tal fin, se dará en particular al niño oportunidad de ser escuchado, en todo procedimiento judicial o administrativo que afecte al niño, ya sea directamente o por medio de un representante o de un órgano apropiado, en consonancia con las normas de procedimiento de la ley nacional.

El Comité de los Derechos del Niño destaca de este precepto, que debe considerarse "como uno de los cuatro principios generales de la Convención, junto con el derecho a la no discriminación, el derecho a la vida y el desarrollo y la consideración primordial del interés superior del menor, lo que pone de relieve que este artículo no sólo establece un derecho en sí mismo, sino que debe tenerse en cuenta para interpretar y hacer respetar todos los demás derechos"[6]. El Comité insta a los Estados partes a evitar los enfoques meramente simbólicos que limiten la expresión de las opiniones de los niños o que se permitan que se escuche a los niños pero no se tengan debidamente en cuenta sus opiniones[7].

En la Observación General nº 20 (2016) sobre la efectividad de los derechos del niño durante la adolescencia, el Comité proporciona orientación a los Estados sobre las medidas necesarias para garantizar que se hagan efectivos los derechos del niño durante la adolescencia, teniendo presente también la Agenda 2030 para el Desarrollo sostenible[8]. Los Estados partes de conformidad con el artículo 12 de la Convención, deben adoptar medidas para garantizar el derecho de los *adolescentes a expresar sus opiniones sobre todas las cuestiones que les afecten, en función de su edad y madurez, y velar por que estas se tengan debidamente en cuenta, por ejemplo, en decisiones relativas* a su

---

[6] Párrafo 2 de la Observación General núm. 12 (2009), sobre el derecho del niño a ser escuchado. Observación que tiene como objetivo principal apoyar a los Estados partes en la aplicación efectiva del artículo 12, y para conseguirlo:
- Aumentar la comprensión del significado del artículo 12 y sus consecuencias para los gobiernos, las partes interesadas, las ONG y la sociedad en general;
- Abundar en el alcance de las leyes, las políticas y las prácticas necesarias para lograr la plena aplicación del artículo 12;
- Destacar los enfoques positivos en la aplicación del artículo 12, teniendo presente la experiencia del Comité en las labores de seguimientos;
- Proponer los requisitos básicos que deben cumplir los métodos adoptados para que se tengan debidamente en cuenta las opiniones de los niños en todos los asuntos que los afecten". Párrafo 8.
[7] Observación General núm. 12, párrafo 132.
[8] Destaca el Comité la importancia de un enfoque basado en los derechos humanos que incluya el reconocimiento y el respeto de la dignidad y de la capacidad de acción de los adolescentes; su empoderamiento, ciudadanía y participación activa en sus propias vidas; la promoción de la salud, el bienestar y el desarrollo óptimos; y un compromiso con la promoción, la protección y el ejercicio de sus derechos humanos, sin discriminación. Observación General 16, párrafo 4. Observación General que no pretende, definir la adolescencia, sino que se centra en el periodo de la infancia que va desde los 10 años hasta que el niño cumple 18 para facilitar la coherencia en la reunión de datos.

educación, salud, sexualidad, vida familiar y a *los procedimientos judiciales y administrativos*[9].

La Carta Europea de Derechos del Niño, aprobada por resolución del Parlamento Europeo el 8 de julio de 1992, recoge en el apartado 15 este derecho de audiencia, con los siguientes términos:

> *15. Toda decisión familiar, administrativa o judicial, en lo que se refiere al niño, deberá tener por objeto prioritario la defensa y salvaguardia de sus intereses. A tales efectos, y siempre que ello no implique riesgo o perjuicio alguno para el niño, éste deberá ser oído desde el momento en que su madurez y edad lo permitan en todas las decisiones que le afecten. Con objeto de ayudar a tomar una decisión a las personas competentes, el niño deberá ser oído, especialmente en todos aquellos procedimientos y decisiones que implique la modificación del ejercicio de la patria potestad, la determinación de la guardia y custodia, la designación de su tutor legal, su entrega en adopción o su eventual colocación en una institución familiar, educativa o con fines de reinserción social. a este respecto, en la totalidad de los procedimientos deberá ser parte obligatoriamente el ministerio fiscal o su equivalente, cuya función primordial será la salvaguardia de los derechos e intereses del niño.*

Con una fórmula más genérica, se refiere a los derechos de los menores el artículo 24 de Carta de los Derechos Fundamentales de la Unión Europea, con siguiente tenor literal:

> *1. Los menores tienen derecho a la protección y a los cuidados necesarios. Podrán expresar su opinión libremente. Ésta será tenida en cuenta en relación con los asuntos que les afecten, en función de su edad y madurez.*

En nuestro ordenamiento jurídico, la LO 1/1996, supuso la concreción del espíritu y las medidas concretas de la CDN y formuló en su artículo 9, con carácter general por primera vez el derecho del niño a ser oído en cualquier ámbito que vaya a tomarse una decisión que le afecte. Derecho a ser oídos y escuchados que fue objeto de desarrollo tras

---

[9] Observación General núm. 20, párrafo 23.

la reforma de esta normativa por la Ley Orgánica 8/2015, de 22 de julio, de modificación del sistema de protección a la infancia y a la adolescencia (en adelante Ley Orgánica 8/2015), realizando una diferenciación, entre el derecho a ser oído y escuchado y estableciendo la obligación de dar a la opinión del niño el peso que la misma merezca atendiendo a su edad y madurez, lo que hace que se logre el objetivo de una mayor consonancia con lo establecido en la CDN[10].

Dispone el artículo 9.1 Ley Orgánica 8/2015, lo siguiente:

> *1. El menor tiene derecho a ser oído y escuchado sin discriminación alguna por edad, discapacidad o cualquier otra circunstancia, tanto en el ámbito familiar como en cualquier procedimiento administrativo, judicial o de mediación en que esté afectado y que conduzca a una decisión que incida en su esfera personal, familiar o social, teniéndose debidamente en cuenta sus opiniones, en función de su edad y madurez. Para ello, el menor deberá recibir la información que le permita el ejercicio de este derecho en un lenguaje comprensible, en formatos accesibles y adaptados a sus circunstancias.*
>
> *En los procedimientos judiciales o administrativos, las comparecencias o audiencias del menor tendrán carácter preferente, y se realizarán de forma adecuada a su situación y desarrollo evolutivo, con la asistencia, si fuera necesario, de profesionales cualificados o expertos, cuidando preservar su intimidad y utilizando un lenguaje que sea comprensible para él, en formatos accesibles y adaptados a sus circunstancias informándole tanto de lo que se le pregunta como de las consecuencias de su opinión, con pleno respeto a todas las garantías del procedimiento.*
>
> *2. Se garantizará que el menor, cuando tenga suficiente madurez, pueda ejercitar este derecho por sí mismo o a través de la persona que designe para que le represente. La madurez habrá de valorarse por personal especializado, teniendo en cuenta tanto el desarrollo evolutivo del menor como su capacidad para comprender y evaluar el asunto concreto a tratar en cada caso. Se considera, en todo caso, que tiene suficiente madurez cuando tenga doce años cumplidos.*

---

[10] SÁNCHEZ HERNÁNDEZ, C. (2017): *El sistema de protección a la infancia y a la adolescencia*, Tirant lo Blanch, Valencia, pág. 98.

Para garantizar que el menor pueda ejercitar este derecho por sí mismo será asistido, en su caso, por intérpretes. El menor podrá expresar su opinión verbalmente o a través de formas no verbales de comunicación.

No obstante, cuando ello no sea posible o no convenga al interés del menor se podrá conocer la opinión del menor por medio de sus representantes legales, siempre que no tengan intereses contrapuestos a los suyos, o a través de otras personas que, por su profesión o relación de especial confianza con él, puedan transmitirla objetivamente.

Siempre que en vía administrativa o judicial se deniegue la comparecencia o audiencia de los menores directamente o por medio de persona que le represente, la resolución será motivada en el interés superior del menor y comunicada al Ministerio Fiscal, al menor y, en su caso, a su representante, indicando explícitamente los recursos existentes contra tal decisión. En las resoluciones sobre el fondo habrá de hacerse constar, en su caso, el resultado de la audiencia al menor, así como su valoración[11].

El derecho de NNA a ser escuchados está estrechamente vinculado con otro de los principios fundamentales de la Convención, la idea de que el interés del menor ha de ser entendido como superior, y por tanto, ha de tener la consideración de primordial en los procesos de adopción de decisiones que le afecten, artículo 3 CDN. Como el propio Comité afirma, los artículos 3 y 12 de la Convención tienen funciones complementarias de modo que el primero no puede ser correctamente aplicado si no se cumplen los requisitos del segundo. No es posible determinar correctamente el mejor interés del menor sin respetar los elementos de su derecho de ser escuchado. Del mismo modo, el interés superior del menor exige el respeto a su papel esencial en todas las decisiones que afecten a su vida[12].

Al igual que con el artículo 12 de la Convención, el párrafo primero del artículo 3 ha sido objeto de una Observación General en la

---

[11] Esta reforma, como se indica en su Exposición de Motivos, trae causa significativamente en la Observación General nº 12 (2009), sobre el derecho del niño a ser escuchado.

[12] Observación General 12, párrafo 74.

que se desarrolla y contextualiza el alcance de este precepto. La Observación General número 14, de 29 de mayo de 2013 "sobre el derecho del niño a que su interés superior sea una consideración primordial", aprobada por el Comité de los Derechos del Niño[13].

El análisis de esta Observación permite ofrecer algunos parámetros sobre el concepto de "interés superior del niño":

• La Convención parte de un principio radical: el interés del niño ha de considerarse superior a los demás interés en juego y su exigibilidad no queda al criterio de los Estados[14].
La trascendencia de este principio lleva a que el artículo 11.2.a), de la Ley Orgánica 1/1996, lo considere uno de los principios rectores de la actuación de los poderes públicos, así como en múltiples normas internas.
• Se trata de un concepto complejo y no unívoco, que debe determinarse caso a caso. El comité alude a que se trata de un concepto "flexible y adaptable […] teniendo en cuenta el contexto, la situación y las necesidades personales"[15] y nuestro Tribunal Constitucional en su Sentencia 55/1996, 28 de marzo, se refirió como una "zona de incertidumbre o penumbra". Es por ello que los cambios introducidos en la Ley Orgánica 1/1996, por la Ley Orgánica 8/2015, desarrollan y refuerzan el derecho del menor a que su interés superior sea prioritario, modificando para ello el artículo 2 y, tal y como se afirma en la Exposición de Motivos se define el concepto de interés superior desde un contenido triple.

---

[13] La Observación General 20, en su párrafo 22 contempla que "Todas las medidas de aplicación de la Convención, como la legislación, las políticas, la planificación académica y social, la toma de decisiones y las decisiones presupuestaria, deben ajustarse a procedimientos que garanticen que el interés superior de los niños, incluidos los *adolescentes*, constituye una consideración primordial en todas las medidas que les conciernen.
Vid. LIEBEL, M (2015),"Sobre el interés superior de los niños y la evolución de las facultades", *Anales de la Cátedra Francisco Suárez*, nº 49, pp. 43-61.
[14] Afirma el Comité que "si los intereses del niño no se ponen de relieve, se suelen descuidar", Observación General 14, párrafos 6 y 37.
[15] Observación General 14, párrafo 32.

"Por una parte es un derecho sustantivo en el sentido de que el menor tiene derecho a que, cuando se adopte una medida que le concierna, sus mejores intereses hayan sido evaluados y, en el caso de que haya otros intereses en presencia, se hayan ponderado a la hora de tomar una decisión. Por otra parte, es un principio general interpretativo, de manera que si una disposición jurídica puede ser interpretada en más de una forma se debe optar por la interpretación que mejor responda a los intereses del menor. Pero además, este principio es una norma de procedimiento. En estas tres dimensiones, el interés superior del menor tiene una misma finalidad: asegurar el respeto completo y efectivo de todos los derechos del menor, así como su desarrollo integral".

• A la dificultad intrínseca que implica la determinación del superior interés del menor en cada caso se le une el riesgo de abuso del mismo por parte de autoridades, padres o tutores, o por profesionales, que pueden desatender la obligación de contemplar el interés superior por considerarlo carente de importancia o por padecer limitaciones de medios que le compliquen asumir esta tarea. El deber de escuchar la opinión del niño es una garantía frente a este riesgo[16].

• En este sentido ya el Tribunal Constitucional en sentencia 141/2000, de 29 de mayo, afirmó que: "sobre los poderes públicos, y muy en especial sobre los órganos judiciales pesa el deber de velar por que el ejercicio de esas potestades por sus padre o tutores, o por quienes tengan atribuida su protección y defensa, se haga en interés del menor, y no al servicio de otros intereses, al que por muy lícitos y respetables que puedan ser, deben postergarse ante el "superior" del niño"[17].

---

[16] Observación General 14, párrafo 34.

[17] Vid. RIVERO HERNÁNDEZ, F. (2000): "Límites de la libertad religiosa y de las relaciones personales de un padre con sus hijos (Comentario de la STC 141(2000, de 29 de mayo)", *Derecho Privado y Constitución*, número 14, enero-diciembre, pp. 245-299.

• Para garantizar el derecho del menor a ser escuchado, la atención debida a su opinión, así como su superior interés, todas las personas con responsabilidades en estos procesos han de disponer de una formación específica en habilidades para el trato de menores.

• Los tribunales de justicia son directamente invocados entre las autoridades a las que incumben una especial obligación de dar satisfacción al interés superior del niño en todas las decisiones que adopten.

En la Sentencia de Pleno del Tribunal Constitucional, Sentencia 64/2019, de 9 de mayo de 2019, planteada por el Juzgado de Primera Instancia núm. 14 de Barcelona[18], respecto de la constitucionalidad del artículo 18.2.4 de la Ley 15/2015, de 2 de julio, de la Jurisdicción Voluntaria, que regula la forma como debe documentarse la exploración de menores, el Pleno ha desestimado por unanimidad la cuestión inconstitucionalidad planteada[19].

La sentencia, redactada por el Magistrado Ponente Fernando Valdés-Dal-Ré, señala que el contenido de dicho precepto es

---

[18] El Magistrado-Juez titular del Juzgado de Primera Instancia 14 de Barcelona, Xabier Abel Lluch, planteó la cuestión de inconstitucionalidad, por "las muchas dudas que se desprenden del nuevo artículo 18.4 Ley de jurisdicción voluntaria, pues se plantea una colisión entre el derecho a la intimidad del menor (artículo 18 CE) y el derecho de la defensa del letrado (artículo 24 CE), amén de que la ley de Jurisdicción Voluntaria rompe con la tradición jurídica precedente –y no modifica la Ley de Enjuiciamiento Civil- y tampoco otorga al juez una facultad de soslayar en el acta las manifestaciones que afecten a la intimidad del menor y puedan ocasionar un conflicto de lealtades con sus progenitores", en "La confidencialidad de la audiencia del menor", *Diario La Ley*, nº 9148, 20 de mayo de 2019. Vid. del mismo autor, La audiencia del menor con auxilio de especialistas", en *La audiencia del menor en los procesos de Familia* (Coord. ABEL LLUCH) Sepín, Madrid, 2019, pp. 167-170; CLAVIJO SUNTURA, J.H. (2018): "La participación del menor en la audiencia de exploración", *Rev. Boliv. de Derecho*, nº 25, enero, pp. 570-585.

[19] Vid. NEIRA PENA, A.M. (2020), "La audiencia del menor en los procesos de familia", en Los conflictos de Derecho de familia desde la Justicia terapéutica (Dir. PILLADO GONZÁLEZ), Wolters Kluwer, Madrid, pp. 281-305.

---

constitucional porque no vulnera el derecho a la intimidad de los menores.

Recuerda el Tribunal que "El interés superior del menor es la consideración primordial a la que deben atender todas las medidas concernientes a los menores que tomen las instituciones públicas o privadas de bienestar social, los tribunales, las autoridades administrativas o los órganos legislativos", según el art. 3.1 de la Convención sobre los derechos del niño ratificada por España mediante Instrumento de 30 de noviembre de 1990 (CDN). Como detalla la Observación general nº 14, de 29 de mayo de 2013, del Comité de Naciones Unidas de Derechos del Niño, el citado precepto enuncia uno de los cuatro principios generales de la Convención en lo que respecta a la interpretación y aplicación de todos los derechos del niño, a aplicar como un concepto dinámico que debe evaluarse adecuadamente en cada contexto. Es uno de sus valores fundamentales, y responde al objetivo de garantizar el disfrute pleno y efectivo de todos los derechos reconocidos por la Convención. Añade que no hay jerarquía de derechos en la Convención: todos responden al "interés superior del niño", y ningún derecho debería verse perjudicado por una interpretación negativa del interés superior del menor.

Sentada esta premisa, debe constatarse que el art. 18.2.4ª de la Ley 15/2015, al regular la audiencia del menor de edad, no hace otra cosa que incorporar una norma de obligada observancia a los expedientes de jurisdicción voluntaria que afecten a sus intereses.

El acta de la exploración judicial del menor constituye el reflejo procesal, documentado, del derecho del menor de edad a ser "oído y escuchado", entre otros ámbitos, en todos los procedimientos judiciales en los que esté afectado y que conduzcan a una decisión que incida en su esfera personal, familiar o social. *El derecho del menor a ser "oído y escuchado" forma así parte del estatuto jurídico indisponible de los menores de edad, como norma de orden público, de inexcusable observancia para todos los poderes públicos (STC 141/2000, de 29 de mayo, FJ 5). Su relevancia constitucional está recogida en diversas resoluciones de este Tribunal, que han estimado vulnerado el derecho a la tutela judicial efectiva (art. 24.1 CE) de los menores en supuestos de procesos judiciales en que no habían sido oídos o explorados por el órgano judicial en la adopción de medidas que afectaban a su esfera personal (SSTC 221/2002, de 25 de noviembre, FJ 5; en el mismo sentido, SSTC 71/2004, de 19 de abril, FJ 7, 152/2005, de 6 de junio, FFJJ 3 y 4, 17/2006, de 30 de enero, FJ 5).*

Sucede sin embargo que el propio ejercicio de este derecho puede producir afectación a otro derecho fundamental del que es titular el mismo menor de edad: su derecho a la intimidad, protegido por el art. 18.1 CE, y recogido en los arts. 16.1 CDN y 4.1 de la Ley Orgánica 1/1996. El derecho a la intimidad, según ha reiterado la STC 58/2018, de 4 de junio, "tiene por objeto 'garantizar al individuo un ámbito reservado de su vida, vinculado con el respeto de su dignidad como persona (art. 10.1 CE), frente a la acción y el conocimiento de los demás, sean éstos poderes públicos o simples particulares. De suerte que el derecho a la intimidad atribuye a su titular el poder de resguardar ese ámbito reservado, no sólo personal sino también familiar (SSTC 231/1988, de 2 de diciembre, y 197/1991, de 17 de octubre), frente a la divulgación del mismo por terceros y una publicidad no querida' (por todas, STC 176/2013, de 21 de octubre, FJ 7)" (FJ 5).

La interrelación entre ambos derechos se aprecia con claridad en el art. 9.1, párrafo segundo, de la Ley Orgánica 1/1996, al fijar como regla general, aplicable a toda comparecencia o audiencia de los menores en los procedimientos judiciales, que la misma debe realizarse cuidando de preservar su intimidad.

Toda interpretación de las normas que procuran el equilibrio entre ambos derechos, cuando se trata de menores de edad, debe basarse en asegurar el interés superior del menor: "todos los poderes públicos – incluido el judicial- deben velar por el superior interés y beneficio de los menores de edad" (STC 185/2012, de 17 de octubre, FJ 2; en el mismo sentido, SSTC 127/2013, de 3 de junio, FJ 6, 167/2013, de 7 de octubre, FJ 5, y 186/2013, de 4 de noviembre, FJ 5). Bien refleja este principio la citada Ley Orgánica 8/2015, que en su exposición de motivos destaca su importancia: "Los cambios introducidos en la Ley Orgánica de

Protección Jurídica del Menor desarrollan y refuerzan el derecho del menor a que su interés superior sea prioritario, principio fundamental en esta materia, pero concepto jurídico indeterminado que ha sido objeto, a lo largo de estos años, de diversas interpretaciones. Por ello, para dotar de contenido al concepto mencionado, se modifica el artículo 2 incorporando tanto la jurisprudencia del Tribunal Supremo de los últimos años como los criterios de la Observación general nº 14, de 29 de mayo de 2013, del Comité de Naciones Unidas de Derechos del Niño, sobre el derecho del niño a que su interés superior sea una consideración primordial". Dispone en consecuencia el reformado art. 2.4 de la Ley Orgánica 1/1996:

> *En caso de concurrir cualquier otro interés legítimo junto al interés superior del menor deberán priorizarse las medidas que, respondiendo a este interés, respeten también los otros intereses legítimos presentes.*
> *En caso de que no puedan respetarse todos los intereses legítimos concurrentes, deberá primar el interés superior del menor sobre cualquier otro interés legítimo que pudiera concurrir.*
> *Las decisiones y medidas adoptadas en interés superior del menor deberán valorar en todo caso los derechos fundamentales de otras personas que pudieran verse afectados.*

En definitiva, el interés superior del niño, se concretiza, en materia de capacidad en el ejercicio progresivo de sus derechos y dentro de éstos está el ser oídos y que su opinión sea debidamente tomada en cuenta. Este derecho a que su opinión sea tomada en cuenta se entronca con el derecho al debido proceso, donde uno de los elementos esenciales lo constituye el derecho a la defensa, que consiste en el derecho de toda persona a ser oída, comprendiendo en éste la posibilidad y oportunidad de participar en el proceso e intervenir en todos los asuntos que le afecten[20].

---

[20] DE LA TORRE VARGAS, M (2018), "Las implicancias de considerar al niño sujeto de derechos*", Revista de Derecho* (UCUDAL), nº 18, diciembre, pág. 135.

3 NIÑOS, NIÑAS Y ADOLESCENTES VÍCTIMAS DE VIOLENCIA

La lucha contra la violencia en la infancia es un imperativo de derechos humanos y para promover los derechos de los niños, niñas y adolescentes consagrados en la CDN es esencial asegurar y promover el respeto de su dignidad humana e integridad física y psicológica mediante la prevención de toda forma de violencia. Los delitos que sufren los menores son más graves, más violentos y por tanto les afectan en mayor medida tanto a nivel personal, como social y relacional.

El Comité de los Derechos del Niño publicó en 2011 la Observación General nº 13 relativa al derecho del niño a no ser objeto de ninguna forma de violencia, con la que se marcan las pautas para entender en profundidad el derecho a no ser objeto de ninguna forma de violencia y la interpretación del artículo 19 de la Convención en el contexto más amplio.

El artículo 19 dispone lo siguiente:

> *1. Los Estados partes adoptarán todas las medidas legislativas, administrativas, sociales y educativas apropiadas para* proteger al niño contra toda forma de perjuicio o abuso físico o mental, descuido o trato negligente, malos tratos o explotación, incluido el abuso sexual, *mientras el niño se encuentre bajo la custodia de los padres, de un representante legal o de cualquier otra persona que lo tenga a su cargo.*
> *2. Esas medidas de protección deberían comprender, según corresponda, procedimientos eficaces para el establecimiento de programas sociales con objeto de proporcionar la asistencia necesaria al niño y a quienes cuidan de él, así como para otras formas de prevención y para la identificación, notificación, remisión a una institución, investigación, tratamiento y observación ulterior de los casos antes descritos de malos tratos al niño y, según corresponda, la intervención judicial[21].*

---

[21] Un sistema holístico de protección del niño requiere la prestación de medidas amplias e integradas en cada una de las etapas previstas en el párrafo 2 del artículo 19, teniendo en cuenta las tradiciones socioculturales y el sistema jurídico del Estado parte de que se trate.

Revista de Direito Magis | V. 2 | N. 1 | P. 89-131 | 2023
DOI: 10.5281/zenodo.8335558

La razón de ser de esta Observación General sobre el artículo 19 de la CDN se debe a la alarmante magnitud e intensidad de la violencia ejercida contra los niños. Es preciso reforzar y ampliar masivamente las medidas destinadas a acabar con la violencia para poner fin de manera efectiva a esas prácticas, que dificultan el desarrollo de los niños y la posible adopción por las sociedades de medios pacíficos de solución de conflictos[22].

Prevención. El Comité afirma categóricamente que la protección del niño debe empezar por la prevención activa de todas las formas de violencia, y su prohibición explícita. Los Estados tienen la obligación de adoptar todas las medidas necesarias para que los adultos responsables de cuidar, orientar y criar a los niños respeten y protejan los derechos de estos.

Identificación. Se identifican factores de riesgo que afecten a determinados niños o grupos de niños y a sus cuidadores (para dar curso a iniciativas específicas de prevención) y se detectan indicios fundados de maltrato (para facilitar una intervención adecuada y lo más rápida posible).

Notificación. El Comité recomienda vivamente que todos los Estados partes elaboren mecanismos de atención seguros, bien divulgados, confidenciales y accesibles a los niños, sus representantes y otras personas, que permitan notificar los casos de violencia, por ejemplo utilizando líneas telefónicas gratuitas que atiendan las 24 horas del día u otros medios de información y comunicación.

Remisión a una institución. La persona que atienda la notificación debe haber recibido instrucciones y explicaciones claras sobre el momento y la forma en que se debe remitir el asunto al organismo que esté encargado de coordinar la respuesta

Investigación. La investigación de los casos de violencia notificados por el niño, un representante del niño o un tercero, debe estar a cargo de profesionales cualificados que hayan recibido una formación amplia y específica para ello y debe obedecer a un enfoque basado en los derechos del niño y en sus necesidades.

Tratamiento. El tratamiento es uno de los muchos servicios necesarios para "promover la recuperación física y psicológica y la reintegración social" del niño víctima de violencia. Párrafos 45 a 53 Observación General núm. 13.

[22] Observación General 13 párrafo 2. En la Observación General núm. 20, el Comité remite a los Estados partes a la recomendaciones formuladas en la Observaciones Generales núm. 13 sobre el derecho del niño a no ser objeto de ninguna forma de violencia y núm. 18 (2014) sobre las prácticas nocivas, en las que se proponen medidas legislativas, administrativas, sociales y educativas generales para poner fin a todas las formas de violencia. Los Estados partes tienen que brindar más oportunidades de que se amplíen los programas

España contabiliza, desde el año 2003, los feminicidios en la pareja o expareja (víctimas mortales por violencia de género). Por su parte, desde el año 2013 comienzan a difundirse datos estadísticos sobre menores de edad huérfanos y huérfanas por violencia en la pareja o expareja (violencia de género), así como menores de edad asesinados por este tipo de violencia.

El número de feminicidios en la pareja o expareja entre el 1 de enero de 2003 y el 31 de mayo de 2023 ha sido de **1.204**.

El número de menores de edad víctimas mortales entre el año 2013, primer año del que se dispone de datos, y el 31 de mayo de 2023 ha sido de **49**.

En 2022 dos menores fueron asesinados o asesinadas por violencia de género contra su madre. Se trata de la segunda cifra más baja desde 2013, cuando se comenzaron a recoger estos datos, superado solo por la cifra de un menor asesinado en 2016. En ambos casos el presunto asesino era el padre biológico. Por su parte, **38 menores han quedado huérfanos o huérfanas en 2022 por violencia de género**.

Es imprescindible impulsar acciones dirigidas al conocimiento, a la prevención y a la solución del maltrato infantil, mediante la mejora de los protocolos y de los sistemas de trabajo interprofesional[23]. El maltrato

---

institucionales para la prevención, la rehabilitación y la reintegración social de los adolescentes víctimas de la violencia. El Comité subraya que es necesario implicar a los adolescentes en la formulación de estrategias de prevención y de respuesta que permitan proteger a las víctimas de la violencia.

[23] PANCHÓN IGLESIAS, C. (2003): "La protección de la infancia", en VILLAGRASA ALCAIDE C (Coord.) *Nuevas Tecnologías de la Información y Derechos Humanos*, Barcelona, pág. 46. Vid. DEFENSOR DEL PUEBLO (2018), *Los niños y los adolescentes en el informe anual del Defensor del Pueblo*, Madrid. El Grupo de Trabajo sobre la discriminación contra las mujeres y las niñas; la relatora especial sobre el derecho a la salud física y mental; y el relator especial sobre la tortura y otros tratos o penas crueles, inhumanos o degradantes) emitieron un comunicado de prensa señalando que «los menores en España están expuestos a la violencia y los abusos sexuales por un sistema judicial que no les protege de los padres abusivos» y que el Gobierno de España debe hacer más para protegerlos y «garantizar que sus tribunales superen los prejuicios contra las mujeres y aplicar un enfoque centrado en los niños y de género» "Los tribunales españoles deben proteger a los niños y niñas de la

infantil y la violencia cotidiana que sufren niños, niñas y adolescentes son factores que influyen negativamente y de manera determinante en el desarrollo de sus destrezas y capacidades físico-mentales, genera condiciones de inseguridad e impide un correcto desarrollo en el ámbito social, lo que reduce según VILLAGRASA las posibilidades de interrelación con su entorno[24]. Además, muchos niños, niñas y adolescentes desconocen que son sujetos de derechos.

En todas las actuaciones judiciales, como ya se ha puesto de manifiesto primará siempre el interés superior del niño como así lo declara el artículo 3.1 de la CDN.

La Observación General n° 13 (2011) sobre el "Derecho del niño a no ser objeto de ninguna forma de violencia", del Comité de los Derechos del Niño en su párrafo 54 dispone respecto de la intervención judicial, que: "Las garantías procesales se han de respetar en todo momento y lugar. En particular, todas las decisiones que se adopten deben obedecer a la finalidad principal de proteger al niño, salvaguardar su posterior desarrollo y velar por el interés superior; además hay que procurar que la intervención sea lo menos perjudicial, en función de lo que exijan las circunstancias"[25].

El Comité de los Derechos del Niño y respecto de las autoridades judiciales indica que deberán prestar especial atención a las siguientes salvaguardias:

• El derecho del niño a expresar su propia opinión[26].

---

violencia doméstica y los abusos sexuales, dicen los expertos de la ONU", Vid. Oficina del Alto Comisionado de Naciones Unidas, comunicado de prensa (2021), 9 de diciembre. Disponible en https://www.ohchr.org/es/2022/01/spanish-courts-must-protect-children-domestic-violence-and-sexualabuse-say-un-experts.

[24] Derechos de la infancia y la adolescencia: hacia un sistema legal", *Anales de la Cátedra Francisco Suárez*, n° 49, pág. 27.

[25] Vid. las Directrices del Comité de Ministros del Consejo de Europa sobre una justicia adaptada a los menores, aprobadas el 17 de noviembre de 2010, las Directrices sobre la justicia en asuntos concernientes a los niños víctimas y testigos de delitos y la resolución 65/213 de la Asamblea General.

[26] Observación General 14, párrafos 89-90.

• La determinación de los hechos. Para establecer los hechos y la información pertinente resulta necesario acudir a profesionales, personas cercanas al niño y testigos[27].

• La percepción del tiempo. Los niños y los adultos no comparten la misma percepción del paso del tiempo, por lo que procesos de toma de decisiones que se demoran tienen para su desarrollo una particular incidencia de carácter adverso. Ello lleva al Comité a reclamar que se dé prioridad a estos procesos y que su tramitación sea ágil[28].

• Profesionales cualificados. Se abunda en la necesidad de intervenciones interdisciplinarias, dada la heterogeneidad de las características y necesidades de los niños[29].

• La representación letrada. El Comité reclama que los niños dispongan de abogados que atiendan específicamente a sus intereses en los procedimientos judiciales y administrativos[30].

• La argumentación jurídica. "A fin de demostrar que se ha respetado el derecho del niño a que interés superior se evalúe y constituya una consideración primordial, cualquier decisión […] debe estar motivada, justificada y explicada. En la motivación se debe señalar explícitamente todas las circunstancias de hechos referentes al niño, los elementos que se han considerado pertinentes y la manera en que se han ponderado para determinar el interés superior del menor…"[31].

En nuestro Derecho el deber de motivación de las sentencias es una exigencia constitucional, artículo 120 de la Constitución que la jurisprudencia del Tribunal Constitucional ha vinculado con el derecho a la tutela judicial efectiva.

• Los mecanismos para examinar o revisar las decisiones, además de la existencia de vías de recursos, tales mecanismos deben estar

---

[27] Observación General 14, párrafo 92.
[28] Observación General 14, párrafo 93.
[29] Observación General 14, párrafo 94.
[30] Observación General 14, párrafo 96.
[31] Observación General 14, párrafo 97.

a disposición de niño "que ha de tener acceso directo a ellos o por medio de sus representantes jurídicos[32].

Por otra parte, existe un concepto que gira en la mente del legislador y de los actores del proceso que va unido al de la víctima y que cobra especial significado cuando se trata de menores que han sido víctimas de delitos y es el de *victimización secundaria*. Es decir no sólo hay que tener en cuenta el daño que produce el delito en la víctima sino todo lo que va a venir a continuación, pues puede verse agravado ese perjuicio inicial, si bien no causado intencionadamente por los profesionales, sí a causa de la reiteración de la declaración en sede policial y judicial, el largo transcurso del tiempo desde que se inicia el proceso hasta que acaba con una sentencia definitiva y la falta de especialización de los profesionales que tratan con la víctima.

Son muchas las medidas a adoptar para evitar esa victimización:

• Los procedimientos en materia de protección de menores víctimas de violencia deben tener carácter preferente y se deben agilizar las causas judiciales cuando hay menores implicados, especialmente cuando se trate de víctimas de violencia y más en los casos de violencia sexual.

• Se debe procurar que la intervención en el proceso del menor sea lo menos perjudicial posible, en función de los que exijan las circunstancias y en la medida de lo posible, la intervención judicial debe ser de carácter preventivo.

• Las garantías procesales se han de respetar en todo momento y lugar. En particular, todas las decisiones que se adopten deben obedecer a la finalidad principal de proteger al menor, salvaguardar su posterior desarrollo y velar por su interés superior y el de otros menores[33].

---

[32] Observación General 14, párrafo 98.

[33] Víd. las recomendaciones del Comité contempladas en los párrafos 54 a 57 Observación General núm. 13, relativas a la intervención judicial, tribunales especializados y procedimientos eficaces.

¿Con qué legislación contamos en esta materia en el ordenamiento jurídico español?

Para centrar al cuestión es imprescindible que hagamos un repaso de la legislación donde se contienen todas y cada una de las especialidades procedimentales de todas aquellas causas con menores víctimas. Y la primera impresión que nos provoca es la dispersión normativa que hay sobre la materia, la insuficiencia de normas y sobre las que hay surge la necesidad de aglutinarlas en una sola norma que proteja de manera integral a estos menores que sufren la violencia acarreada de los delitos.

- Ley 4/2015, de 17 de abril, del Estatuto de la Víctima del Delito.
- Ley de Enjuiciamiento Criminal (LECrim).
- Ley Orgánica 1/1996, de 15 de enero, de Protección Jurídica del Menor.
- Ley 1/1996, de 10 de enero, de Asistencia Jurídica Gratuita.
- Ley Orgánica 1/2004, de 28 de diciembre, de medidas de protección integral contra la violencia de género.

A pesar de los avances importantes que en la protección contra cualquier forma de violencia han supuesto estas normas, el Comité de Derechos del Niño, con ocasión del examen de la situación de los derechos de la infancia en España en 2010, recomendó a nuestro país que se aprobase una ley integral sobre la violencia contra los niños, parecida a la aprobada contra la violencia de género, que garantizase la reparación de sus derechos y unas normas de atención mínima en las diferentes Comunidades Autónomas. Comité que volvió a recomendar que se agilizase la adopción de la ley integral sobre la violencia contra los niños tras su examen de la situación de los derechos de la infancia en España en 2018.

Teniendo en cuenta las recomendaciones del Comité de Derechos del Niño, así como los compromisos internacionales que se derivan de los Convenios adoptados en el Consejo de Europa, el Pleno del Congreso de los Diputados, en su sesión de 26 de junio de 2014, acordó la creación de una Subcomisión de estudio para abordar el problema de la violencia sobre los niños y las niñas. La Subcomisión adoptó ciento cuarenta conclusiones y propuestas que dieron lugar a la Proposición No de Ley, por la que se insta al Gobierno, en el ámbito de sus competencias y en colaboración con las Comunidades Autónomas, a iniciar los trabajos para la aprobación de una Ley Orgánica para erradicar la violencia contra la infancia.

El 8 de enero de 2019, los Ministerios de Sanidad, Consumo y Bienestar Social, Justicia e Interior aprobaron un Anteproyecto de Ley Orgánica de protección integral a la infancia y a la adolescencia frente a la violencia, que se convirtió en la Ley Orgánica 8/2021, de 4 de junio, de protección integral a la infancia y adolescencia frente a la violencia [34] (Ley Orgánica 8/2021 en adelante), y que según establece el artículo 1:

> *1. La ley tiene por objeto garantizar los derechos fundamentales de los niños, niñas y adolescentes a su integridad física, psíquica, psicológica y moral frente a cualquier forma de violencia, asegurando el libre desarrollo de su personalidad y estableciendo medidas de protección integral, que incluyan la sensibilización, la prevención, la detección precoz, la protección y la reparación del daño en todos los ámbitos en los que se desarrolla su vida.*
> *2. A los efectos de esta ley, se entiende por violencia toda acción, omisión o trato negligente que priva a las personas menores de edad de sus derechos y bienestar, que amenaza o interfiere su ordenado desarrollo físico, psíquico o social, con independencia de su forma y medio de comisión, incluida la realizada a través de las tecnologías de la información y la comunicación, especialmente la violencia digital.*
> *En cualquier caso se entenderá por violencia el maltrato físico, psicológico o emocional, los castigos físicos, humillantes o denigrantes, el descuido o trato negligente, las amenazas, injurias y calumnias, la explotación, incluyendo la*

---

[34] Ley publicada en el BOE, núm. 134, de 5 de junio de 2021, y que según su disposición final vigésima quinta entra en vigor a los veinte días de su publicación en el Boletín Oficial del Estado.

violencia sexual, la corrupción, la pornografía infantil, la prostitución, el acoso escolar, el ciberacoso, la violencia de género, la mutilación genital, la trata de seres humanos con cualquier fin, el matrimonio infantil, el acceso no solicitado a pornografía, la extorsión sexual, la difusión pública de datos privados así como la presencia de cualquier comportamiento violento en su ámbito familiar.

3.Se entiende por buen trato a los efectos de la presente ley aquel que, respetando los derechos fundamentales de los niños, niñas y adolescentes, promueva activamente los principios de respeto mutuo, dignidad del ser humano, convivencia democrática, solución pacífica de conflictos, derecho a igual protección de la ley, igualdad de oportunidades y prohibición de discriminación de los niñas, niñas y adolescentes.

Es en el Título I de la Ley Orgánica 8/2021, donde se reconocen los derechos de los niños, niñas y adolescentes frente a la violencia, entre los que se encuentran su derecho a la información y asesoramiento, a ser escuchados, a la atención integral, a intervenir en el procedimiento judicial o a la asistencia jurídica gratuita. Partiendo de la redacción del artículo 9 que garantiza a todos lo niñas, niñas y adolescentes víctimas de violencia los derechos reconocidos en esta ley y obliga a las administraciones públicas a poner a disposición de estos NNA, así como de sus representantes legales, los medios necesarios para garantizar el ejercicio efectivo de los derechos previstos en esta Ley, teniendo en consideración las circunstancias personales, familiares y sociales de aquellos que pudieran tener una mayor dificultad para su acceso. En todo caso se tendrán en consideración las necesidades de las personas menores de edad con discapacidad, o que se encuentren en situación de especial vulnerabilidad.

4 ESPECIALIDADES PROCESALES EN LAS CAUSAS CON NIÑOS, NIÑAS Y ADOLESCENTES VÍCTIMAS DE VIOLENCIA

El derecho de NNA a expresar su opinión libremente en todos los asuntos que les afecten debe ser respetado y observado escrupulosamente en todas las etapas del proceso de la justicia juvenil[35].

Se afirma en el párrafo 62 de la Observación General nº 12 que: "El niño víctima y el niño testigo de un delito deben tener la oportunidad de ejercer plenamente su derecho a expresar libremente sus opiniones de conformidad con la resolución 2005/20 del Consejo Económico y Social "Directrices sobre la justicia en asuntos concernientes a los niños víctimas y testigos de delitos"[36].

"Eso significa, en particular, que debe hacerse todo lo posible para que se consulte a los niños víctimas y/o testigos de delitos sobre los asuntos pertinentes respecto de su participación en el caso que se examine y para que puedan expresarse libremente y a su manera sus opiniones y preocupaciones en cuanto a su participación en el proceso judicial"[37].

"El derecho del niño víctima y testigo también está vinculado al derecho a ser informado de cuestiones tales como la disponibilidad de servicios médicos, psicológicos y sociales, el papel del niño víctima y/o testigo, la forma en que se realizará el "interrogatorio", los mecanismos de apoyo a disposición del niño cuando haga una denuncia y participe en

---

[35] Vid. la Observación General nº 10 (2007) del Comité de los Derechos del Niño sobre los derechos de niño en la justicia de menores. Respecto de los efectos que puede producir en un niño su participación en los distintos procedimientos judiciales de conformidad al sistema interamericano, vid. ROSELL CASTAGNETO. Mª l (2022): "Estándares interamericanos sobre el proceso del niño a ser oídos en procesos judiciales", *Revista de Ciencias Sociales*, nº 81, Universidad de Valparaíso, pp. 111-42, trabajo en el que se analiza la jurisprudencia contenciosa de la Corte Interamericana de Derechos Humanos relativa a la intervención del niño en procesos judiciales

[36] Resolución 2005/20 del Consejo Económico y Social, en particular artículos 8, 19 y 20. Disponible en: www.un.org/ecosoc/docs/2005/Resolucin%202005-20pdf

[37] Párrafo 63 Observación General nº 12.

la investigación y en el proceso judicial, las fechas y los lugares específicos de las vistas, la disponibilidad de medidas de protección, la posibilidad de recibir reparación y las disposiciones relativas a la apelación"[38].

4.1 La denuncia y declaración del menor víctima en sede policial

¿Pueden las personas menores de edad por sí mismas denunciar sin la necesidad de estar acompañados de un adulto?, interrogante de gran relevancia, cuando la mayoría de los delitos que sufre el menor son cometidos por alguien de su entorno familiar más próximo.

La denuncia policial en puridad de conceptos no es un acto propiamente procesal, por lo que podríamos admitir la posibilidad que se sostiene, entre otros por el Defensor del Pueblo de abrirle la puerta a la denuncia verbal que será redactada por la policía y firmadas por el que lo transcribe y el denunciante[39].

Que el menor tiene derecho a ser oído, lo garantiza el artículo 9 Ley 1/1996, de nueva redacción en 2015, en el que se garantiza el derecho del menor a ser oído y escuchado sin discriminación alguna por edad, discapacidad o cualquier otra circunstancia, tanto en el ámbito familiar como en cualquier procedimiento administrativo, judicial o de mediación. Se garantiza el ejercicio de este derecho por sí mismo o a través de sus representantes, y si se deniega la audiencia al menor se tendrá que hacer mediante resolución motivada.

La Instrucción 1/2017, de 21 de abril de la Secretaría de Estado de Seguridad por la que se actualiza el "Protocolo de actuación policial con menores" en su artículo 5.2 dispone que "Los menores de edad víctimas o testigos de delito ostentan legitimación para interponer denuncia ante los agentes policiales sin necesidad de la presencia de quienes ejerzan su patria potestad o tutela" y además "cuando denuncien sin la presencia de sus representantes legales, los agentes que la reciban podrán poner en

---

[38] Párrafo 64 Observación General nº 12.
[39] En el "Estudio sobre la escucha y el interés superior del menor...", *op. cit.* pág. 32.

conocimiento la denuncia a aquellos, considerando el propio interés del menor y también, si se aprecia una posible situación de desamparo, en conocimiento del Fiscal".

Realizada la denuncia por el menor o por su representante hay que iniciar lo que se puede convertir en un calvario para el niño/niña que es el relato pormenorizado de los hechos, lo que es el inicio de la victimización secundaria[40]. Por ello las claves de cómo han de realizarse la exploración de menores víctimas de delitos en sede policial, siguiendo la instrucción 1/2017 de la Secretaría de Estado de Seguridad y en consonancia con lo establecido en el artículo 21 del Estatuto de la Víctima de Delito se pueden concretar en los parámetros siguientes:

• El interés del menor y la eficacia del procedimiento.
• Funcionarios especializados en tratamiento policial de menores.
• Valoración de la práctica o no de la exploración.
• Acompañamiento del menor.
• Grabación y realización en salas adecuadas.
• En caso de dudas acerca de la minoría de edad deberá presumirse la minoría.

A los funcionarios de policía les corresponde realizar las primeras actuaciones preventivas para evitar la reiteración del delito y para la protección de la víctima en la fase de investigación policial hasta que se dé traslado a la autoridad judicial[41].

---

[40] DÍEZ RIAZA, S. y GISBERT POMATA, M. (2017), "La protección jurídico procesal frente a la violencia contra la infancia", en *Protección jurídica de las personas menores de edad frente a la violencia*, Coord. MARTÍNEZ GARCÍA, C., Ed. Thomson Reuters Aranzadi, Cizur Menor, pág. 299.

[41] Si el conocimiento del hecho delictivo surge no de una denuncia por el propio menor o de su representante sino como consecuencia de la actuación directa de la policía en la elaboración de un atestado y hay indicios de abusos o malos tratos a menores, deberán ponerlo inmediatamente en conocimiento de la sección de menores de la fiscalía y en cualquier cado instar a la autoridad judicial al nombramiento de un defensor judicial si es que hubiese conflicto de intereses con alguno de sus progenitores. Vid artículo 299 Código Civil; DÍEZ RIAZA, S. y GISBERT POMATA, M., *op. cit.* pág. 302.

El artículo 11 de la Ley Orgánica 8/2021, desarrolla el derecho de las víctimas a ser escuchas en los siguientes términos:

> *1. Los poderes públicos garantizarán que las niñas, niños y adolescentes sean oídos y escuchados con todas las garantías y sin límites de edad, asegurando, en todo caso, que este proceso sea universalmente accesible en todos los procedimientos administrativos, judiciales o de otra índole relacionados con la acreditación de la violencia y la reparación de las víctimas. El derecho a ser oídos de los niños, niñas y adolescentes solo podrá restringirse de manera motivada, cuando sea contrario a su interés superior.*
> *2. Se asegurará la adecuada preparación y especialización de profesionales, metodologías y espacios para garantizar que la obtención del testimonio de las víctimas menores de edad sea realizada con rigor, tacto y respeto. Se prestará especial atención a la formación profesional, metodologías y adaptación del entorno para la escucha a las víctimas en edad temprana.*

El capítulo X de la Ley Orgánica 8/2021, se centra en el ámbito de las Fuerzas y Cuerpos de Seguridad y consta de dos artículos, 49 y 50. El primero de ellos asegura que todas las Fuerzas y Cuerpos de Seguridad, en todos sus niveles (estatal, autonómico, local), dispongan de unidades especializadas en la investigación y prevención, detección y actuación de situaciones de violencia sobre la infancia y la adolescencia y preparadas para una correcta y adecuada actuación en tales casos, así como que todos los integrantes de los Cuerpos Policiales reciban formación específica para el tratamiento de este tipo de situaciones[42].

El artículo 50 establece cuáles han de ser los criterios de actuación policial en los casos de violencia sobre la infancia y la adolescencia, la cual debe estar presidida por el respeto a los derechos de los niños, niñas y adolescentes y por la consideración de su interés superior. Sin perjuicio

---

[42] "Las Administraciones competentes adoptarán las medidas necesarias para garantizar que en los procesos de ingreso, formación y actualización del personal de las Fuerzas y Cuerpos de Seguridad se incluyan contenidos específicos sobre el tratamiento de situaciones de violencia sobre la infancia y la adolescencia desde la perspectiva policial", artículo 49.

de los protocolos de actuación a que están sujetos los miembros de la Fuerzas y Cuerpos de Seguridad, la ley recoge una relación de criterios de actuación obligatorios, cuya principal finalidad es lograr el buen trato al niño, niña o adolescente víctima de violencia y evitar la victimización secundaria.

Entre esos criterios de actuación obligatorios, es especialmente relevante la obligación de evitar con carácter general la toma de declaración a la persona menor, salvo en aquellos supuestos que sea absolutamente necesaria. Lo que es coherente con la reforma de la LECrim, por la que como veremos se pauta como obligatoria la práctica de prueba preconstituida por el órgano instructor. Con la finalidad última de que la persona menor de edad realice una sola narración de los hechos, en una única ocasión, ante el Juzgado de Instrucción, sin que sea necesario que lo hagan ni con anterioridad ni con posterioridad a ese momento. Así se afirma en la letra b) del apartado 1 de este artículo 50 que: "Solo se practicarán diligencias con intervención de la persona menor de edad que sean estrictamente necesarias. Por regla general la declaración del menor se realizará en una sola ocasión y, siempre, a través de profesionales específicamente formados"[43].

---

[43] Se citan en el artículo 50, como criterios de actuación los siguientes:

a)   Se adoptarán de forma inmediata todas las medias provisionales de protección que resulten adecuadas a la situación de la persona menor de edad.

b)   […]

c)   Se practicarán sin dilación todas las diligencias imprescindibles que impliquen la intervención de la persona menor de edad, una vez comprobado que se encuentra en disposición de someterse a dichas intervenciones.

d)   Se impedirá cualquier contacto directo o indirecto en dependencias policiales entre la persona investigada y el niño, niña o adolescente.

e)   Se permitirá a las personas menores de edad que así lo soliciten, formular denuncia por sí misma sin necesidad de estar acompañada de una persona adulta.

f)   Se informará sin demora al niño, niña o adolescente de su derecho a la asistencia jurídica gratuita y, si así lo desea, se requerirá al Colegio de Abogados competente la designación inmediata de abogado o abogada del turno de oficio específico para su personación en dependencias policiales.

g)   Se dispensará un buen trato al niño, niña o adolescente, con adaptación del lenguaje y las formas a su edad, grado de madurez y resto de circunstancias

4.2   Declaración de la persona menor en sede judicial

Si como es de desear el inicio de las actividades instructoras de la autoridad judicial son inmediatas tras la denuncia, lo que nos interesa es analizar cómo se ha de desarrollar la declaración del menor en sede judicial, iniciado el proceso y si esta se puede y/o debe configurarse como prueba preconstituida[44].

4.2.1 El ofrecimiento de acciones y asistencia jurídica gratuita

Dispone el artículo 109 de la LECrim que en el mismo acto en el que el juez recibe la declaración del ofendido del delito, es el Letrado de la Administración de Justicia o personas en las que delegue que estén especializadas en la asistencia a las víctimas, los que le mostrarán su derecho a constituirse en parte en el proceso así como renunciar o no la restitución de la cosa, reparación del daño e indemnización del perjuicio causado por el hecho punible y demás derechos recogidos en la ley.

Además, se añade a partir del 2015, un párrafo segundo en el que si el ofendido fuera menor o tuviera la capacidad judicialmente modificada, se practicará igual diligencia con su representante legal o la persona que le asista[45].

---

personales.

h)   Se procurará que el niño, niña o adolescente se encuentre en todo momento en compañía de una persona de su confianza designada libremente por él o ella misma en un entorno seguro, salvo que se observe riesgo de que dicha persona podría actuar en contra de su interés superior, de los cual deberá dejarse constancia mediante declaración oficial".

[44] DÍEZ RIAZA, S. y GISBERT POMATA, M., "La protección jurídico procesal frente a la violencia contra la infancia", *cit.*, pág. 303.

[45] Será la policía judicial quien cumpla con este deber de información a la víctima, como se prevé en el artículo 771.1 LECrim, hasta que pasen a sede judicial. Además deberán ser informados de que por el solo hecho de ser víctimas de abuso y maltrato, menores de edad, gozan del derecho de asistencia jurídica gratuita como lo dispone la Ley 1/1996, de 10 de enero de Asistencia Jurídica Gratuita, en el párrafo g del artículo 2, con independencia de la existencia o no de recursos para litigar. Derecho que se adquiere cuando se formule denuncia o querella, o se inicie un procedimiento penal, y se mantendrá mientras

El artículo 13 de la Ley Orgánica 8/2021, reconoce que:

1. Los niños, niñas y adolescentes víctima de violencia están legitimados para defender sus derechos e intereses en todos los procedimientos judiciales que traigan causa de una situación de violencia[46].
2. Incoado un procedimiento penal como consecuencia de una situación de violencia sobre un niño, niña o adolescente, el Letrado de la Administración de Justicia derivará a la persona menor de edad víctima de violencia a la Oficina de Atención a la Víctima competente, cuando ello resulte necesario en atención a la gravedad del delito, la vulnerabilidad de la víctima o en aquellos caso en los la víctima lo solicite, en cumplimiento de lo dispuesto en el artículo 10 de la Ley 4/2015, de 27 de abril.

El derecho a la asistencia gratuita aparece recogido en el artículo 14 de la Ley Orgánica 8/2021.

4.2.2 *Posible exención del deber de declarar*

¿Debe el menor debe ser informado por el juez instructor y por tanto acogerse a la exención del deber de declarar contenido en el artículo 416 LECrim que afecta a los parientes del procesado en líneas directa

permanezca en vigor el procedimiento penal o cuando, tras su finalización, se hubiere dictado sentencia condenatoria. El beneficio de justicia gratuita se perderá tras la firmeza de la sentencia absolutoria, o del sobreseimiento definitivo o provisional por no resultar acreditados los hechos delictivos, sin la obligación de abonar el coste de las prestaciones disfrutadas gratuitamente hasta ese momento. Párrafo modificado por la disposición final séptima de la Ley Orgánica 8/2021.

[46] Dicha defensa se realizará, con carácter general, a través de sus representantes legales en los términos del artículo 162 del Código Civil. También podrá realizarse a través del defensor judicial designado por el Juzgado o Tribunal, de oficio o a instancia del Ministerio Fiscal, en los supuestos previstos en el artículo 26.2 de la Ley 4/2015 de 27 de abril. En el caso de niños, niñas o adolescentes bajo la guarda y/o tutela de una entidad pública de protección que denuncian a esta o al personal a su servicio por haber ejercido violencia contra ellos, se entenderá, en todo caso, que existe un conflicto de intereses entre el niño y su tutor o guardador.

ascendente y descendente, su cónyuge o persona unida por relación de hecho análoga a la matrimonial, sus hermanos consanguíneos o uterinos y los colaterales consanguíneos hasta el segundo grado civil? Exención que tiene su base en el artículo 24.2 de la Constitución Española que establece que "La ley regulará los casos, en que por razón de parentesco o de secreto profesional, no se estará obligado a declarar sobre los hechos presuntamente delictivos".

En el Estudio realizado por el Defensor del Pueblo sobre la escucha del menor en 2015, se advierte que por regla general al menor no se le informa expresamente de que no está obligado a declarar contra ciertos familiares lo que podría poner en tela de juicio la declaración del menor en el proceso y, por tanto, su eficacia procesal[47].

En la Sentencia del Tribunal Supremo 699/2014, de 28 de octubre, en la que se da por válido el testimonio de un menor al que no se le advirtió que podía no declarar contra su padre que era el autor de los abusos cometidos contra él, entiende el Tribunal Supremo que "la exención del deber de declarar en ciertos supuestos no se configura como una garantía para el procesado sino que es una garantía para la víctima, por ello no se pueden deformar las cosas hasta convertir ese derecho de determinados testigos, víctimas en ocasiones, en una especie de boomerang que se vuelve contra ellos dejándolos desprotegidos y privándoles de la tutela judicial efectiva que han reclamado".

El Tribunal Constitucional en Sentencia núm. 94/2010 de 15 de noviembre, y respecto de la falta de información al testigo de la exención del deber de declarar, considera que "no supone ninguna vulneración de una norma esencial del procedimiento, pues no se trata de ningún derecho del acusado, sino de una potestad de los testigos en beneficio de ellos"[48].

---

[47] *Estudio sobre la escucha del menor, víctima o testigo* (2015), Defensor del Pueblo, Madrid, mayo, pág. 60.

[48] Se afirma que "el Tribunal Supremo en una reiterada línea jurisprudencial constitucionalmente adecuada, invoca como fundamento de la dispensa de la obligación de declarar prevista en los artículos 416 y 707 LECrim los vínculos de solidaridad que existen entre los que integran un mismo círculo familiar, siendo su finalidad la de resolver el conflicto que pueda surgir entre el deber de veracidad del testigo y el vínculo de familiaridad y solidaridad que le une al

No debemos olvidar de la madurez del menor, para determinar quien deba ser el receptor de la información sobre el derecho que le asiste al menor, y en su caso quien deba ser el que lo ejercite, el menor o su representante legal. El Tribunal Supremo, en este sentido ha afirmado que "no hay que esperar a la mayoría de edad para estar en condiciones de usa de esta habilitación. Pero sí ha de contarse con la indispensable madurez según su juicio ponderativo que deberá efectuar el juzgador. Los artículos 162.1 Código civil y 9 de la ley Orgánica 1/1996, de 15 de enero de Protección Jurídica del Menor invitan a ese entendimiento"[49].

La Disposición final primera de la Ley Orgánica 8/2021 está dedicada a la modificación de la ley LECrim. El apartado cuatro modifica el artículo. 416, de forma que se establecen una serie de excepciones a la dispensa de la obligación de declarar, con el fin de proteger en el proceso penal a las personas menores de edad o con discapacidad necesitadas de especial protección:

1.   Una norma específica sobre el ejercicio por parte de las personas menores de edad o con discapacidad del derecho de dispensa de la obligación de declarar en las causas penales seguidas contra sus parientes cercanos. Con ello se trata de colmar una laguna existente en nuestro derecho y se da una pauta clara y homogénea de actuación al órgano instructor. Se atribuye la decisión al representante legal de la persona menor de edad o con discapacidad, salvo en el supuesto de que exista un conflicto de interés entre ambas, en cuyo caso corresponde decidir al Ministerio

---

acusado. Y califica la información sobre dicha dispensa, en los supuestos legalmente previstos, como una de las garantías que deben ser observadas en las declaraciones de los testigos a los que se refiere el artículo 416 LECrim, reputando nulas y, en consecuencia, no utilizables las declaraciones prestadas con todas las garantías. En cuanto a su práctica requiere que se informe a los testigos de la dispensa, si bien se admite que su presencia espontánea puede entrañar una renuncia al derecho de no declarar contra el procesado o acusado, siempre que tal renuncia resulte concluyentemente expresada, lo que puede apreciarse en los casos en los que se trate de un hecho punible del que el testigo haya sido víctima".

[49] STS Sala Segunda, 699/2014, de 28 de octubre.

Fiscal, En todo caso, la persona menor de edad o con discapacidad debe ser oída en relación a sus deseos y a su voluntad de participar o no en el proceso penal seguido contra su familiar. De este modo, se respeta el derecho de la persona menor de edad de participar en el proceso de determinación de su interés superior.

2. Se introduce una excepción en la dispensa de la obligación de declarar de los parientes de la persona investigada. Estas personas no podrán acogerse a la dispensa cuando la víctima del delito sea una persona menor de edad o con discapacidad necesitada de especial protección que se halle integrada en su núcleo de convivencia familiar. Con ello se sitúa en primer término el principio de interés superior del menor.

Queda redactado el **apartado primero de artículo 416** como sigue:

> *Están dispensados de la obligación de declarar:*
> *1. Los parientes del procesado en líneas directa ascendente y descendente, su cónyuge o persona unida por relación de hecho análoga a la matrimonial, sus hermanos consanguíneos o uterinos y los colaterales consanguíneos hasta el segundo grado civil*
> *El Juez instructor advertirá al testigo que se halle comprendido en el párrafo anterior que no tiene obligación de declarar en contra del procesado; pero que puede hacer las manifestaciones que considere oportunas, y el Letrado de la Administración de Justicia consignará la contestación que diere a esta advertencia.*
> *Lo dispuesto en el apartado anterior no será de aplicación en los siguientes casos:*
> *1°. Cuando el testigo tenga atribuida la representación legal o guarda de hecho de la víctima menor de edad o con discapacidad necesitada de especial protección.*
> *2°. Cuando se trate de un delito grave, el testigo sea mayor de edad y la víctima sea una persona menor de edad o una persona con discapacidad necesitada de especial protección.*
> *3°. Cuando por razón de su edad o discapacidad el testigo no pueda comprender el sentido de la dispensa. A tal efecto el Juez oirá previamente a la persona afectad, pudiendo recabar el auxilio de peritos para resolver.*

Revista de Direito Magis | V. 2 | N. 1 | P. 89-131 | 2023
DOI: 10.5281/zenodo.8335558

4º. Cuando el testigo esté o haya estado personado en el procedimiento como acusación particular.
5º. Cuando el testigo haya aceptado declarar durante el procedimiento después de haber sido debidamente informado de su derecho a no hacerlo:

Destacada es, también, la novedad de establecer como obligatoria, durante la fase instructora de un procedimiento penal seguido por un delito que atente contra bienes personales de una persona menor de catorce años o una persona con discapacidad necesitada de especial protección, la práctica de la declaración de esa persona como *prueba preconstituida*. Se trata de un mecanismo necesario para evitar la denominada victimización secundaria y para logar el objetivo de que la persona menor de edad o con discapacidad, no se vea expuesta a narrar de forma reiterada a lo largo del procedimiento penal los hechos traumáticos que ha sufrido o ha presenciado.

Por otra parte, se introducen en la Ley de Enjuiciamiento Criminal los requisitos básicos para que la prueba preconstituida se considere debidamente practicada por parte del órgano instructor. Se establece la obligación del órgano enjuiciador de tener por válida y suficiente la práctica de la prueba, de manera que no podrá acordar una nueva declaración de la persona en el acto del juicio oral, salvo contadas excepciones.

La práctica de la prueba preconstituída se extiende a aquellos supuestos en que la persona menor de catorce años o la persona con discapacidad necesitada de especial protección deba intervenir como testigo en el procedimiento penal, a fin de elevar el nivel de protección. Asimismo se otorga al juez instructor la facultad de practicar prueba preconstituida cuando la víctima o testigo sea una persona mayor de catorce años, pero, por sus circunstancias personales y por el delito cometido, sufra una especial vulnerabilidad.

4.2.3 Declaración de la persona menor en la fase del juicio oral

Son muchas las razones que desaconsejan según DÍEZ RIAZA y GISPERT POMATA la intervención de los menores en el acto del juicio pues esta participación redunda en la victimización que se quiere evitar en el proceso y el tiempo transcurrido desde que se realizaron los hechos hasta que se produce la declaración desaconsejan su práctica. Razones como la posible contaminación del testimonio por la vulnerabilidad y fragilidad de un menor, su evolución y madurez, nada tiene que ver un niño de 5 años cuando ese mismo niño cumple diez[50].

Las razones por las que un menor ha de declarar en el acto del juicio son por una parte que no se ha preconstituido la prueba que evita su intervención en la vista, por otra parte por considerarse necesaria su presencia y esta no ha podido suplirse con las grabaciones de sus declaraciones o de haberlas no se han realizado con todas las garantías lo que invalida las mismas.

El artículo 25 del Estatuto de la Víctima dispone una serie de medidas para la protección del menor durante la fase de enjuiciamiento:

> a) Medidas que eviten el contacto visual entre la víctima y el supuesto autor de los hechos, mediante la utilización de tecnologías de la comunicación adecuadas.
> b) Medidas para garantizar que la víctima sea oída sin estar presente en la sala de vistas mediante la utilización de tecnologías de la comunicación adecuadas.
> c) Medidas para evitar que se formulen preguntas relativas a la vida privada de la víctima que no tengan relevancia con el hecho delictivo enjuiciado, salvo que el juez o Tribunal consideren excepcionalmente que deben ser contestadas para valorar adecuadamente los hechos o la credibilidad de la declaración de la víctima.
> d) Celebración de la vista oral sin presencia de público. En estos caso, el Juez o Presidente del Tribunal podrán autorizar, sin embargo la presencia de personas que acrediten un especial interés en la causa[51].

---

[50] La protección jurídico procesal frente a la violencia contra la infancia", *op. cit.*, pág. 327.

[51] En los mismo términos el contenido de los artículos 707 LECrim: "Todos los testigos están obligados a declarar lo que supieren sobre lo que les fuere preguntado, con excepción de las personas expresadas en los artículos 416, 417 y 418, en sus respectivos casos. La declaración de los testigos menores de edad o con discapacidad necesitados de especial protección se llevará a cabo, cuando resulte necesario para impedir o reducir los perjuicios que para ellos puedan

Un ejemplo de que la situación ideal debiera ser que el menor no tuviera que declarar en juicio, en tanto que la regla general fuera la preconstitución de la prueba con todas las garantías lo encontramos recientemente en la Audiencia Provincial de Málaga, que en fecha 30 de junio de 2019 ha unificado los criterios para que los menores víctimas de delitos sexuales no tengan que declarar en el juicio y así evitar daños psicológicos siempre que se hayan grabado sus testimonios en fase de instrucción con todas las garantías procesales. La Presidenta de la Audiencia Provincial de Málaga, Lourdes García Ortiz, ha subrayado que con esta medida se pretende evitar esa victimización doble que se le inflige a un menor que ha sufrido un abuso sexual y protegerlo ante esa especial vulnerabilidad que tiene en casos de esta naturaleza.

García Ortiz ha explicado que cuando se hace una unificación de criterio, los acuerdos se remiten a todos los órganos judiciales para que conozcan su visión. No obstante, estas decisiones "no son vinculantes, pero sí orientativas y sirven para intentar dar más seguridad jurídica en cuanto que la respuesta sea la misma en casos similares"[52].

---

derivar del desarrollo del proceso o de la práctica de la diligencia, evitando la confrontación visual de los mismos con el inculpado. Con este fin podrá ser utilizado cualquier medio técnico que haga posible la práctica de esta prueba, incluyéndose la posibilidad de que los testigos puedan ser oídos sin estar presentes en la sala mediante la utilización de tecnologías de la comunicación. Estas medidas serán igualmente aplicables a las declaraciones de las víctimas cuando de su evaluación inicial o posterior derive la necesidad de estas medidas de protección".

El artículo 681.3 LECrim, protege de manera concreta la intimidad del menor la disponer: "3. Queda prohibida, en todo caso, la divulgación o publicación de información relativa a la identidad de víctimas menores de edad o víctimas con discapacidad necesitadas de especial protección, de datos que puedan facilitar su identificación de forma directa o indirecta, o de aquellas circunstancias personales que hubieran sido valoradas para resolver sobre sus necesidades de protección, así como la obtención, divulgación o publicación de imágenes suyas o de sus familiares".

[52] Estas unificaciones son remitidas posteriormente al Tribunal Superior de Justicia de Andalucía (TSJA) y a los operadores jurídicos.

Cada tribunal decidirá de forma individual, pero se pretende que el menor no tenga que revivir y recordar todo lo sucedido, aunque se insiste en la importancia de tomar declaración en fase de instrucción con todas las garantías para poder adoptar esta medida.

Es admisible que se sustituya la declaración del menor por la grabación de su declaración prestada en fase de diligencias previas, cuando sea previsible, con base en un informe psicológico, o ante la creencia fundada del juez o tribunal de que la declaración en el juicio pueda ocasionar al menor daños psicológicos. Para ello será necesario que la declaración de la víctima menor se haya grabado en condiciones que permitan su reproducción en el plenario y que se haya practicado con los requisitos establecidos en la Ley de Enjuiciamiento Criminal. Ello implica "con la presencia del letrado defensor y del propio investigado" y que se adopten las medidas necesarias para evitar el contacto visual con la víctima[53].

Si esta situación, que podemos considerar ideal, en tanto que el menor no tuviese que declarar en juicio no fuere posible, compartimos con DÍEZ RIAZA y GISPERT POMATA[54], que se deben observar una serie de garantías, aunque no todas estaban recogidas en la ley:

1.   El juicio en el que el menor deba declarar se señalará en primer lugar, el magistrado o juez dará prioridad a oír la declaración de los niños y niñas víctimas y testigos, con el fin de reducir al mínimo el tiempo de espera durante su comparecencia ante el tribunal.

---

[53] La Ciudad de la Justicia de Málaga cuenta con una "sala Gesell"[53] para mejorar la protección y la privacidad de las víctimas, especialmente de los menores. Esta sala, denominada Gesell en honor a su creador, el psicólogo y pediatra norteamericano Arnold Gesell, consta de dos habitaciones separadas por una pared que cuenta con un cristal de grandes dimensiones que permite la visión y la audición de lo que ocurre en una de ellas desde la otra pero no al revés. Esta sala está a disposición de los juzgados y tribunales de Málaga para las pruebas testificales de menores y otras personas especialmente vulnerables.
[54] "La protección jurídico procesal frente a la violencia contra la infancia", *op. cit.*, pág. 329.

2. Se debería aportar, antes de la declaración, un informe sobre la valoración del estado emocional del menor en dicho momento y su capacidad para poder declarar. De existir oficinas de atención a la víctima, se deberá informar a la misma a fin de que puedan prestar el auxilio, informes y acompañamiento, tanto al menor como a su familia.

3. Preservar en todo caso la intimidad del menor víctima.

4. Evitar la confrontación visual con el inculpado

5. Evitar formalismos así como la utilización de un lenguaje amigable.

La entrada en vigor de la Ley Orgánica 8/2021, provoca las siguientes reformas. El apartado octavo de la disposición final primera de la Ley Orgánica 8/2021, introduce un **artículo 449 ter** LECrim con el siguiente contenido:

> *Cuando una persona menor de catorce años o una persona con discapacidad necesitada de especial protección deba intervenir en condición de testigo en un procedimiento judicial que tenga por objeto la instrucción de un delito de homicidio, lesiones, contra la libertad, contra la integridad moral, trata de seres humano, contra la libertad e indemnidad sexuales, contra la intimidad, contra las relaciones familiares, relativos al ejercicio de derechos fundamentales y libertades públicas, de organizaciones y grupos criminales y terroristas y de terrorismo, la autoridad judicial acordará, en todo caso, practicar la audiencia del menor como prueba preconstituida, con todas las garantías de la práctica de la prueba en el juicio oral y de conformidad con lo establecido en artículo anterior. Este proceso se realizará con todas las garantías de accesibilidad y apoyos necesarios.*
>
> *La autoridad judicial podrá acordar que la audiencia del menor de catorce años se practique a través de equipos psicosociales que apoyarán al Tribunal de manera interdisciplinar e interinstitucional, recogiendo el trabajo de los profesionales que hayan intervenido anteriormente y estudiando las circunstancias personales, familiares y sociales de la persona menor o con discapacidad para mejorar el tratamiento de los mismos y el rendimiento de la prueba. En este caso, las partes trasladarán a la autoridad*

judicial las preguntas que estimen oportunas quien, previo control de su pertinencia y utilidad, se las facilitará a las personas expertas, en los mismos términos, aclaraciones al testigo. La declaración siempre será grabada y el Juez previa audiencia de las partes, podrá recabar del perito un informe dando cuenta del desarrollo y resultado de la audiencia del menor.

Para el supuesto de que la persona investigada estuviere presente en la audiencia del menor, se evitará su confrontación visual con el testigo, utilizando para ello, si fuera necesario, cualquier medio técnico.

Introduce un **artículo 703 bis** con el siguiente tenor literal:

Cuando en fase de instrucción, en aplicación de los dispuesto en el artículo 449 bis y siguientes, se haya practicado como prueba preconstituida la declaración de un testigo, se procederá a instancia de la parte interesada, a la reproducción en la vista de la grabación audiovisual, de conformidad con el artículo 730.2, sin que sea necesaria la presencia del testigo en la vista.

En los supuestos previstos en el artículo 449 ter, la autoridad judicial solo podrá acordar la intervención del testigo en el acto del juicio, con carácter excepcional, cuando sea interesada por alguna de las partes y considerada necesaria en resolución motivada, asegurando que la grabación audiovisual cuenta con los apoyos de accesibilidad cuando el testigo sea una persona con discapacidad.

En todo caso, la autoridad judicial encargada del enjuiciamiento, a instancia de parte, podrá acordar su intervención en la vista cuando la prueba preconstituida no reúna todos los requisitos previstos en el artículo 449 bis y cause indefensión a alguna de las partes.

También se modifica el **párrafo segundo del artículo 707** LECrim que queda redactado como sigue:

Fuera de los casos previstos en el artículo 703 bis, cuando una persona menor de dieciocho años o una persona con discapacidad necesitada de especial protección deba intervenir en el acto del juicio, su declaración se llevará a cabo, cuando resulte necesario para impedir o reducir los perjuicios que para ella puedan derivar del desarrollo del proceso o de la práctica de la diligencia, evitando la confrontación visual con la persona inculpada. Con este fin podrá ser utilizado cualquier medio técnico que haga posible la práctica de esta prueba, incluyéndose la posibilidad de que los testigos puedad ser oídos sin estar presentes en la sala mediante la utilización de tecnologías de la comunicación accesible.

Se adicionan un **apartado 3 al artículo 777**, con el siguiente contenido:

3. Cuando una persona menor de catorce años o una persona con discapacidad necesitada de especial protección deba intervenir en condición de testigo, será de aplicación lo dispuesto en el artículo 449 ter, debiendo la autoridad judicial practicar prueba preconstituida, siempre que el objeto del procedimiento será la instrucción de alguno de los delitos relacionado en tal artículo.
A efectos de su valoración como prueba en sentencia, la parte a quien interese deberá instar en el juicio oral la reproducción de la grabación audiovisual, en los términos del artículo 730.2.

Y por último un **apartado 2 al artículo 788**, en los siguientes términos:

2. Será de aplicación lo dispuesto en el artículo 703 bis en cuanto a la no intervención en el acto del juicio del testigo, cuando se haya practicado prueba preconstituida de conformidad con lo dispuesto en los artículos 449 bis y siguientes.

5 CONCLUSIONES

España, con arreglo a la Convención sobre los Derechos del Niño y otros referentes normativos de protección a la niñez, debe fomentar todas la medidas legislativas, administrativas, sociales y educativas necesarias para garantizar el derecho de niños, niñas y adolescentes a desarrollarse libre de cualquier forma de violencia, perjuicio, abuso físico o mental, descuido o negligencia, malos tratos o explotación.

El cuerpo normativo español ha venido incorporando desde 1996, avances en la defensa de los derechos de las personas menores de edad, así como en su protección frente a la violencia. Sin embargo, a pesar de estos avances, urgía en nuestro país la aprobación de una ley integral sobre la violencia contra los niños, niñas y adolescentes, lo que se consigue con la incorporación en nuestro ordenamiento de la Ley Orgánica 8/2021, de 4 de junio, de protección integral a la infancia y la adolescencia frente a la violencia..

Esta ley combate la violencia sobre la infancia y la adolescencia desde una aproximación integral, atendiendo al derecho de los niñas, niñas y adolescentes de no ser objeto de ninguna forma de violencia. Para ello se requiere:

Garantizar el derecho de las niñas, niños y adolescentes a ser escuchadas/os y a ser tenidas/os en cuenta en todas las decisiones que se tomen a su respecto. Derecho que solo podrá restringirse de manera motivada, cuando sea contrario a su interés superior.

Reconocer la importancia de los relatos de las niñas, niños y adolescentes sobre los malestares y violencias que describen, interpretados con perspectiva de infancia y enfoque de derechos humanos.

Generar condiciones de exploración y escucha de niñas, niños y adolescentes que hagan posible y comunicable su voz, su testimonio y garanticen su no revictimización.

Garantizar la implantación, en todos los niveles de las administraciones públicas, de la autonomía progresiva en relación a la capacidad de niñas, niños y adolescentes, de tomar decisiones. La autonomía progresiva otorga garantías al derecho a ser oídas, de las infancias y adolescencias, y al derecho a ser tenidas en cuenta en las resoluciones judiciales y administrativas que se tomen en relación con su bienestar.

Garantizar los procedimientos para la escucha institucional de las niñas, niños y adolescentes adaptados a su edad y formas de expresión, en entornos que garanticen el respeto integral a sus derechos, acogedores, confidenciales y libres de toda intimidación.

Garantizar el derecho a la protección de las niñas, niños y adolescentes sin condicionamiento a los procesos de investigación y sanción penal.

BIBLIOGRAFÍA

ABEL LLUCH, Xavier (2019): "La audiencia del menor con auxilio de especialistas", en *La audiencia del menor en los procesos de Familia* (Coord. ABEL LLUCH) Sepin, Madrid, pp. 167-170.

ABEL LLUCH, Xavier (2019) "La confidencialidad de la audiencia del menor", *Diario La Ley*, nº 9148, 20 de mayo.

BARBER CÁRCAMO, Roncesvalles (2019): "El derecho del menor a ser oído y a que su opinión sea tenida en cuenta", *REDUR*, 17, diciembre, pp. 5-21.

CLAVIJO SUNTURA, J. Harry (2018): "La participación del menor en la audiencia de exploración", *Rev. Boliv. de Derecho*, nº 25, enero, pp. 570-585.

DE LA TORRE VARGAS, Maricruz (2018), "Las implicancias de considerar al niño sujeto de derechos", *Revista de Derecho* (UCUDAL), nº 18, diciembre, pp. 117-137.

DEFENSOR DEL PUEBLO, (2014) *"Estudio sobre la escucha y el interés superior del menor. Revisión judicial de medidas de protección y procesos de familia"*, Madrid.

DEFENSOR DEL PUEBLO (2015), *Estudio sobre la escucha del menor, víctima o testigo*, Madrid.

DEFENSOR DEL PUEBLO (2018), *Los niños y los adolescentes en el informe anual del Defensor del Pueblo 2017*, Madrid.

DÍEZ RIAZA, Sara y GISBERT POMATA, Marta (2017), "La protección jurídico procesal frente a la violencia contra la infancia", en

Protección jurídica de las personas menores de edad frente a la violencia, Coord. MARTÍNEZ GARCÍA, C., Thomson Reuters Aranzadi, Cizur Menor, pp. 243-330.

GRANDE SEARA, Pablo (2022), "La audiencia del menor en los procesos de familia: práctica y documentación de la audiencia", en *Retos de la justicia civil indisponible: Infancia, adolescencia y vulnerabilidad*, Dirs. CALAZA LÓPEZ, S y PILLADO GONZÁLEZ, E, Thomson Reuters Aranzadi, Cizur Menor, pp. 655- 694.

LEPIN, Cristián y LAMA, Belén (2020): "La participación de los niños en el juicio de familia. El mito del derecho a ser oído", *Actualidad Jurídica Iberoamericana*, nº 13, pp. 770-793.

LIEBEL, Manfred (2015): "Sobre el interés superior de los niños y la evolución de sus facultades", *Anales de la Cátedra Francisco Suárez*, nº 49, pp. 43-61.

NEIRA PENA, Ana María (2020), "La audiencia del menor en los procesos de familia", en Los conflictos de Derecho de familia desde la Justicia terapéutica (Dir. PILLADO GONZÁLEZ), Wolters Kluwer, Madrid, pp. 281-305.

OFICINA DEL ALTO COMISIONADO DE NACIONES UNIDAS, comunicado de prensa (2021), 9 de diciembre. Disponible en https://www.ohchr.org/es/2022/01/spanish-courts-must-protect-children-domestic-violence-and-sexualabuse-say-un-experts.

PANCHÓN IGLESIAS, Carme (2003): "La protección de la infancia", en VILLAGRASA ALCAIDE C (Coord.) *Nuevas Tecnologías de la Información y Derechos Humanos*, Barcelona, pp. 45-53.

RIVERO HERNÁNDEZ, Francisco (2000): "Límites de la libertad religiosa y de las relaciones personales de un padre con sus hijos (Comentario de la STC 141(2000, de 29 de mayo)", *Derecho Privado y Constitución*, número 14, enero-diciembre.

ROSELL CASTAGNETO, María Lorena (2022): "Estándares interamericanos sobre el derecho del niño a ser oído en procesos judiciales", *Revista de Ciencias Sociales*, 81, Universidad de Valparaiso, pp. 111-142.

SÁNCHEZ DE LEÓN GUARDIOLA, Paula y COMPANY CARRETERO, Francisco Javier (2017): "El interés superior del menor y el derecho del niño a ser escuchado", *Actualidad Civil*, nº 7, julio, pp. 1-16.

SÁNCHEZ HERNÁNDEZ, Carmen (2017): *El sistema de protección a la infancia y a la adolescencia*, Tirant lo Blanch, Valencia.

UNCRC (1989): Convención sobre los Derechos del Niño.

UNCRC (2007): Comité de los Derechos del Niño, Observación General nº 10 sobre los derechos del niño en la justicia de menores (CRC/C/GC/10).

UNCRC (2009): Comité de los Derechos del Niño, Observación General nº 12 el derecho del niño a ser escuchado (CRC/C/GC/12).

UNCRC (2011) Comité de los Derechos del Niño, Observación General nº 13 sobre el derecho del niño a no ser objeto de ninguna forma de violencia (CRC/C/GC/13).

UNCRC (2013): Comité de los Derechos del Niño, Observación General nº 14 sobre el derecho del niño a que su interés superior sea una consideración primordial (artículo 3, párrafo 1) (CRC/C/GC/14).

UNCRC (2016) Comité de los Derechos del Niño, Observación General nº 20 sobre la efectividad de los derechos del niño durante la adolescencia (CRC/C/GC/20).

VILLAGRASA ALCAIDE, Carlos (2015): "Derechos de la infancia y la adolescencia: hacia un sistema legal", *Anales de la Cátedra Francisco Suárez*, nº 49, pp. 17-41.

Revista de
Direito Magis

MALTRATO INFANTIL EN CONTRA DE LA NIÑEZ MIGRANTE EN CHILE: CIFRAS Y REFLEXIONES DESDE LA POLIVICTIMIZACIÓN

CHILD ABUSE AGAINST MIGRANT CHILDREN IN CHILE: FIGURES AND REFLECTIONS ON POLYVICTIMIZATION

Iskra Pavez-Soto[1]
Matías González-Pavez[2]
Sius-Geng Salinas[3]

Resumen: El objetivo de este artículo es ofrecer una revisión actualizada de un artículo ya publicado a solicitud de la Revista, sobre la violencia que sufre la niñez migrante en Chile. Para llevar a cabo este diálogo crítico se echa mano de los resultados cualitativos de ese primer artículo en diálogo con datos cuantitativos provenientes de la aplicación de un cuestionario validado internacionalmente y adaptado para el caso chileno. El cuestionario en tanto instrumento de recolección de datos cuantitativos permite identificar diferentes formas de maltrato infantil bajo el paradigma de la polivictimización. El concepto de polivictimización alude a la vivencia de diferentes tipos de maltrato de forma simultánea. Con todo, se concluye que los niños, niñas y adolescentes migrantes en Chile sufren en mayor medida de la discriminación, la violencia común (delincuencia) y una exclusión de forma estructural, lo cual proporciona evidencia para la toma de decisiones en materia de políticas públicas de prevención y cohesión social.

Palabras Claves: Infancia; Migración; Maltrato Infantil; Violencia; Polivictimización; Chile.

Abstract: The objective of this article is to offer an updated revision of an article already published at the request of the Journal, about violence suffered by

---

[1] Universidad del Desarrollo. Dra. en Sociología. ORCID: https://orcid.org/0000-0002-6438-1522. Correo electrónico: iskrapaz@gmail.com.

[2] Universidad Católica Silva Henríquez, Licenciado en Pedagogía en Historia. ORCID: xxxxx. Correo: mjgonzalezp@miucsh.cl.

[3] Universidad de Tarapacá. Dra. © en Ciencias Sociales, becaria ANID doctorado nacional. ORCID: https://orcid.org/0000-0002-4117-5515. Correo electrónico: sius.sl.p@gmail.com.

---

migrant children in Chile. To carry out this critical dialogue, the results of an internationally validated questionnaire, but adapted to the Chilean case, are used. This quantitative instrument makes it possible to identify different expressions of mistreatment under the paradigm of polyvictimization. The concept of polyvictimization refers to the simultaneous experience of different types of mistreatments. It is concluded that migrant children and adolescents in Chile suffer to a greater extent from discrimination, common violence (delinquency) and structural exclusion, which provides evidence for decision-making in terms of public policy for prevention and social cohesion.

Palabras Claves: Childhood; Migration; Child Abuse; Violence; Polyvictimization; Chile.

1   INTRODUCCIÓN

Como ya se dijo, el objetivo de este artículo es hacer una revisión crítica de un artículo previamente publicado sobre las violencias (en plural) que sufría la niñez migrante en Chile (Pavez-Soto, 2018). Cabe señalar que esos datos fueron recogidos en el año 2016 y publicados en el año 2018 y se presentaban datos cualitativos recogidos en la aplicación de entrevistas semiestructuradas. Ahora bien, para efectos de la presente revisión esos datos cualitativos se pondrán en diálogo con datos cuantitativos recogidos posteriormente (algunos fueron publicados en Pavez-Soto, Galaz & Ansaldo, 2020). Es necesario explicitar que en el presente artículo se exponen datos inéditos de esa recolección.

En este artículo se presenta, primero, un breve contexto sobre las migraciones en Chile. Luego, un debate conceptual en torno a la violencia y la polivictimización que podrían sufrir las niñas y los niños migrantes. Le sigue la metodología del estudio y la discusión de los resultados, ordenados en torno a categorías de análisis, para finalizar con algunas conclusiones.

2   CONTEXTO

Según los datos oficiales, en Chile reside un millón y medio de personas extranjeras, de las cuales un quinto sería población infanto-juvenil, la mayoría proviene de Venezuela, Perú y Colombia, es decir, la región latinoamericana (SERNAMIG, 2023). Debido a numerosos factores, las comunidades migrantes se han ubicado en las principales ciudades del país, tales como Santiago (64.1 %), Antofagasta (7.8 %), Tarapacá (6.4 %) y Valparaíso (5.5 %). Habitualmente las comunidades migrantes enfrentan condiciones de vida duras, como habitar en barrios con altos índices de exclusión social y estar expuestos a vivir en condiciones de precariedad (pobreza y hacinamiento), Ministerio de Desarrollo Social [Mideso], 2023). Tal como se exponía en el artículo que estamos revisando (Pavez-Soto, 2018) la niñez migrante sufre de discriminación racial de forma cotidiana en Chile.

Uno de los principales cambios que podemos observar entre los datos del primer estudio y el segundo es la cantidad de población migrante residente en el país, mientras que en 2016 según cifras oficiales (Rojas y Silva, 2016), se encontraba casi medio millón de personas extranjeras (477.450); para 2019 la población migrante que reside en Chile asciende a 1.251.225 de personas, aumentando a más del doble en apenas tres años, según el Instituto Nacional de Estadísticas (INE, 2019). Otro elemento de cambio es la incorporación de grandes flujos migratorios provenientes de Venezuela, país que cuenta con el mayor porcentaje de población migrante que residente en Chile en la actualidad, alcanzando el 23% del total (INE, 2019), siendo este fenómeno sumamente reciente, ya que para 2016 estos flujos eran mínimos, siendo los principales: Perú (37.1 %), Argentina (14.3 %), Bolivia (8.8 %), Colombia (6 %), Ecuador (5 %), España (3 %), Estados Unidos (2.6 %), Brasil (2.5 %), China (1.7 %) y Alemania (1.6 %) (Rojas y Silva, 2016; Pavez-Soto, 2018).

De forma lamentable, se ha identificado que en nuestro país (Chile) la infancia en general padece de malos tratos, por ejemplo, la mayoría (71 %) de las/os niñas/os (sin distinguir origen nacional o nivel socioeconómico) ha sufrido algún tipo de violencia al interior de sus propias familias; regularmente psicológica y física (25.9 % sufre violencia física grave) y en menor medida (8.7 %), de violencia sexual (debido a las jerarquías de género, las niñas serían las principales víctimas de este tipo de violencia) (UNICEF, 2012ª citado en Pavez-Soto, 2018).

En ese mismo artículo anterior (Pavez-Soto, 2018) se citaban datos en torno a las atenciones que había llevado a cabo el Área de Protección de Derechos del Servicio Mejor Niñez (antes llamado Servicio Nacional de Menores, Sename), por ejemplo, más del 80% había sido víctima de negligencia o requería diagnóstico y peritaje o había sido víctima de abuso sexual. Sólo un 13.15% había requerido apoyo en el Área de Justicia Juvenil. Las regiones con mayor demanda coincidían con las que tenían mayor población migrante, tal como se dijo anteriormente: Tarapacá, Antofagasta, Valparaíso y Metropolitana y las principales nacionalidades eran Perú (39.76 %), Argentina (18.32 %), Bolivia (18.2 %), Colombia (10.05 %) y Ecuador (5.74 %) (Sename, 2013, p. 8, citado en Pavez-Soto, 2018).

Desde el punto de vista legal, en Chile se ha promulgado una nueva Ley de Extranjería en el año 2021 y su Reglamento en el 2022, por lo tanto es de reciente aplicación. Esta ley incorpora un enfoque de derechos que permite exigir la protección de la infancia frente a la violencia (Ley N° 21.350, 2021). Además, también se encuentra vigente la Ley de Garantías de Derechos de la Niñez y Adolescencia (Ley N° 22.657, 2021), inspirada en el enfoque de derechos que propone un marco legal actualizado para la protección de la violencia que sufre la infancia en general en el país. Complementario a esto, existe una ley que tipifica el maltrato infantil como un delito con penas de presidio (N° 19.567, 2019). Es preciso reconocer que previo a estas leyes de reciente aprobación y promulgación, el Estado chileno había establecido algunas medidas administrativas para garantizar la educación, salud, etc. Para las niñas y los os migrantes hubieran sido víctimas de cualquier tipo de violencia, como el acceso al sistema público de salud (Decreto Exento No 6.410) y a la Red de Protección de la Infancia (Acuerdo de colaboración entre el Ministerio del Interior y el Servicio Nacional de Menores, 2009; Pavez-Soto, 2018).

3   MARCO TEÓRICO

Históricamente (DeMause, 1982) el grupo de los niños y las niñas han sufrido de malos tratos, debido a la posición que ocupan en la distribución del poder. Misma razón que ha llevado a tomar medidas para su protección (Jenks, 1996). En particular el grupo de la niñez migrante suele ser víctima de diferentes formas de violencia, ya que quedan situados en categorías de vulnerabilidad (Dettlaff y Johnson, 2011; Irazuzta y Martínez, 2014; Pavez-Soto, Galaz & Ansaldo, 2020). Debido a las múltiples jerarquías de poder en donde están situados socialmente las niñas y los niños en general y los migrantes particular pueden llegar a ser víctimas del racismo, el cual es un tipo de violencia simbólica basada en la ideología de la dominación colonial, de allí que no requiera justificación ni legitimación para existir (Peña, 2016; Wieviorka, 2007; Pavez-Soto, 2018; Pavez-Soto, Galaz & Ansaldo, 2020).

Tal como se describía en el artículo que revisamos (Pavez-Soto, 2018), desde mediados del siglo XX, la violencia contra la infancia se ha conceptualizado como "malos tratos". Esta definición ha tenido gran influencia en los programas sociales, hasta el día de hoy (Tolentino, 2013). Como muestra de ello, tanto la Convención de los Derechos del Niño (ONU, 1990), UNICEF (2000) y el Servicio Nacional de Menores de Chile (SENAME, s.f.) consideran el concepto de maltrato infantil para referirse a las distintas formas de violencia que sufre la niñez. Desde un punto de vista crítico, es revelador que en la definición clásica de maltrato no aparezca el concepto de poder (Jenks, 1996|2005) que enfatiza la dimensión microsocial –individual y relacional– de la violencia. Las dimensiones macrosociales –al incorporar el tema del abuso de poder basado en la edad– analizan el rol de la sociedad, la familia y la comunidad (Aron & Galdames, 2007), la cultura patriarcal que predomina en la crianza infantil (Barudy & Dantagnam, 2005) y las políticas públicas (UNICEF, 2005; Pavez-Soto, 2018; Pavez-Soto, Galaz & Ansaldo, 2020).

En los últimos años comienza a utilizarse el concepto de victimización, que incluye aspectos macrosociales que quedaban invisibilizados en la definición clásica de maltrato infantil. La victimización infantil es entendida como la acción u omisión de conducta intencionada y realizada por individuos, grupos de individuos, instituciones y/o normas y reglas sociales y que produce consecuencias físicas y/o psicológicas, a corto y/o largo plazo, reales y/o potenciales que reducen el bienestar de la víctima menor de 18 años e interfieren en su óptimo desarrollo (Pereda & Tamarit, 2013, p. 115; Pavez-Soto, 2018; Pavez-Soto, Galaz & Ansaldo, 2020).

Por su parte, Finkelhor, Shattuck, Turner, Ormrod y Hamby (2011) han comprobado que actualmente la infancia puede ser víctima de distintos tipos de victimización como delitos comunes de parte de cuidadores, entre pares, a través de las nuevas tecnologías o violencia sexual. Para estudiar la concurrencia de los distintos tipos de violencia que pueden ocurrir de modo simultáneo en la vida infantil, se ha propuesto el uso del concepto de polivictimización. La simultaneidad de la violencia sería el rasgo característico de este enfoque (Pavez-Soto, 2018; Pavez-Soto, Galaz & Ansaldo, 2020).

Los estudios internacionales sobre polivictimización se han centrado en la relación entre salud física y mental y el impacto acumulativo (o trauma) que implica estar expuesto a diferentes victimizaciones o adversidades a través de la vida (Finkelhor, Shattuck, Turner, Ormrod & Hamby, 2015; Horan & Widom, 2015; Mustanski, Andrews & Puckett, 2016; Nurius, Green, Loran-Greene & Borja, 2015; Pereda & de violencia (Grasso, Dierkhising, Branson, Ford & Lee, 2016; Wong, Clark & Marlotte, 2016) y las consecuencias a largo plazo de enfrentar una adversidad traumática (Ford, 2017; McLaughlin, 2016; Pavez-Soto, 2018; Pavez-Soto, Galaz & Ansaldo, 2020).

Ford y Delker (2018) señalan que los impactos de la polivictimización se presentan de manera particular en algunas poblaciones que corren un riesgo más alto de cruzar adversidades, como la población migrante, minorías refugiadas y/o personas afrodescendientes. En este sentido, el hecho migratorio puede afectar negativamente en la resiliencia y generar situaciones de

Revista de Direito Magis | V. 2 | N. 1 | P. 133-162 | 2023
DOI: 10.5281/zenodo.8335560

polivictimización infantil (Abebe, Lien & Hjelde, 2014; Wu et al, 2018; (Pavez-Soto, 2018; Pavez-Soto, Galaz & Ansaldo, 2020).

Algunas investigaciones han mostrado cómo ciertas experiencias extremas (vulnerabilidad, violencia y estrés) vividas de modo simultáneo (polivictimización) durante la infancia pueden estar vinculadas con un deterioro de la salud mental y la adaptación social (Segura, Magallón-Neri, Soler, Kirchner & Forns, 2015). Otros estudios (Dettlaff & Finno-Velásquez, 2013; Finkelhor et al., 2011; Galaz, Pavez, Álvarez & Hedrera, 2019) constatan que las niñas, los niños y adolescentes migrantes se constituyen en un grupo con altos niveles de vulnerabilidad y riesgo de ser víctimas de polivictimización, porque dadas las condiciones de vida de precariedad están expuestos a múltiples factores de vulnerabilidad, jerarquías de poder y exclusión (Pavez-Soto, 2018; Pavez-Soto, Galaz & Ansaldo, 2020).

4   MÉTODO

Los datos cuantitativos sobre población migrante en Chile son aún incipientes, si se compara con países de mayor tradición migratoria. En el último tiempo recién ha comenzado a considerarse la variable migrante de modo transversal en Encuestas de Pobreza o el CENSO. En el ámbito académico, las investigaciones cuantitativas sobre migración son escasas, predominando los estudios cualitativos (Stefoni & Stang, 2017). Aún menor atención cuantitativa ha recibido el estudio del maltrato infantil que sufre la infancia migrante en Chile (Pinto & Venegas, 2015; Pavez-Soto, 2018; Pavez-Soto, Galaz & Ansaldo, 2020).

Por lo tanto, en este artículo se presentan resultados cuantitativos sobre las distintas formas de violencia que sufre la niñez migrante en Chile que son complementarios a los resultados cuantitativos publicados en Pavez-Soto, Galaz & Ansaldo (2020).

La metodología es cuantitativa y el tipo de estudio fue exploratorio y descriptivo, pues tenía como objetivo describir la polivictimización de niñas, niños y adolescentes migrantes en cuatro regiones de Chile. El análisis es descriptivo de las variables de estudio basadas en el cuestionario de *experiencias infantiles y juveniles*. El cual se elabora desde el cuestionario de victimización juvenil (Finkelhor, Ormrod, Turner, Hamby, 2005), instrumento validado y utilizado internacionalmente para el estudio de niños, niñas y adolescentes, debido a los altos grados de validez científica que presenta esta herramienta y que para el caso de esta investigación es adaptada al contexto chileno (Pinto y Venegas 2015; Pavez-Soto, 2018; Pavez-Soto, Galaz & Ansaldo, 2020).

El cuestionario de *experiencias infantiles y juveniles* en una primera parte consta con variables sociodemográficas tales como: edad, sexo, fecha de cumpleaños, curso, nombre del colegio, nacionalidad, tiempo de residencial de Chile, composición familiar, presencia de alguna discapacidad, la comuna y la región. La segunda parte del instrumento constaba de 10 dimensiones relacionadas a la polivictimización, donde cada dimensión constaba de un total desde 2 a 6 preguntas. Algunas de las preguntas realizadas en el cuestionario son por ejemplo: *¿Alguna vez alguna persona adulta de tu familia te ha golpeado, pegado, pateado o te ha hecho algún tipo de daño físico?* O *¿Alguna vez las niñas y los niños de tu edad, como tus hermanas o hermanos o chicos y chicas del barrio te insultaron diciéndote cosas malas?*. La forma de responder era SÍ o NO, en el caso de que la respuesta fuera SÍ, se les consultaba por la frecuencia, y la última vez que ocurrió la situación (Pavez-Soto, Galaz & Ansaldo, 2020).

La muestra del estudio sobre la cual se aplicó el cuestionario quedó conformada por 135 individuos, distribuidos en 135 niñas, niños y adolescentes desde las edades 6-17 años. Las nacionalidades de las y los NNA corresponden a Colombiana (29,4%); Peruana (27,5%); Boliviana (16,9%); Venezolana (11,8%); Dominicana (4,4%); Haitiana (3,7%), finalmente el 0,7% corresponde a población ecuatoriana, uruguaya, salvadora y española (Pavez, et al., 2020). Los criterios de selección de las y los participantes implicaban tener una nacionalidad extranjera, y con un tiempo de residencia de al menos un año en Chile (y en las regiones en particular), tener experiencias socializando en estos lugares, tener entre 6 a 17 años (Pavez-Soto, Galaz & Ansaldo, 2020).

El trabajo de campo se realizó durante el año 2018. El cuestionario era parte de una investigación mayor, en un proyecto FONDECYT que tenía por objetivo conocer las diferentes violencias que experimentaba la niñez migrante en Chile. El proyecto y el cuestionario fueron aprobados por el comité de ética de la universidad patrocinante de la investigadora responsable. Contamos con el consentimiento informado de sus padres y el asentimiento informado de las y los niños participantes de nuestra investigación. Así mismo, se resguardó y se respetó en todo momento la confidencialidad y la voluntariedad de las y los niños, y su participación en el proyecto. Una vez los datos estaban recopilados se traspasaron a una base de datos al programa SPSS 25, el en cual se llevó a cabo el análisis (Pavez-Soto, Galaz & Ansaldo, 2020).

El estudio estableció un protocolo ético para garantizar el respeto a los derechos de la infancia durante el estudio (James y James, 2010, p. 10). Para ello, se pidió la firma de un Asentimiento Informado infantil y un Consentimiento Informado adulto, siguiendo las recomendaciones de las leyes 19.628 de protección de datos y 20.120 de investigación científica con seres humanos (Ley No 19.628; Ley No 20.120; (Pavez-Soto, 2018; Pavez-Soto, Galaz & Ansaldo, 2020).

Las preguntas del cuestionario fueron adecuadas según la edad y se realizaron en parejas para equilibrar la relación de poder con el equipo de investigación adulto. Durante dicha cuestionario, se incluyeron juegos y descansos, así mismo, se dispuso de materiales (hojas de papel, lápices de colores, etcétera) para que dibujaran las situaciones sobre las cuales no podían o no querían hablar. El hecho de pedir la opinión de manera directa a las/os niñas/os durante la investigación es una afirmación de su derecho a opinar sobre los asuntos que les afectan, contemplado en el Artículo 12 de la Convención de los De- rechos del Niño (Naciones Unidas, 2002; Pavez-Soto, 2018; Pavez-Soto, Galaz & Ansaldo, 2020).

5   RESULTADOS

En este apartado se presentan los datos obtenidos a raíz de la aplicación del cuestionario en diálogo con los resultados cualitativos del artículo publicado (Pavez-Soto, 2018).

Uno de los principales cambios que podemos observar entre el primer artículo publicado con datos cualitativos (Pavez-Soto, 2018) y el segundo, con datos cuantitativos (Pavez-Soto, Galaz & Ansaldo, 2020) serían las cifras en torno a la cantidad de población migrante residente en el país y cómo se distribuyen en el nivel poblacional. En el año 2016, de acuerdo con las cifras oficiales (Rojas y Silva, 2016), se encontraba casi medio millón de personas extranjeras en Chile(477.450). Mientras que en el año 2019, la población migrante asciende a 1.251.225 de personas, aumentando a más del doble en apenas tres años, según el Instituto Nacional de Estadísticas (INE, 2019). Otro elemento de cambio sería la incorporación de grandes flujos migratorios provenientes de Venezuela y Haití, países que cuentan con los mayores porcentaje de población migrante residente en Chile en la actualidad (INE, 2019), siendo este fenómeno sumamente reciente, ya que para 2016 estos flujos eran mínimos, siendo los principales: Perú (37.1 %), Argentina (14.3 %), Bolivia (8.8 %), Colombia (6 %), Ecuador (5 %), España (3 %), Estados Unidos (2.6 %), Brasil (2.5 %), China (1.7 %) y Alemania (1.6 %) (Rojas y Silva, 2016). Estos datos coinciden con la muestra del primer estudio (Pavez-Soto, 2018), ya que no figura la participación de ningún niño, niña o adolescente venezolano, además de resaltar la marcada presencia de población peruana, tal como se observa en la Tabla N° 1. Esta distribución de la población migrante se condice con los datos de población migrante de la época, a diferencia de lo que las cifras muestran hoy.

Tabla N° 1. Población infantil extranjera, 2018

Peruana	Boliviana	Ecuatoriana	Colombiana	Haitiana	Palestina	Francesa
66%	13%	9%	3%	3%	3%	3%

Fuente: Elaboración propia.

En el artículo en cuestión (Pavez-Soto, 2018) se identificaba que la situación de las niñas y niños migrantes en Santiago de Chile evidencia una preocupante violencia estructural arraigada en el mercado de la vivienda, cuya manifestación es clara durante el proceso inicial de asentamiento de las familias en el país de destino. En ese artículo se identificaba una doble exclusión en la búsqueda de vivienda, ya que las niñas y niños migrantes se enfrentaban tanto a la discriminación por su condición de migrantes como por su edad. En un caso concreto, una niña peruana entrevistada relata las dificultades que enfrentó en su búsqueda de vivienda, así como el racismo manifiesto que recibió, llegando incluso a recibir llamados a su expulsión del país. En su respuesta, la niña parece internalizar la violencia estructural al culpabilizar a las propias personas migrantes, desplazando la responsabilidad hacia las propias víctimas. Este fenómeno, descrito como *habitus* incorporado por Tijoux (2013), demuestra cómo el sistema opresivo puede generar que las propias personas afectadas asuman la culpa de su situación.

Las madres entrevistadas en ese artículo (Pavez-Soto, 2018) enfrentan esta violencia estructural y el racismo, optando por aislar a sus hijos dentro del hogar y adaptarse a estas difíciles circunstancias. Sin embargo, esta adaptación implica que los niños pasen encerrados y enfrenten situaciones de *bullying* en la escuela, lo que afecta negativamente su calidad de vida y bienestar (Úrsula, madre peruana; Filomena, madre peruana). Esta problemática exige urgentemente la implementación de políticas inclusivas que garanticen el acceso a viviendas dignas y seguras para todas las familias migrantes en Santiago de Chile.

En el artículo mencionado (Pavez-Soto, 2018) se identificaba que otro aspecto de la violencia en el nivel macrosocial se relaciona con la falta de equipamiento comunitario adecuado, como parques y plazas con áreas destinadas al juego y la recreación infantil. Ahí se veía claramente que en las ciudades chilenas faltan espacios donde las niñas y los niños migrantes puedan jugar y distraerse, ya que los destinados para ellos se ven afectados de manera desproporcionada (Tonucci, 2003). La escasez de espacios públicos, gratuitos y bien mantenidos para la convivencia entre diferentes grupos sociales, y específicamente para el juego, recreación y descanso infantil, resulta en una competencia por los espacios públicos entre los niños, lo que desencadena tensiones y conflictos con otros grupos sociales. En el contexto del estudio citado (Pavez-Soto, 2018), se observa que las niñas y los niños migrantes son objeto de violencia verbal, ya que algunos vecinos adultos se molestan cuando juegan en espacios comunes, manifestando su descontento a través de amenazas e insultos.

Figura N° 2. Tipos de victimización de la infancia migrante

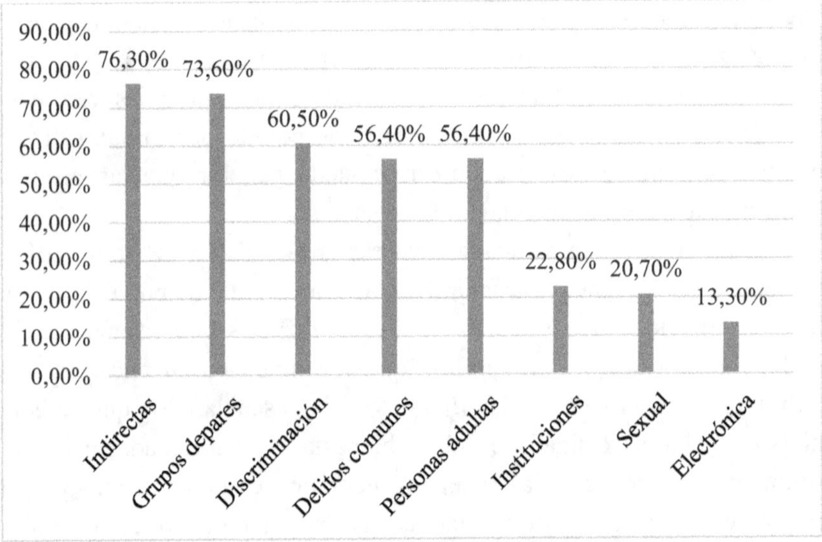

Fuente: Elaboración propia.

En cuanto a la variable victimización en la población migrante en Chile (Pavez, 2019) existen 8 tipos de victimización que pueden ser apreciadas en la figura N°2. En este sentido, la más significativa refiera a las victimización indirectas (76,3%); la victimización por grupos de pares (73,6%), la victimización por discriminación (60,5%) y la victimización por delitos comunes (56,4%). Por otro lado la forma de victimización menos frecuente es la electrónica (13,3%) como se muestra en la *Figura N 2*. Por lo cual, podemos señalar que las niñas, niños y adolescentes están más propensos a violencias indirectas lo que implica que han presenciado actos violentos como disturbios, asesinatos, ataques con objetos, entre otros. Por otro lado, se aprecian experiencias de violencias realizadas por grupos de pares, tales como insultos y/o golpes. En esta línea, por tanto se puede afirmar que las niñas, niños y adolescentes migrantes están expuestos a diversos estímulos negativos de victimización y violencia en su vida en Chile. Con todo, se podría pensar que estos elementos están incidiendo en un deterioro de su salud mental, y que sería interesante abordar en próximos estudios.

En el artículo publicado (Pavez-Soto, 2018) se exponía una preocupante situación en la que las niñas y los niños migrantes se veían sometidos a múltiples formas de violencia. En este contexto, sufren violencia verbal y psicológica por parte de los vecinos del barrio, además de ser testigos de la violencia entre adultos, incluida la pareja de su madre. Esta situación pone de manifiesto el fenómeno de la polivictimización infantil, donde se cruzan diversas manifestaciones de violencia y los niños las experimentan debido a jerarquías basadas en criterios raciales, edad y clase social (Finkelhor et al., 2011). Aunque se destacaba que una madre entrevistada intentaba enfrentar la violencia de su vecino, era posible que esta estrategia aumentara la tensión dentro de la familia. Asimismo, la madre reconocía que en el pasado ella y su pareja se involucraron en conductas violentas entre ellos, y reconoció la necesidad de asistir a terapia psicológica para lidiar con sus emociones y el estrés de criar a cuatro niños (Pavez-Soto, 2018).

A continuación puntualizaremos en dimensiones que no fueron consideradas en un trabajo anterior (Pavez, et al., 2020). En la figura N° 3 revisaremos los resultados la victimización por grupo de pares en relación al género.

Figura N° 3. Victimización por grupo de pares según género

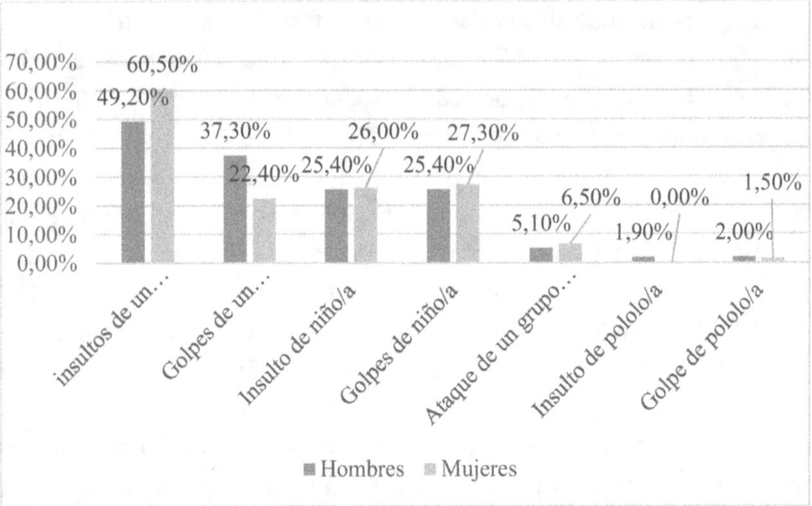

Fuente: Elaboración propia.

Respecto a la dimensión "victimización por grupos de pares" apreciamos las niñas se ven más afectadas por insultos de sus compañeros/as (60%), en tanto los niños solo lo perciben en un 49%. Este tipo de violencia se ejerce por algún niño, niña o adolescente de edad similar de quien recibe la agresión, siendo a nivel general más comunes, los insultos por parte de compañeros/as (55,6%) y los golpes por parte de compañeros/as (28,9%). Cabe resaltar que las niñas migrantes son más afectadas por los insultos de compañeros/as (60,5%), mientras que los niños migrantes son más propensos a recibir golpes por parte de compañeros/as (37,3%), tal como se puede observar en la figura N° 3. En este sentido, podemos apreciar que las niñas y niños migrantes se ven afectados mayoritariamente por insultos y ataques por sus propios pares. Lo anterior podría estar dando cuenta de dinámicas sociales violentas entre niños/as chilenos/as a niñas/os migrantes, marcados por la exclusión y discriminación.

En el artículo que estamos analizando (Pavez-Soto, 2018) se resaltaba la complejidad de la situación de las niñas y los niños migrantes al ser víctimas de diversas formas de violencia. La interseccionalidad o

Revista de Direito Magis | V. 2 | N. 1 | P. 133-162 | 2023
DOI: 10.5281/zenodo.8335560

polivictimización que enfrentaban estos niños y niñas se veía reflejada en la violencia ejercida por sus vecinos del barrio, así como en el racismo institucional presente en el discurso policial. Este último, al culturizar, nacionalizar y territorializar la violencia, perpetúa la estigmatización de los migrantes, sugiriendo que los problemas provienen del país de origen en lugar de reconocer y abordar los problemas dentro de la sociedad chilena misma. La vivencia narrada por un padre peruano en la que el vecino los trataba de manera prepotente y despectiva, mientras que en la institución policial se desestimaba el problema al argumentar que "no estaban en Perú", ilustraba cómo estas violencias interseccionales se manifestaban en la vida cotidiana de las familias migrantes (Pavez-Soto, 2018).

En esa misma ocasión (Pavez-Soto, 2018), se pudo apreciar mediante las entrevistas realizadas que reflejaban cómo el cuerpo docente era percibido como distante y agresivo por parte de algunas niñas y niños migrantes, porque no veían preparación ni compromiso para acoger adecuadamente a esta población, gestionar la diversidad en el aula y promover una educación intercultural efectiva. Esta problemática exige acciones urgentes para erradicar la discriminación y el racismo en el ámbito escolar, promoviendo una cultura inclusiva que respete y valore la diversidad cultural y garantice el bienestar y el desarrollo integral de todos los niños, independientemente de su origen o estatus migratorio.

Por otro lado, en ese mismo artículo (Pavez-Soto, 2018) se exponía una situación lamentable de racismo, matonaje y bullying que sufría una niña chilena de origen peruano. A pesar de tener la nacionalidad chilena, el estigma asociado a su origen peruano se convierte en motivo de discriminación y violencia (Pavez-Soto, 2012a; Tijoux, 2013b). Resulta inquietante observar la actitud de indiferencia y complicidad por parte de los demás compañeros de clase, lo que resalta la importancia del papel que juegan los otros en frenar o perpetuar las situaciones de violencia (conocido como el tercero del triángulo por Galdames y Arón, 2007). Es especialmente preocupante la imagen de agresividad que la niña percibía de parte de su profesor, lo que actúa como un factor inhibitorio para denunciar los actos de violencia. Como consecuencia, la víctima adoptaba una estrategia común entre las niñas y los niños migrantes entrevistados en el estudio: el silencio, la decisión de no contar lo sucedido, en este caso, no denunciar la violencia ante un docente que también muestra actitudes agresivas (Pavez-Soto, 2018).

En ese mismo artículo (Pavez-Soto, 2018), se destacaba la alarmante indiferencia del cuerpo directivo-docente frente a algunas situaciones de violencia que sufrían los niños migrantes por parte de otros estudiantes mayores. Esta situación evidenciaba la falta de protección y apoyo en el ámbito escolar, lo que contribuye a la polivictimización de estos niños (Dettlaff y Johnson, 2011; Finkelhor et al., 2011; Pereda et al., 2014). Además, era preocupante ver cómo el niño adoptaba la estrategia del silencio como una forma de protegerse frente a la violencia física, ya que siente que denunciar podría empeorar su situación. Esa narración reflejaba el impacto devastador que el racismo y la discriminación tienen en la vida de los niños migrantes, afectando su bienestar emocional y su experiencia educativa (Pavez-Soto, 2018).

Figura N° 4. Victimización por delitos comunes según nacionalidad

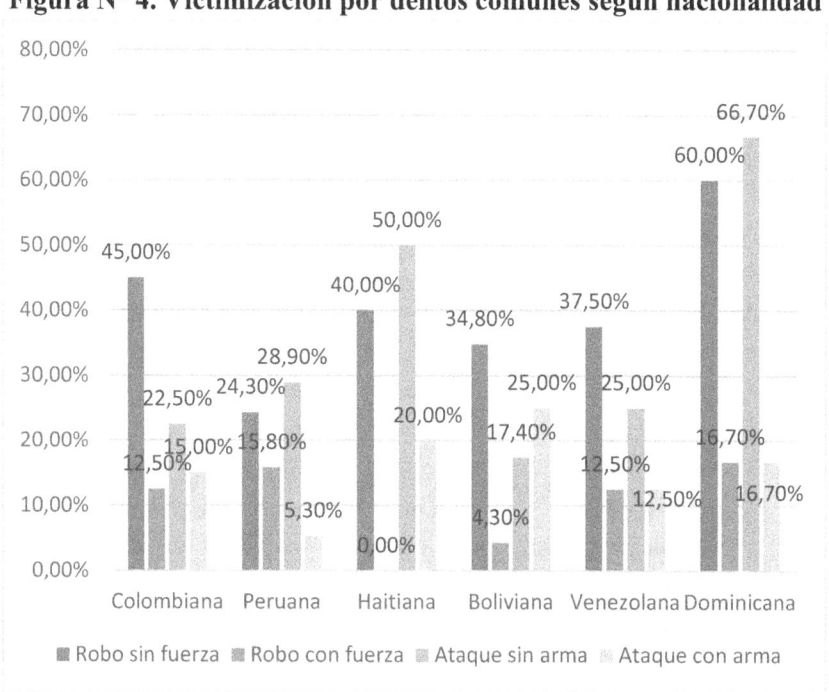

Fuente: Elaboración propia.

Respecto a la variable de victimización por delitos comunes, se puede observar que la tendencia en las respuestas de las niñas y niños apunta al robo sin fuerza como el delito más frecuente (36,6%) que han experimentado. Las nacionalidades más afectadas en este tipo de delitos son la dominicana (60%) y colombiana (45%). Mientras que la nacionalidad que presenta los menores índices de robo sin fuerza es la población de nacionalidad peruana (24,3%), como se muestra en la Figura N°4. En este sentido, se puede apreciar que la nacionalidad dominicana es la más afectada en cuanto a la victimización por delitos comunes a diferencia de las otras nacionalidades encuestadas. Para finalizar con esta variable podemos afirmar que la mayoría de las y los niños encuestados para esta investigación han observado algún tipo de delitos. En este sentido, es que se puede afirmar que las niñas y niños migrantes se ven expuestos en su cotidiano a distintas formas de victimización por delitos comunes, con particularidades para cada nacionalidad.

En el artículo en revisión (Pavez-Soto, 2018), se analizaba el tema de la violencia escolar, en particular el *bullying*, y cómo se ha convertido en un tema cada vez más visible y preocupante. En el caso del *bullying* racista, se evidencia una relación asimétrica de poder entre los sujetos involucrados, donde las diferencias étnicas o culturales se convierten en el motivo de hostigamiento y persecución (Rodríguez y Ortega, 2008). A pesar del debate sobre la pertinencia de utilizar el término de *bullying*, en el estudio se había encontrado que las niñas, los niños y sus familias lo mencionan recurrentemente para describir las situaciones de violencia que enfrentan debido a su condición migrante. Es inquietante observar cómo las niñas y los niños migrantes entrevistados en ese estudio (Pavez-Soto, 2018), que eran víctimas del racismo por parte de sus compañeros de clase, adoptaban la estrategia de usar lenguaje con diminutivos para minimizar el rasgo fenotípico que era enfatizado en la violencia racista. Esta estrategia era una forma de enfrentar la discriminación, pero también reflejaba el profundo impacto emocional que el racismo tiene en la autoestima y bienestar de estos niños (Pavez-Soto, 2018).

Figura N° 5. Victimización y discriminación, por género y color de piel, según regiones

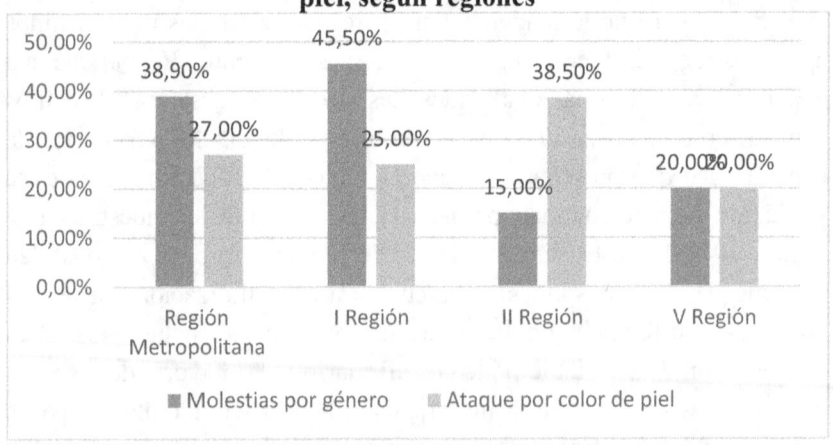

Fuente: Elaboración propia.

Respecto a la variable discriminación por género y color de piel de las niñas, los niños y adolescentes, y en relación a la variable sociodemográfica de región de residencia, podemos mencionar lo siguiente. Las niñas y niños que residen en la región de Tarapacá son los más afectados en cuanto a la discriminación por razones de género (45,5%), seguida por la región Metropolitana (38,9%). En cuanto a la variable de discriminación racial podemos afirmar que en la región de Antofagasta los y las niñas se sienten más discriminados que en otras regiones del país. La segunda región con mayor presencia de discriminación racial es la Metropolitana con un 27%. Podemos afirmar, que en las cuatro regiones encuestadas los niños y niñas migrantes se han sentido discriminados por condiciones de género y color de piel, lo que da cuenta de diversas dinámicas de opresión y violencias en su cotidiano como se muestra en la Figura N° 5. Los resultados dan cuenta de que otra de las formas de victimización es la discriminación y que se expresa con ataques hacia cuestiones religiosas, acentos, nivel socio económico, rasgos físicos, las preferencias sexuales o por el sector en donde se reside, entre otros.

En el artículo en cuestión (Pavez-Soto, 2018), se destacaba cómo el racismo se manifiesta en la escuela como un llamado a la expulsión de las niñas y los niños migrantes, quienes son estigmatizados y excluidos por sus rasgos fenotípicos, forma de hablar o nacionalidad, siendo representados como sujetos de la exclusión (Galaz, 2015). Estos estigmas son difíciles de ocultar, y los agresores, incluso otros niños migrantes, los utilizan como pretexto para ejercer violencia racial. La evaluación estética de las víctimas, según Gatti (2014), juega un papel importante, ya que las niñas y los niños migrantes cargan con una estética particular que es reconocida y estigmatizada por el grupo social (Pavez-Soto, 2018).

Por otro lado, en ese mismo artículo (Pavez-Soto, 2018), se identificó que algunas de las manifestaciones cotidianas del racismo eran: la violencia física, el uso de diminutivos como insultos y la exclusión basada en el origen nacional o rasgos fenotípicos como algunos de los modos en que se manifiesta entre pares. Esas prácticas generan un ambiente hostil en el cual las niñas y los niños migrantes se veían sometidos a situaciones de polivictimización, experimentando violencia de múltiples fuentes y manifestaciones. Frente a estas situaciones, las niñas y los niños migrantes despliegan estrategias diversas para enfrentar la violencia. Algunos optan por la acción del silencio, prefiriendo no denunciar las agresiones y ocultando sus sentimientos de tristeza e incomodidad. Por otro lado, las madres intervienen denunciando ante las autoridades escolares y tomando medidas para proteger a sus hijos, pero también enfrentan la dificultad de ser escuchadas o de encontrar apoyo en la institución escolar. La confrontación con el racismo no solo se da en el ámbito escolar, sino también en el entorno comunitario, donde otras madres y padres pueden mostrar indiferencia o complicidad ante la violencia racial (Pavez-Soto, 2018).

6   CONCLUSIONES

En las páginas precedentes se ha pretendido hacer un diálogo crítico entre un artículo ya publicado y datos de una medición cuantitativa que permitan hacer un análisis de las diferentes formas de violencia que sufre la niñez migrante en Chile y generar propuestas de intervención y políticas públicas para su erradicación. Si bien se han tomado dos conjuntos de datos sin pretender hacer una comparación exhaustiva, sino, más bien, una discusión entre una investigación cualitativa y otra cuantitativa a fin de conciliar ambos aspectos de la realidad, dado un fenómeno altamente complejo. Otro aspecto interesante ha sido el dinamismo de las muestras en ambos casos de estudio, lo que da cuenta de los movimientos poblacionales dentro de la región latinoamericana, la llamada explosión demográfica y el cambio de actores son una muestra de este. Lamentablemente, queda un sabor agridulce al corroborar graves situaciones de vulneración de derechos y falta de protección de parte del Estado, en tanto principal garante de los derechos de la niñez.

Este artículo ha pretendido ser una forma de proveer insumos en forma de datos mixtos, para contribuir a la tarea, la cual resulta fundamental y se relaciona con seguir investigando la violencia estructural que afecta a niñas y niños migrantes en diversas regiones de Chile, y trabajar en la creación de políticas inclusivas y justas que garanticen el acceso al ejercicio de derechos, independientemente de su origen o estatus migratorio. Para ello, se necesita un enfoque multidisciplinario que involucre a los sectores gubernamentales, organizaciones de la sociedad civil y la comunidad en general, a fin de erradicar las prácticas discriminatorias y racistas que perpetúan estas inequidades. La violencia estructural se expresa en discriminación en el mercado de la vivienda, pero también se vive como un mecanismo de exclusión y subalternización, obligando a las familias migrantes a vivir en las zonas marginales de la ciudad, donde son aceptadas. Esto deviene en situaciones de pobreza, hacinamiento e inestabilidad. Las condiciones precarias en las que terminan viviendo las familias migrantes incluyen alojarse en espacios reducidos, casas en mal estado en barrios altamente excluidos, con subarrendamientos informales y precios abusivos.

La violencia que sufre la niñez migrante debe ser tomada con seriedad y abordada en el nivel institucional y social. Es necesario fomentar la sensibilización y la educación en la sociedad para promover una cultura de respeto, inclusión y empatía hacia los migrantes y sus familias. Asimismo, es imprescindible que las instituciones, incluyendo las fuerzas de seguridad, estén capacitadas para abordar los casos de violencia con enfoques adecuados que no perpetúen estereotipos y prejuicios. La protección y garantía de los derechos de los niños migrantes deben ser prioridad, asegurando que puedan vivir en un ambiente seguro y libre de violencia, y que se les brinden oportunidades para su pleno desarrollo y bienestar en su nuevo país de acogida. Es esencial abordar esta situación con urgencia, brindando apoyo y recursos adecuados a las familias migrantes para prevenir y detener la violencia que afecta a la niñez vulnerable, asegurando un ambiente seguro y sano para el desarrollo integral de todos los niños.

Esta realidad pone de manifiesto la necesidad urgente de implementar programas educativos y de sensibilización que promuevan el respeto, la inclusión y la no tolerancia al racismo y la violencia en el ámbito escolar. Además, es fundamental capacitar a los profesores para que se conviertan en agentes de cambio y apoyo para las niñas y los niños migrantes, creando un entorno seguro y acogedor que fomente el bienestar y el desarrollo integral de todos los estudiantes. Esta realidad pone de manifiesto la complejidad y la profundidad del impacto del racismo en la vida de las familias migrantes, dejando a los niños en una posición de vulnerabilidad y sin el apoyo necesario para enfrentar y superar estas experiencias traumáticas. Parece ser imprescindible que las escuelas asuman una responsabilidad activa en la promoción de una cultura inclusiva y libre de discriminación, brindando apoyo y protección a los niños migrantes y fomentando la convivencia respetuosa entre todos los miembros de la comunidad escolar. Además, es fundamental ofrecer formación y sensibilización al cuerpo docente para que estén preparados para enfrentar y erradicar el racismo y la discriminación en el entorno.

La violencia racial perpetúa la no pertenencia de estos niños al espacio social de la escuela, el barrio o el país, relegándolos a los márgenes y negando cualquier posibilidad de integración. En este contexto, la estrategia de las niñas y los niños migrantes para enfrentar la violencia racial es nuevamente el silencio, sintiéndose afectados emocionalmente y cohibidos de expresar sus sentimientos y experiencias de discriminación. Esta problemática es alarmante y requiere una intervención urgente en el ámbito escolar, promoviendo una cultura de respeto, empatía y diversidad, donde todas las niñas y los niños, independientemente de su origen, puedan desarrollarse en un ambiente seguro y acogedor.

Es evidente que el racismo y la discriminación étnica persisten como una realidad que afecta gravemente la vida de las niñas y los niños migrantes en el contexto escolar. Es urgente que se implementen políticas y programas educativos que promuevan una cultura de respeto, tolerancia y aceptación de la diversidad, creando un ambiente seguro y acogedor para todos los niños y niñas, independientemente de su origen. Además, es necesario trabajar en la formación de los docentes y el personal escolar para que puedan abordar adecuadamente estas problemáticas y contribuir a la construcción de una sociedad más inclusiva y libre de discriminación.

En conclusión, la revisión de un artículo previamente publicado y el análisis de nuevos datos cuantitativos ha demostrado que este fenómeno es de gran pluralidad y requiere un abordaje acorde con el desafío. La violencia y el racismo experimentados por las niñas y los niños migrantes en Chile ha permitido visibilizar la complejidad de sus experiencias y las diversas estrategias de resistencia que despliegan en un entorno hostil. Estos hallazgos cuestionan la visión tradicional de las niñas y los niños como meras víctimas pasivas, reconociendo su capacidad de agencia y toma de decisiones, incluso en situaciones extremas.

REFERÊNCIAS

Abebe, D. S., Lien, L., & Hjelde, K. (2014). What we know and don't know about mental health problems among immigrants in Norway. Journal of Immigrant and Minority Health, 16(1),60-67. doi: 10.1007/s10903- 012-9745-9

Acuerdo de Colaboración entre el Ministerio del Interior y el Servicio Nacional de Menores (Sename). (2009). 18 de diciembre de 2009. Recuperado de http://www.extranjeria.gob.cl/media/2018/03/ Convenio-Sename-Interior.pdf

Aguado, T. (Coord.). (2007). Racismo: Qué es y cómo se afronta. Madrid, España: Pearson Prentice-Hall. Aparicio, R., & Tornos, A. (2012). La socialización juvenil de las segundas generaciones de la juvenil de las segundas generaciones de la inmigración: Factores, metas, transformaciones identitarias. Madrid, España: MTSS.

Aguilar, M. J. (2012). Pensar la intervención social con personas migradas: un desafío a nuevas formas de intervención desde el Trabajo Social. En A. Avaria (Ed.), *Desafíos de la migración. ¿Cómo acercarnos a las personas migradas? Miradas de y desde la Investiga- ción e Intervención Social* (pp. 79–111). Santiago de Chile: Universidad Santo Tomás.

Aron, A. M., & Galdames, S. (2007). Construcción de una escala para medir creencias legitimadoras de violencia en la población infantil. Revista Psykhé, 16(1), 15-25. doi: 10.4067/S0718-22282007000100002

Banks, J. (Ed.). (2004). Diversity and citizenship education: Global perspectives. San Francisco,

Boletín No 10.315-18. Proyecto de Ley que crea el Sistema de garantías de los derechos de la niñez. Recuperado de http://www.senado.cl/appsenado/templates/tramitacion/index. php?boletin_ini=10315-18

Bourdieu, P. (1999). *Meditaciones Pascalianas*. Barcelona: Anagrama.

Centro de Estudios de la Niñez–Corporación OPCIÓN y Universidad Central de Chile. (2012). *Niños, Niñas y Derechos Humanos: nue- vos actores y nuevas visiones. Principales resultados de la Encuesta Nacional de Derechos Humanos y Niños, Niñas y Adolescentes*. Santiago de Chile: Escuela de Sociología-Universidad Central de Chile, Centro de Estudios de la Niñez-Corporación OPCIÓN.

Contreras, Y., Veera, A. y Labbé, G. (2015). Acceso exclusionario y racista a la vivienda formal e informal en las áreas centrales de Santiago e Iquique. *Polis, Revista Latinoamericana, 42*(2015). Recuperado de http://journals.openedition.org/polis/11266

Decreto Exento No 6.410. Aprueba Convenio de colaboración entre el Ministerio del Interior y Seguridad Pública y el Fondo Nacional de Salud, 1 de diciembre de 2014. Recuperado de http://www.extranjeria.gob.cl/media/2018/03/CONVENIO-FONASA.pdf Decreto Ley No 1.094. Establece Normas Sobre Extranjeros en Chile. Diario Oficial de la República de Chile No. 29.208. 19 de julio de 1975. Recuperado de https://www.leychile.cl/Navegar?idNorma=6483

DeMause, L. (1982). *Historia de la infancia*. Barcelona: Alianza Universidad.

Dettlaff, A. J. y Johnson, M. A. (2011). Child Maltreatment Dynam- ics among Immigrant and U.S. Born Latino Children: Findings from the National Survey of Child and Adolescent Well-being (NSCAW).

Children and Youth Services Review, 33(6), 936-944. doi: 10.1016/j.childyouth.2010.12.017

Dettlaff, A. J., Earner, I. y Phillips, S. D. (2009). Latino Children of Immigrants in the Child Welfare System: Prevalence, Charac- teristics, and Risk. *Children and Youth Services Review, 31*(7), 775-783. doi: 10.1016/j.childyouth.2009.02.004

Dube, S. (2001). *Sujetos subalternos*. México: El Colegio de México. Finkelhor, D., Shattuck, A., Turner, H. A., Ormrod, R. K. y Hamby, S. L. (2011). Polyvictimization in developmental context. *Journal of Child and Adolescent Trauma, 4*(4), 291-300. doi: 10.1080/1936 1521.2011.610432

Fondo de las Naciones Unidas para la Infancia. (2004). La voz de los niños. ¿Qué opinan sobre la convivencia escolar y cuáles son sus prejuicios? *Informe Anual de Actividades 2004-Chile* (pp. 12-13). Santiago de Chile: UNICEF. Recuperado de http://www.unicef.cl/ archivos_documento/128/INFORME%202004.pdf

Fondo de las Naciones Unidas para la Infancia. (2012a). *4o Estudio de Maltrato Infantil*. Santiago de Chile: UNICEF. Recuperado de ht-tps://www.unicef.org/lac/Cuarto_estudio_maltrato_infantil_uni- cef.pdf

Fondo de las Naciones Unidas para la Infancia. (2012b). *Los derechos de los niños, niñas y adolescentes migrantes, refugiados y víctimas de trata internacional en Chile. Avances y desafíos*. Santiago de Chile: UNICEF, ACNUR, OIM. Recuperado de http://unicef.cl/web/ los-derechos-de-los-ninos-ninas-y-adolescentes-migrantes- refugiados-y-victimas-de-trata-internacional-en-chile-avan- ces-y-desafios/

Fundación para la Superación de la Pobreza. (2012). *Ser migrante en el Chile de hoy: Encuesta 2012*. Santiago de Chile: Fundación para la Superación de la Pobreza. Recuperado de http://www.avina. net/avina//wp-content/uploads/2012/09/SER-MIGRANTE- EN-EL-CHILE-DE-HOY-PDF-copia.pdf

Galaz, J. C. y Montenegro, M. (2015). Gubernamentalidad y relacio- nes de inclusión/exclusión: los dispositivos de intervención social dirigidos a mujeres inmigradas en España. *Universitas Psychologica, 14*(5), 1667-1680. doi: 10.11144/Javeriana.up14-5.grie

Galdames, S. y Arón, A. M. (2007). Construcción de una Escala para medir creencias legitimadoras de violencia en la población infantil. *Psykhe (Santiago)*, *16*(1), 15-25. doi: 10.4067/S0718-222 82007000100002

Gatti, G. (2014). Como la [víctima] española no hay. (Pistas confusas para poder seguir de cerca y entender la singular vida de un per- sonaje social en pleno esplendor). *Kamchatka, Revista de análisis cultural, 4,* 275-292. doi: 10.7203/KAM.4.4141

Irazuzta, I. y Martínez, M. (2014). Presentación. De la identidad a la vulnerabilidad. La cuestión de la inmigración y las irrupciones en el nosotros. En I. Irazuzta y M. Martínez (Coords.). *De la identidad a la vulnerabilidad. Alteridad e integración en el País Vasco contemporáneo* (pp. 9-37). Barcelona: Bellaterra.

James, A. y James, A. (2010). *Key Concepts in Childhood Studies.* (Sage Key Concepts Series) Londres: Sage.

James, A. y Prout, A. (1997). *Constructing and Reconstructing Childhood. Contemporary Issues in the Sociological Study of Childhood.* Reino Unido: Routledge.

Jenks, C. (1996). *Childhood.* Reino Unido: Routledge.

Joiko, S. y Vásquez, A. (2016). Acceso y elección escolar de familias migrantes en Chile: "No tuve problemas porque la escuela es abier- ta, porque acepta muchas nacionalidades". *Calidad en la Educación, 45,* 132-173. doi: 10.4067/S0718-45652016000200005
Lansdown, G. (2005). *La evolución de las facultades del niño.* Florencia: UNICEF-Centro de Investigaciones Innocenti.

Ley No 16.618. Fija el texto definitivo de la ley de Menores. Diario Oficial de la República de Chile, No 28.581. 3 de febrero de 1967. Recuperado de: https://www.leychile.cl/Navegar?idNorma=28581&idVersion=1999-08-05

Ley No 19.628. Sobre protección de la vida privada. Diario Oficial de la República de Chile. 18 de agosto de 1999. Recuperado de: https://www.leychile.cl/Navegar?idNorma=141599

Ley No 20.120. Sobre la investigación científica en el ser humano, su genoma, y prohíbe la clonación humana. Diario Oficial de la República de Chile. 7 de septiembre de 2006. Recuperado de: https://www.leychile.cl/Navegar?idNorma=253478

Mayall, B. (2002). *Towards a Sociology for Childhood. Thinking from Children's Lives*. Glasgow: Open University Press-McGraw-Hill Education.

Ministerio de Desarrollo Social. (2012). *Resultados Encuesta CASEN 2011*. Santiago de Chile: Mideso.

Naciones Unidas. (2002). *Convención sobre los Derechos del Niño*. Recuperado de http://www.ohchr.org/SP/ProfessionalInterest/Pages/CRC.aspx

Paredes, M. T., Álvarez, M., Lega, L. y Vernon, A. (2008). Estudio exploratorio sobre el fenómeno del "Bullying" en la ciudad de Cali, Colombia. *Revista Latinoamericana de Ciencias Sociales, Niñez y Juventud*, 6(1), 295-317.

Pavez-Soto, Iskra; Galaz, Caterine & Ansaldo, Manuel. (2020). "Repensando polivictimización de la infancia migrante en Chile". *Revista de Sociología*, 35(2), 43-62. doi: 10.5354/0719-529X.2020.58645 https://revistadesociologia.uchile.cl/index.php/RDS/article/view/58645/63570

Pavez-Soto, Iskra. (2018). Violencias contra la infancia migrante en Santiago de Chile: Resistencias, agencia y actores, *Revista Migraciones Internacionales*, Vol. 9, N° 35. Pp. 155-184. DOI: http://dx.doi.org/10.17428/rmi.v9i35.423

Pavez-Soto, I. (2012a). Inmigración y racismo: experiencias de la niñez peruana en Santiago de Chile. *Si Somos Americanos. Revista de Estudios*

Transfronterizos, *12*(1), 75-99. Recuperado de http://www.sisomosamericanos.cl/index.php/sisomosamericanos/article/view/71/76

Pavez-Soto, I. (2012b). Sociología de la Infancia: las niñas y los ni- ños como actores sociales. *Revista de Sociología*, *27*, 81-102.

Peña, J. (2016). "There's no Racism in Canada, but...". The Canadian Experience and Labor Integration of the Mexican Creative Class in Toronto. *Migraciones Internacionales*, *8*(3), 9-36.

Pereda, N. y Gallardo-Pujol, D. (2014). One Hit Makes the Dif- ference: The Role of Polyvictimization in Childhood in Lifetime Revictimization on a Southern European Sample. *Violence and Victims*, *29*(2), 217-231. doi: 10.1891/0886-6708.VV-D-12-00061R1

Pereda, N. y Tamarit, J. (2013). *Victimología teórica y aplicada*. Barcelona: Huygens.

Pereda, N., Guilera, G. y Abad, J. (2014). Victimization and Polyvictimization of Spanish Children and Youth: Results from a Com- munity Sample. *Child Abuse and Neglect*, *38*(4), 640-649. doi: 10.1016/j.chiabu.2014.01.019

Quijano, A. (2000). Colonialidad del poder, eurocentrismo y Amé- rica Latina. En E. Lander (Comp.). *La colonialidad del saber: eurocentrismo y ciencias sociales. Perspectivas Latinoamericanas* (pp. 122-151). Buenos Aires: CLACSO. Recuperado de http://bibliotecavirtual.clacso.org.ar/clacso/sur-sur/20100708034410/ lander.pdf

Real Academia Española. (2017). Matonismo. En *Diccionario de la Real Academia Española* (Edición del Tricentenario). Recuperado de http://dle.rae.es/?id=OcSFqzX

Riedemann, A. y Stefoni, C. (2015). Sobre el racismo, su negación, y las consecuencias para una educación anti-racista en la enseñan- za secundaria chilena. *Polis, Revista Latinoamericana*, *42*. Recu- perado de https://scielo.conicyt.cl/pdf/polis/v14n42/art_10.pdf

Rodríguez, A. y Ortega, R. (2008). Victimización entre escolares por exclusión social, racista y xenófoba. *International Journal of Developmental and Educational Psychology, 2*(1), 113-122.

Rojas, N. y Silva, C. (2016). *La migración en Chile: Breve reporte y caracterización. Informe Observatorio Iberoamericano sobre Movilidad Humana, Migraciones y Desarrollo.* Madrid: OBIMID.

Servicio Nacional de Menores. (2013). *Niños, niñas y adolescentes migrantes. Una mirada desde los Proyectos de Diagnóstico.* Santiago de Chile: Sename, Departamento de Protección de Derechos, Área de Diseño de la Oferta Programatica, Línea de Acción Diagnóstica. Recuperado de http://www.sename.cl/wsename/ otros/dam_2013/NNA_MIGRANTES.pdf

Simmel, G. (2012). *El extranjero. Sociología del extraño.* Madrid: Sequitur.

Sirlopú, D., Melipillán, R., Sánchez, A. y Valdés, C. (2015). ¿Malos para aceptar la diversidad? Predictores socio-demográficos y psi- cológicos de las actitudes hacia el multiculturalismo en Chile. *Psykhe (Santiago), 24*(2), 1-13. doi: 10.7764/psykhe.24.2.714

Suárez-Cabrera, D. L. (2015). Nuevos inmigrantes, viejos racismos: Los mapas parlantes y la niñez migrante en Chile. *Revista Latino- americana de Ciencias Sociales, Niñez y Juventud, 13*(2), 627-643. doi: 10.11600/1692715x.1325110414

Tijoux, M. E. (2013a). Las escuelas de la inmigración en la ciudad de Santiago: Elementos para una educación contra el racismo. *Polis, Revista Latinoamericana, 35.*

Tijoux, M. E. (2013b). Niños(as) marcados por la inmigración pe- ruana: estigma, sufrimientos, resistencias. *Convergencia, 20*(61), 83-104.

Tijoux, M. E. y Rivera, G. (2015). Racismo en Chile: colonialismo, nacionalismo, capitalismo. *Polis, Revista Latinoamericana, 42.* Recuperado de http://polis.revues.org/11226

Tolentino, K. (2013). *Violencia Contra Violencia. Política pública de protección a la infancia vulnerada en Chile: La regulación de niñas y niños*. Barcelona: Universidad Autónoma de Barcelona.

Tonucci, F. (2003). *La ciudad de los niños. Un modo nuevo de pensar la ciudad*. Buenos Aires: Losada.

Valles, M. (1997). *Técnicas cualitativas de investigación social: Reflexión metodológica y práctica profesional*. Madrid: Síntesis Sociológica. Recuperado de https://asodea.files.wordpress.com/2009/09/mi-   guel-valles-tecnicas-cualitativas-de-investigacion-social.pdf

White, A., Ní Laoire, C., Tyrrell, N. y Carpena-Méndez, F. (2011). Children's Roles in Transnational Migration. *Journal of Ethnic and Migration Studies, 37*(8), 1159-1170. doi:10.1080/136918 3X.2011.590635

Wieviorka, M. (2007). La mutación del racismo. *Revista Mexicana de Ciencias Políticas y Sociales, 49*(200), 13-23.

Revista de
Direito Magis

ANÁLISE DA APLICABILIDADE DA FIANÇA POLICIAL NOS CRIMES DE VIOLÊNCIA CONTRA A MULHER

ANALYSIS OF THE APPLICABILITY OF POLITICAL BOND IN CRIMES OF VIOLENCE AGAINST WOMEN

Anna Karoline Cavalcante Carvalho[1]

Resumo: O artigo 322 do Código de Processo Penal prevê a concessão da fiança pela autoridade policial. Diante de tal previsão legal, observou-se o seguinte problema: é compatível a concessão da fiança policial nos crimes de violência contra a mulher? O objetivo da pesquisa foi analisar as normativas que regulamentam a fiança policial e sua compatibilidade de aplicação nos crimes de violência contra a mulher de acordo com a Lei Maria da Penha. O método utilizado na pesquisa foi o dedutivo por meio de abordagem qualitativa e finalidade exploratória. Ao final da pesquisa conclui-se que a fiança não é cabível nos crimes de violência doméstica.
Palavras-chave: Fiança Policial; Lei Maria da Penha; Violência Contra a Mulher.

Abstract: Article 322 of the Code of Criminal Procedure provides for the granting of bail by the police authority. Faced with such a legal provision, the following problem was addressed: is it compatible to admit the police fiancée in crimes of violence against women? The objective of the research was to analyze the regulations that regulate the police bride and its application compatibility in crimes of violence against women according to the Maria da Penha Law. The method used in the research was deductive through a qualitative approach and exploratory perspective. At the end of the research, it is concluded that the bride is not applicable in crimes of domestic violence.
Keywords: Police Bail; Maria da Penha Law; Violence Against Women.

---

[1] Mestranda em Educação na Universidade Federal do Tocantins (PPGE-UFT). Especialista em Ciências Criminais na Universidade Federal do Tocantins (2023) Graduada em Direito pela Universidade Federal do Tocantins (2021). Foi membra da Comissão da Mulher Advogada (OAB-TO). Atualmente trabalha na Fundação Universidade de Caxias do Sul (UCS). Advogada.

1 CONSIDERAÇÕES INICIAIS

Refletir acerca dos diferentes aspectos envolvidos na aplicação da fiança policial no direito processual penal é um exercício intelectual legítimo e necessário, haja vista, a especial proteção que a Lei n. 11.340/2006 trouxe para o ordenamento jurídico brasileiro.

O delegado(a) de polícia lida diariamente com casos de violações dos direitos das mulheres, sendo uma de suas missões a aplicação da fiança policial como primeiro operador do direito no caso.

O código de processo penal no art. 322 trouxe as hipóteses de aplicação da fiança policial para crimes de pena máxima até 4 anos, ou seja, a maioria dos crimes registrados pelas mulheres como: ameaça, lesão corporal, constrangimento ilegal.

Ocorre que em muitos casos a mulher leva ao conhecimento da autoridade policial esses crimes e o agente paga a fiança policial e posteriormente comete crime mais grave, sendo esse um problema recorrente em noticiários brasileiros, sendo essa a importância da pesquisa.

O método da pesquisa foi o dedutivo, pois o ponto de partida para tal premissa, transparece na ideia de que a fiança policial é incompatível nos crimes violência contra a mulher e sua a aplicação nesses casos produz risco às mulheres que denunciam os crimes. A abordagem da pesquisa foi qualitativa com utilização de bibliografia especializada e com finalidade exploratória do tema.

O problema que será dissertado no artigo: é compatível a concessão da fiança policial nos crimes de violência contra a mulher? O objetivo da pesquisa foi analisar as normativas que regulamentam a fiança policial e sua compatibilidade de aplicação nos crimes de violência contra a mulher de acordo com a Lei Maria da Penha.

No 1º. tópico será discutido a fiança policial no ordenamento jurídico. Posteriormente, no 2º. tópico serão abordadas as Ações Afirmativas adotadas pela Lei Maria da Penha. Por fim, e não menos importante, o 3º. tópico analisará a incompatibilidade da aplicação da fiança policial nos crimes de violência doméstica familiar.

2   A FIANÇA POLICIAL NO ORDENAMENTO JURÍDICO

A fiança é uma dentre outras medidas cautelares diversas da prisão previstas no Código de Processo Penal (CPP), e permite ao preso em flagrante que aguarde o desfecho do inquérito ou da ação penal em liberdade provisória:

> Art. 319. São medidas cautelares diversas da prisão: [...] VIII - fiança, nas infrações que a admitem, para assegurar o comparecimento a atos do processo, evitar a obstrução do seu andamento ou em caso de resistência injustificada à ordem judicial; [...]
> Art. 330. A fiança, que será sempre definitiva, consistirá em depósito de dinheiro, pedras, objetos ou metais preciosos, títulos da dívida pública, federal, estadual ou municipal, ou em hipoteca inscrita em primeiro lugar. [...][2]

A Constituição da República Federativa do Brasil prevê no artigo 5º, inciso LXVI: "ninguém será levado à prisão ou nela mantido, quando a lei admitir a liberdade provisória, com ou sem fiança".[3]

O delegado de polícia é a primeira autoridade a analisar situações de flagrante. É o primeiro agente público com atribuição para decidir pela prisão do autor ou pela sua imediata liberação.

Apresentado o preso ao delegado de polícia, este ouvirá o condutor, as testemunhas, a vítima e, ao final, interrogará o acusado, lavrando o auto de prisão. Concluído o procedimento, o delegado de polícia, havendo indícios de autoria e prova da materialidade, mandará recolher o agressor à prisão, exceto no caso de livrar-se solto ou de prestar fiança.

---

[2] BRASIL. **Decreto-lei nº 3.689, de 03 de outubro de 1941.** Dispõe sobre o Código Processo Penal Brasileiro. http://www2.planalto.gov.br/. Acesso em: 09 maio 2023.
[3] BRASIL. **Constituição (1988).** Constituição da República Federativa do Brasil: Promulgada em 05 de outubro de 1988. http://www2.planalto.gov.br. Acesso em: 09 maio 2023.

Na análise destas situações de flagrante a lei permite a autoridade policial conceder fiança nas infrações penais cuja pena privativa de liberdade máxima não seja superior a quatro anos (artigo 322 do CPP).

Feito o pagamento da fiança, o autor é imediatamente posto em liberdade. Apesar do emprego do verbo "poderá" pelo artigo 322 do CPP, a concessão da fiança é um verdadeiro dever, já que, em caso de indevida recusa, haverá "coação ilegal" na liberdade de locomoção.

O instituto da fiança policial está previsto no art. 322 do Código de Processo Penal "Art. 322. A autoridade policial somente poderá conceder fiança nos casos de infração cuja pena privativa de liberdade máxima não seja superior a 4 (quatro) anos."[4]

Segundo Capez:

> Antes da condenação definitiva, o sujeito só pode ser preso em três situações: flagrante delito, prisão preventiva e prisão temporária. Mas somente poderá permanecer preso nas duas últimas, não existindo mais a prisão em flagrante como hipótese de prisão cautelar garantidora do processo. Ninguém responde mais preso a processo em virtude da prisão em flagrante, a qual deverá se converter em prisão preventiva ou convolar-se em liberdade provisória.[5]

A fiança policial nos casos de violência doméstica pode ser concedida em todo o país, apesar da Lei Maria da Penha prever especial proteção às mulheres. A situação ilegal tem gerado, diariamente, conflitos insuperáveis entre o direito à liberdade, segurança e a vida das vítimas.

A Lei Maria da Penha inclui no art. 313 do Código de Processo Penal a possibilidade de prisão preventiva quando for para garantir a execução de medida protetiva: "Art. 313. IV - se o crime envolver

---

[4] BRASIL. **Decreto-lei nº 3.689, de 03 de outubro de 1941.** Dispõe sobre o Código Processo Penal Brasileiro. http://www2.planalto.gov.br/. Acesso em: 09 maio 2023.

[5] CAPEZ, Fernando. **A Lei 12.403-2022 e as Polêmicas Prisões Provisórias.** 2022. p.1. Disponível em: https://www.sedep.com.br/artigos/a-lei-124032011-e-as-polemicas-prisoes-provisorias/. Acesso em: 09 maio 2023.

violência doméstica e familiar contra a mulher, nos termos da lei específica, para garantir a execução das medidas protetivas de urgência."

Diz-se prestada a fiança, quando a pessoa presa recolhe o valor fixado por ocasião de sua prisão em flagrante ou quando deposita o quantum arbitrado pela autoridade judiciária. Com a lavratura do respectivo auto de prisão em flagrante delito e a consequente expedição da chamada nota de culpa. Tendo condições financeiras de prestar a caução, o preso livra-se do dissabor de ter que aguardar a manifestação do juiz de forma encarcerada.

No caso de preso hipossuficiente ele poderá ser dispensado inclusive sem o pagamento da fiança conforme decidiu o 1º Congresso Jurídico dos Delegados de Polícia Civil do Estado do Rio de Janeiro, realizado nos dias 17 e 18 de novembro de 2014, editou o Enunciado n.º 6, com o seguinte teor: "O Delegado de Polícia poderá, mediante decisão fundamentada, dispensar a fiança do preso, para não recolhimento ao cárcere do indiciado pobre".

Em situações assim, o Superior Tribunal de Justiça, tem entendido que o decurso do tempo faz presumir a hipossuficiência e incapacidade financeira do requerente, não podendo que a ausência ou insuficiência de recursos seja óbice para a concessão da liberdade.

Observe:

> PROCESSUAL PENAL E PENAL. RECURSO EM HABEAS CORPUS. RECEPTAÇÃO. FIANÇA. INCAPACIDADE DE PAGAMENTO. CONCRETA DEMONSTRAÇÃO PELO TEMPO DE PRISÃO.
> 1. O tempo decorrido de prisão, de mais de dois meses, concretamente demonstra a incapacidade financeira para o pagamento da fiança, não podendo a pobreza constituir-se obstáculo à liberdade.
> Recurso em habeas corpus provido, para dispensar o pagamento da fiança arbitrada, expedindo-se o competente alvará de soltura em favor do paciente. (RHC 65.655/MG, Rel. Ministro NEFI CORDEIRO, SEXTA TURMA, julgado em 17/12/2015, DJe 05/02/2016).

O STJ consolidou o posicionamento de que não havendo demonstração da presença dos requisitos previstos no art. 312 do CPP, autorizadores da custódia preventiva, configura-se constrangimento ilegal a manutenção da prisão do paciente com base unicamente no não pagamento da fiança arbitrada. (AgRg no HC 583.258 MG)

Assim, o STJ entendeu que,

> A fiança não pode servir como uma espécie de preço ou taxa que o indivíduo é instado a pagar como condição para responder ao processo em liberdade. 5. Evidenciado que o paciente é hipossuficiente, visto que permanece preso provisoriamente por não possuir meios para pagar a fiança, e que as outras medidas fixadas pelo Juiz, elencadas no art. 319 do CPP, são adequadas e suficientes para prover as exigências cautelares do caso concreto, deve ser reconhecida a ilegalidade." (STJ; HC 582.962; Proc. 2020/0118112-0; RJ; Rel. Min. Rogério Schietti Cruz; DJE 04/08/2020)

Há uma corrente doutrinária que defende o arbitramento da fiança nos crimes de violência doméstica e familiar, uma vez que o delegado estaria negando direito fundamental à liberdade do agressor.

> Por outro lado, em alguns estados da Federação, a Polícia Civil vem recebendo recomendação do Ministério Público a fim de não arbitrar fiança aos crimes abrangidos pela Lei Maria da Penha. Ora, se a finalidade da Lei n. 11340/06 foi de proteger a mulher, arbitrar fiança ao seu agressor é fazer surgir oportunidade para um imediato ato de vingança.
> Entretanto, agindo dessa forma, ficará o delegado de polícia sujeito a prática do crime de abuso de autoridade previsto na Lei n. 4898/65, art. 4º, "e"44, uma vez que estará negando direito fundamental à liberdade ao agressor, tendo em vista que não há dispositivo legal que ampare sua decisão, salvo se a situação preencher os requisitos da prisão preventiva, ocasião em que o delegado de polícia poderá negar a fiança com base no art. 324, IV do CPP. Perdeu o legislador a oportunidade de expressamente vedar a concessão da fiança, assim como fez no que diz respeito aos benefícios da Lei n. 9099/95, em relação às infrações penais abrangidas pela Lei 11340/0646 (Lei Maria da Penha), restrição que seria conveniente a fim de proteger a mulher do ânimo exaltado do seu agressor que, inexistindo a

situação prevista no art. 324, IV do CPP, poderá ser liberado em poucas horas após prestar fiança.[6]

Nesse sentido, a fiança policial é uma forma de garantir o princípio da presunção de inocência previsto na Constituição Federal, entretanto nos crimes de violência contra a mulher acaba colidindo com a vulnerabilidade da mulher em relação ao homem.

3   AÇÕES AFIRMATIVAS ADOTADAS PELA LEI MARIA DA PENHA

A Lei Maria da Penha constitui uma ação afirmativa, sendo compreendida como um conjunto de Políticas Públicas que aspiram neutralizar discriminações à mulher e que possui diversas medidas de atuação.

As medidas de inserção adotadas pela lei além de não constituírem o principal objetivo assumem contornos essencialmente programáticos, estando condicionadas à adoção de políticas públicas específicas, buscam assegurar oportunidades e facilidades à mulher, com a correlata garantia de direitos essenciais a uma vida digna.

Dentre as medidas de prevenção que a Lei Maria da Penha adotou variam desde a integração operacional dos órgãos governamentais que atuam nos casos de violência doméstica e por medidas que permitam monitorar a intensidade e frequência com que os ilícitos são praticados.

No âmbito das medidas de proteção são as que buscam proteção da mulher vítima de violência como: o direito de ser acompanhada para a retirada dos seus pertences do local da ocorrência; aquelas direcionadas à esfera jurídica do ofensor, isto com o objetivo de assegurar a proteção da ofendida, podendo assumir múltiplas formas, como o afastamento do

---

[6] REIS, M. N. dos; BESSAS, R. A. de. **Limitações do delegado de polícia para aplicação do direito fundamental à liberdade por meio da fiança.R.** Curso Dir. UNIFOR-MG, Formiga, v. 6, n. 1, p. 69-86, jan./jun. 2015. p.2. Disponível em: https://periodicos.uniformg.edu.br:21011/periodicos/index.php/cursodireitounif ormg/article/vi ew/320. Acesso em: 09 maio 2023.

lar e a restrição ou suspensão de visitas aos dependentes menores, medida drástica e que deve ser aplicada com muita cautela, isto em razão do seu potencial de desintegração da família.

Por último, temos as medidas de coibição, que estão direta ou indiretamente relacionadas à punição do infrator pelo ilícito que praticou como o afastamento do lar.

Segundo Garcia, é possível visualizar a utilização de quatro ordens de medidas adotadas pela Lei n. 11.340, que são as de (1) inserção, (2) prevenção, (3) proteção e (4) coibição.[7]

Para caracterizar a Lei Maria da Penha como ação é afirmativa, são necessárias três vertentes de concepção de igualdade, segundo Nancy Fraser:

> igualdade formal, reduzida à fórmula —Todos são iguais perante a lei (que no seu tempo foi fundamental para a eliminação dos privilégios); b) igualdade material, correspondente ao ideal de justiça social e distributiva (igualdade orientada pelo critério socioeconômico); c) igualdade material correspondente ao ideal de justiça como reconhecimento de identidades (igualdade orientada pelos critérios de gênero, orientação sexual, idade, raça, etnia e demais critérios).[8]

Para Bobbio, "uma desigualdade torna-se um instrumento de igualdade pelo simples motivo de que corrige uma desigualdade anterior: uma nova igualdade é o resultado da equiparação de duas

---

[7] GARCIA, Emerson. **Proteção e Inserção da Mulher no Estado de Direito**: A Lei Maria da Penha. Revista da EMERJ, v. 12, nº 46, 2009. Disponível em: https://www.emerj.tjrj.jus.br/revistaemerj_online/edicoes/revista46/Revista46_182.pdf. Acesso em: 09 maio 2023.

[8] FRASER, N. 2001. **Da redistribuição ao reconhecimento?** Dilemas da Justiça na era pós-reconhecimento. In: J. SOUZA, Democracia hoje: novos desafios para teoria política contemporânea. Brasília, UNB, p. 480.

GARCIA, Emerson. **Proteção e Inserção da Mulher no Estado de Direito**: A Lei Maria da Penha. Revista da EMERJ, v. 12, nº 46, 2009. Disponível em: https://www.emerj.tjrj.jus.br/revistaemerj_online/edicoes/revista46/Revista46_182.pdf. Acesso em: 09 maio 2023.

desigualdades".[9] Nesse sentido, a Lei Maria da Penha se constitui como um instrumento de igualdade visando a proteção da mulher diante de casos de violência.

Analisar a violência contra a mulher, sob uma perspectiva de gênero, remonta a um passado histórico, no qual as relações entre homens e mulheres, eram frutos de uma desigualdade sócio cultural pautada nas estruturas de poder hierarquicamente pré- estabelecidas, no entendimento e crença de inferioridade física, intelectual, moral e biológica da mulher, o que resultava em uma passiva e naturalizada aceitação de reiteradas práticas abusivas perpetradas contra as mulheres a nível social, familiar, afetivo, econômico e patrimonial.

De acordo com Giddens, temos que analisar gênero como construção social discorre:

> De um modo geral, os sociólogos utilizam o termo sexo para se referirem às diferenças anatómicas e fisiológicas que definem o corpo masculino e o corpo feminino. Em contrapartida, por género entendem-se as diferenças psicológicas, sociais e culturais entre indivíduos do sexo masculino e do sexo feminino. O género está associado as noções socialmente construídas de masculinidade e feminilidade; não é necessariamente um produto directo do sexo biológico de um indivíduo. A distinção entre sexo e género é fundamental, pois muitas diferenças entre homens e mulheres não são de origem biológica.[10]

Historicamente nossa sociedade construiu estereótipos que são reproduzidos socialmente, por exemplo, as divisões de gênero como o "papel do menino" e "papel da menina", o menino deve ser o resistente a menina doce, delicada, compreensiva. Deste modo, nossa sociedade criou divisões que são internalizadas e arraigadas em nós, que vão perpetuando a cultura machista e patriarcal, de inferioridade da mulher em relação ao homem.

---

[9] BOBBIO, Norberto. **Igualdade e liberdade.** 2. ed. Rio de Janeiro: S.A, 1997, p.32.
[10] GIDDENS, Anthony. **Sociologia.** Ed. 6. FUNDAÇÃO CALOUSTE GULBENKIAN Av.de Bema I Lisboa. 2008, p.109.

Para Machado e Gonçalves considera-se violência doméstica:

> qualquer acto, conduta ou omissão que sirva para infligir, reiteradamente e com intensidade, sofrimentos físicos, sexuais, mentais ou económicos, de modo directo ou indirecto (por meio de ameaças, enganos, coacção ou qualquer outro meio) a qualquer pessoa que habite no mesmo agregado doméstico privado (pessoas – crianças, jovens, mulheres adultas, homens adultos ou idosos – a viver em alojamento comum) ou que, não habitando no mesmo agregado doméstico privado que o agente da violência, seja cônjuge ou companheiro marital ou ex-cônjuge ou ex-companheiro marital.[11]

Diante de uma desigualdade de gênero, a Lei Maria da Penha é criada como ação afirmativa de proteção da mulher frente ao agressor a fim de buscar uma igualdade formal e material entre os sujeitos.

Desse modo, para Honneth, o reconhecimento é o principal critério de definição de uma sociedade justa. Nesse sentido, tem-se, segundo o autor, que a erradicação das desigualdades sociais não representa mais o objetivo normativo, mas é, antes, a obtenção da dignidade ou a prevenção do desprezo, à 'dignidade' ou o 'respeito', e não mais a repartição igualitária dos 'bens' ou a 'igualdade material' que constituem suas categorias centrais.[12]

Compreendendo o reconhecimento a partir das relações afetivas e jurídicas, apostando em amor, direito e estima social como fomento à autorrealização dos indivíduos, Axel Honneth formula sua Teoria do Reconhecimento. Na obra Luta por reconhecimento, a gramática moral dos conflitos sociais, o autor afirma que a questão central da justiça social não é a econômica, mas sim a do reconhecimento.

---

[11] MACHADO, Carla. GONÇALVES, Rui Abrunhosa. **Violência contra as mulheres. Lisboa**: Comissão para a igualdade e para os direitos das mulheres, 2003, p.117.
[12] HONNETH, Axel. **Crítica da razão prática.** São Paulo: Martins Fontes, 2002, p.18.

O reconhecimento da desigualdade de gênero e dos direitos das mulheres como ação afirmativa no Estado democrático de direito visam constituir a mulher como sujeita de direitos.

A noção de identidade é vista pelo autor como centro da questão do reconhecimento. Dessa maneira, a identidade de cada indivíduo é construída pela aceitação e pelo reconhecimento do outro, pois, se um grupo ou indivíduo não tem seu modo de ser respeitado pelo grupo hegemônico, ele vivencia, automaticamente, uma situação de injustiça. Nesse sentido, é a orientação para a emancipação da dominação que permite que os sujeitos compreendam a sociedade em seu conjunto.[13]

O reconhecimento dos direitos das mulheres se constitui como fundamental para assegurar um sistema jurídico seguro e justo em que elas possam confiar suas segurança e vida. Não basta uma igualdade formal perante a Constituição Federal, mas sim uma igualdade material para a garantia de sobrevivência numa sociedade violenta e patriarcal.

4 INCOMPATIBILIDADE DA APLICAÇÃO FIANÇA POLICIAL NOS CRIMES DE VIOLÊNCIA DOMÉSTICA FAMILIAR

Não é possível admitir o arbitramento de fiança por autoridade policial nos casos de violência doméstica familiar. Não se trata de mero apego formalista, mas sim da proteção dos direitos das mulheres.

Segundo Cruz.

> O Fórum é o ambiente mais adequado e seguro para o exame da restrição de direitos fundamentais, como na hipótese de concessão de liberdade provisória ao indivíduo preso em flagrante, mediante arbitramento de fiança. O autor acrescenta que apenas um Juiz de Direito é capaz de assegurar aos presos a apreciação proporcional do conflito entre o direito à

---

[13] HONNETH, Axel. **Luta por reconhecimento:** a gramática moral dos conflitos sociais. Luiz Repa (Trad.). São Paulo: Editora 34, 2003.

Revista de Direito Magis | V. 2 | N. 1 | P. 163-xx | 2023
DOI: 10.5281/zenodo.8335562

liberdade e a necessidade do devido prosseguimento da persecução penal.[14]

A Lei Maria da Penha trouxe especial proteção à mulher vítima de violência, com mudanças significativas no sistema de justiça penal ao considerar a desigualdade de gênero e trazer o conceito legal de violência doméstica:

> Art. 5 Para os efeitos desta Lei, configura violência doméstica e familiar contra a mulher qualquer ação ou omissão baseada no gênero que lhe cause morte, lesão, sofrimento físico, sexual ou psicológico e dano moral
> ou patrimonial:
> I   - no âmbito da unidade doméstica, compreendida como o espaço de convívio permanente de pessoas, com ou sem vínculo familiar, inclusive as esporadicamente agregadas;
> II   - no âmbito da família, compreendida como a comunidade formada por indivíduos que são ou se consideram aparentados, unidos por laços naturais, por afinidade ou por vontade expressa;
> III   - em qualquer relação íntima de afeto, na qual o agressor conviva ou tenha convivido com a ofendida, independentemente de coabitação.
> Parágrafo único. As relações pessoais enunciadas neste artigo independem de orientação sexual.[15]

A autoridade policial por lei pode conceder fiança nas infrações penais cuja pena privativa de liberdade máxima não seja superior a quatro anos (artigo 322 do CPP), o que abrange a maior parte dos crimes de violência doméstica e familiar contra mulher que são denunciados diariamente, conforme a tabela a seguir:

---

[14] CRUZ, Rogério Schietti Machado. **As medidas cautelares no projeto do novo CPP.** Revista de informação legislativa. Brasília, v. 46, n. 183, p. 211-224, jul./set.   2009,   p.220.   Disponível   em: http://www2.senado.leg.br/bdsf/handle/id/194942. Acesso em: 09 maio 2023.
[15] BRASIL. **Lei Maria da Penha. Lei n. 11.340/2006.** Coíbe a violência doméstica e familiar contra a mulher. Presidência da República, 2006.

Tabela de Crimes afiançáveis contra a mulher		
Dispositivo legal	Tipo penal	Pena
artigo 129, §9, Código Penal	Violência doméstica	Pena - detenção, de 3 (três) meses a 3 (três) anos.
Art. 147 Código Penal	Ameaça	Pena - detenção, de um a seis meses, ou multa.
Art. 21 Contravenção penal	Vias de fato	Pena - detenção, de um a seis meses, ou multa.
Art. 140 Código Penal	Injúria	Pena - detenção, de um a seis meses, ou multa.

A concessão de fiança pela autoridade policial e a imediata liberação de um agressor pode perpetuar o ciclo de violência doméstica, muitas vezes até o agravando, em vez de interrompê-lo. A medida, inclusive, poderá ser contrária ao disposto no artigo 11, I, da Lei nº 11.340/2006, segundo o qual, "no atendimento à mulher em situação de violência doméstica e familiar, a autoridade policial deverá, entre outras providências, garantir proteção policial, quando necessário".

Diante disso, há entendimento de que em nenhuma hipótese seria cabível o arbitramento de fiança nas infrações penais envolvendo violência doméstica e familiar contra mulher. A Comissão Permanente de Combate à Violência Doméstica e Familiar contra a Mulher (Copevid) editou Enunciado nº 06,

> Nos casos de violência doméstica e familiar contra a mulher, criança, adolescente, idosa, enfermo ou pessoa com deficiência, é vedada a concessão de fiança pela autoridade policial, considerando tratar-se de situação que autoriza a decretação da prisão preventiva nos termos do artigo 313, III, CPP. (Aprovado na Plenária da IV Reunião Ordinária do GNDH de 07/12/2011 e pelo Colegiado do CNPG de 19/01/2012)

Há alguns projetos de leis que propõem a alteração da Lei n. 11.340/2006 para, dentre outros dispositivos, vedar expressamente a concessão de fiança pela autoridade policial nos casos de violência doméstica e familiar contra a mulher, sendo o Projeto de Lei n. 912/23 e o de n. 6.008, de 2013.

Embora o Código de Processo Penal proíba o arbitramento de fiança pela autoridade policial nos casos de violência doméstica e familiar contra a mulher, pois incumbe à alçada judicial analisar os requisitos da prisão preventiva, o sistema de Justiça tem desprezado esse comando para tolerar a liberdade imediata dos agressores na própria delegacia, fato que tem causado a continuidade da violência e até assassinatos de mulheres após o pagamento de fiança arbitrada pela polícia.

Estudos do Instituto de Pesquisa Econômica Aplicada (IPEA) em que se avaliou o impacto da Lei Maria da Penha sobre a mortalidade de mulheres por agressões, por meio de estudo de séries temporais. Constatou-se que não houve impacto, ou seja, não houve redução das taxas anuais de mortalidade, comparando-se os períodos antes e depois da vigência da Lei n.11.340/06.

Mortalidade de mulheres por agressões antes e após a vigência da Lei Maria da Penha.

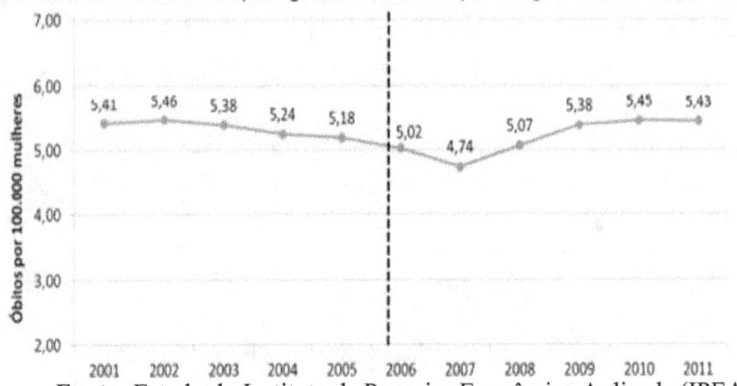

Fonte: Estudo do Instituto de Pesquisa Econômica Aplicada (IPEA)

No Estado do Tocantins, segundo dados da Secretaria de Segurança Pública, a maioria dos crimes registrados em 2022, são passíveis de fiança policial, uma vez que a pena máxima não ultrapassa 4 anos.

Revista de Direito Magis | V. 2 | N. 1 | P. 163-xx | 2023
DOI: 10.5281/zenodo.8335562

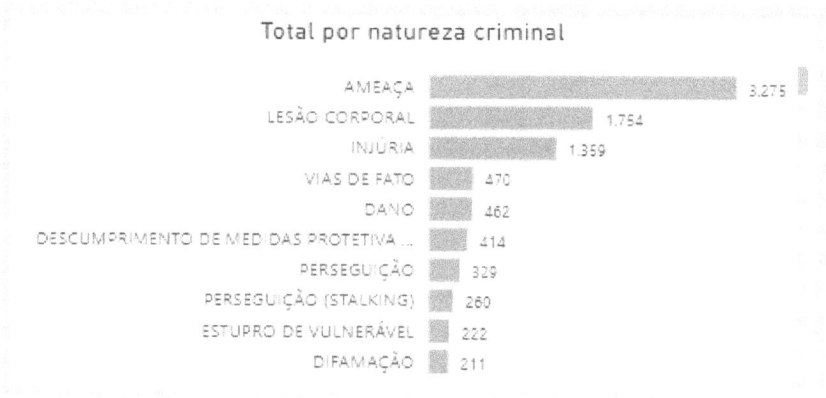

Total por natureza criminal

AMEAÇA	3.275
LESÃO CORPORAL	1.754
INJÚRIA	1.359
VIAS DE FATO	470
DANO	462
DESCUMPRIMENTO DE MEDIDAS PROTETIVA ...	414
PERSEGUIÇÃO	329
PERSEGUIÇÃO (STALKING)	260
ESTUPRO DE VULNERÁVEL	222
DIFAMAÇÃO	211

Fonte: Secretaria de Segurança Pública do Tocantins (SSP).

No Brasil, no período 2009-2011 foram registrados, no Sistema de Informações sobre Mortalidade (SIM), 13.071 feminicídios, o que equivale a uma taxa bruta de mortalidade de 4,48 óbitos por 100.000 mulheres. Após a correção, estima-se que ocorreram 16.993 mortes, resultando em uma taxa corrigida de mortalidade anual de 5,82 óbitos por 100.000 mulheres. As taxas de feminicídios estão apresentadas nas figuras abaixo.

Taxas de feminicídios por 100 mil mulheres. Regiões brasileiras, 2009-2011.

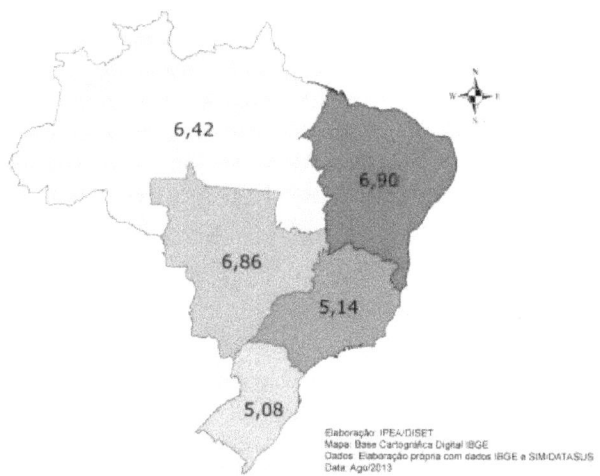

Fonte: Estudo do Instituto de Pesquisa Econômica Aplicada (IPEA)

Corrêa explica que a Lei Maria da Penha marca o início de um novo tempo, pois essa norma jurídica transformou os casos envolvendo mulheres vítimas de violência, uma vez que antes eram tratados pelo direito penal como irrelevantes, pois se enquadram em crimes de menor potencial ofensivo.[16]

Para a mesma autora, esse marco caracteriza uma mudança de um tempo onde as mulheres eram oprimidas por toda a ordem de violência para, a partir dessa lei, recuperar sua dignidade, por meio da conquista do respeito e consideração pelos operadores jurídicos.

O ordenamento brasileiro é omisso quanto ao cabimento ou não de fiança nas infrações penais que envolvam violência doméstica e familiar contra mulher. Apenas há vedação expressa à concessão de fiança pela autoridade policial em relação a um único crime praticado nesse contexto.

Veda-se especificamente a concessão de fiança policial no delito de violação de medida protetiva de urgência, prevendo-se que só o juiz poderá concedê-la (artigo 24-A, §2º, da Lei nº 11.340/2006). Salvo essa hipótese, a lei é omissa e não esclarece se é possível ou não o arbitramento de fiança nos demais delitos.

Uma resposta simplista ao problema parece incoerente com a complexidade do fenômeno da violência doméstica e familiar contra mulher. Sabe-se que a violência doméstica e familiar contra mulher se desenvolve dentro de um "ciclo de violência doméstica", que é constantemente repetido, passando pelas fases da tensão, agressão e arrependimento.

Diante das especificidades do ciclo de violência doméstica, a indiscriminada concessão de fiança nos crimes praticados no contexto de violência doméstica e familiar contra mulher poderia conduzir a situações

---

[16] CORRÊA, Lindinalva Rodrigues. **A necessidade da intervenção estatal nos casos de violência doméstica e familiar contra a mulher.** In: LIMA, Fausto R.; SANTOS, Claudiene (Coords.). Violência doméstica: vulnerabilidades e desafios na intervenção criminal e multidisciplinar. 2. ed. Rio de Janeiro: Lumen Juris, 2010.

em que a integridade psíquica e física da vítima estaria seriamente comprometida.

A jurisprudência do Superior Tribunal de Justiça é assente no sentido de que, em se tratando de crimes praticados no âmbito doméstico, a palavra da vítima tem valor probante diferenciado, desde que corroborada por outros elementos probatórios, tal como ocorrido na espécie." (AgRg no AREsp 1495616/AM).

Esses entendimentos jurisprudenciais contribuem de forma significativa para que as mulheres sejam acolhidas no sistema judiciário, entretanto quando há uma lacuna legislativa como no caso da aplicação da fiança policial nos crimes de violência doméstica, o que se verifica é a liberação por meio da fiança nesses crimes de pena menor a 4 anos.

A concessão de fiança pela autoridade policial e a imediata liberação de um agressor pode perpetuar o ciclo de violência doméstica, muitas vezes até o agravando, em vez de interrompê-lo.

5   CONSIDERAÇÕES FINAIS

Após análise dos requisitos legais, debateu-se sobre a possibilidade de a autoridade policial arbitrar, ou não, fiança aos agressores que cometem crimes contra a mulher quando da análise dos flagrantes delitos.

Conforme constatado, o Código de Processo Penal legitima tanto o Delegado de Polícia quanto o Juiz de Direito a arbitrar fiança, bem como elenca as hipóteses em que a fiança não é cabível, dentre elas, quando presentes os requisitos da prisão preventiva.

Quando se trata da aplicação de fiança policial nos crimes de violência doméstica familiar, de um lado há a presunção de inocência do acusado e de outro há a uma mulher em situação de vulnerabilidade que pode acabar sofrendo outra violência após o pagamento da fiança do preso.

Apesar da Lei em questão ser omissa sobre a proibição da fiança policial no contexto de violência doméstica, o princípio da igualdade material deve ser preservado. A alteração da Lei n. 11.340/2006 para vedar expressamente a concessão de fiança pela autoridade policial nos casos de violência doméstica e familiar contra a mulher é medida que se impõe para proteção das mulheres.

O reconhecimento dos direitos das mulheres foi uma luta histórica que ainda continua, não adianta termos uma igualdade prevista apenas na Constituição é necessária uma revisão de todo o sistema normativo visando a proteção das mulheres vítimas de violência.

Por vezes a mulher busca o sistema policial para denunciar, mas com a concessão de fiança pela autoridade policial e a imediata liberação de um agressor acaba por perpetuar o ciclo de violência doméstica, muitas vezes chegando a um feminicídio.

O Poder Judiciário é o ambiente mais adequado e seguro para o exame da restrição de direitos fundamentais, como na hipótese de concessão de liberdade provisória ao indivíduo preso em flagrante mediante arbitramento de fiança, sendo ele o poder legítimo para sopesar dois direitos: o da proteção da mulher e o da liberdade do acusado.

A Comissão Permanente de Combate à Violência Doméstica e Familiar contra a Mulher editou Enunciado nesse sentido reforçando a vedação da concessão de fiança pela autoridade policial, considerando tratar-se de situação que autoriza a decretação da prisão preventiva nos termos do artigo 313, III, CPP.

A Lei Maria da Penha não tem por finalidade apenas inserir direitos das mulheres no sistema normativo, mas sim prevenir, proteger e coibir a violência contra a mulher. Entretanto, enquanto tivermos um sistema penal positivista que não analisa o contexto de desigualdade de gênero diante das violências domésticas, diversas mulheres sofrerão diante do pagamento da fiança e liberação do preso.

Os crimes mais recorrentes denunciados nas delegacias de polícias são: ameaça, violência doméstica, injúria, vias de fato, todos passíveis de fiança policial. Questiona-se então, qual mulher se sente segura ao levar a conhecimento do poder público que está sofrendo violência? sabendo que na maioria das vezes ele será imediatamente liberado ao pagar a fiança.

Essa insegurança jurídica acaba amedrontando e afastando possíveis denúncias das mulheres de crimes que possuam a pena menor de 4 anos, por consequência esta realidade retroalimenta o ciclo cada vez maior de violência doméstica.

REFERÊNCIAS

BOBBIO, Norberto. **Igualdade e liberdade.** 2. ed. Rio de Janeiro: S.A, 1997.

BRASIL. **Constituição (1988).** Constituição da República Federativa do Brasil: Promulgada em 05 de outubro de 1988. http://www2.planalto.gov.br. Acesso em: 09 maio 2023.

BRASIL. **Decreto-lei nº 3.689, de 03 de outubro de 1941.** Dispõe sobre o Código Processo Penal Brasileiro. http://www2.planalto.gov.br/. Acesso em: 09 maio 2023.

BRASIL. **Lei Maria da Penha. Lei n. 11.340/2006.** Coíbe a violência doméstica e familiar contra a mulher. Presidência da República, 2006.

CAPEZ, Fernando. **A Lei 12.403-2022 e as Polêmicas Prisões Provisórias.** Disponível em: https://www.sedep.com.br/artigos/a-lei-124032011-e-as-polemicas-prisoes-provisorias/. Acesso em: 09 maio 2023.

CORRÊA, Lindinalva Rodrigues. **A necessidade da intervenção estatal nos casos de violência doméstica e familiar contra a mulher.** In: LIMA, Fausto R.; SANTOS, Claudiene (Coords.). Violência doméstica: vulnerabilidades e desafios na intervenção criminal e multidisciplinar. 2. ed. Rio de Janeiro: Lumen Juris, 2010.

CRUZ, Rogério Schietti Machado. **As medidas cautelares no projeto do novo CPP.** Revista de informação legislativa. Brasília, v. 46, n. 183, p. 211-224, jul./set. 2009. Disponível em: http://www2.senado.leg.br/bdsf/handle/id/194942. Acesso em: 09 maio 2023.

FRASER, N. 2001. **Da redistribuição ao reconhecimento?** Dilemas da Justiça na era pós-reconhecimento. In: J. SOUZA. Democracia hoje: novos desafios para teoria política contemporânea. Brasília, UNB, p. 480.

GARCIA, Emerson. **Proteção e Inserção da Mulher no Estado de Direito**: A Lei Maria da Penha. Revista da EMERJ, v. 12, nº 46, 2009. Disponível em: https://www.emerj.tjrj.jus.br/revistaemerj_online/edicoes/revista46/Revista46_182.pdf. Acesso em: 09 maio 2023.

GIDDENS, Anthony. **Sociologia.** Ed. 6. FUNDAÇÃO CALOUSTE GULBENKIAN Av.de Bema I Lisboa. 2008.

HONNETH, Axel. **Crítica da razão prática.** São Paulo: Martins Fontes, 2002.

HONNETH, Axel. **Luta por reconhecimento:** a gramática moral dos conflitos sociais. Luiz Repa (Trad.). São Paulo: Editora 34, 2003.

IPEA. **Violência contra a mulher:** feminicídios no Brasil. Disponível em: https://www.ipea.gov.br/portal/images/stories/PDFs/130925_sum_estud o_femini cidio_leilagarcia.pdf. Acesso em: 09 maio 2023.

MACHADO, Carla. GONÇALVES, Rui Abrunhosa. **Violência contra as mulheres. Lisboa**: Comissão para a igualdade e para os direitos das mulheres, 2003.

REIS, M. N. dos; BESSAS, R. A. de. **Limitações do delegado de polícia para aplicação do direito fundamental à liberdade por meio da fiança.R.** Curso Dir. UNIFOR-MG, Formiga, v. 6, n. 1, p. 69-86, jan./jun. 2015. Disponível em: https://periodicos.uniformg.edu.br:21011/periodicos/index.php/cursodir eitouniformg/article/vi ew/320. Acesso em: 09 maio 2023.

SSP. **Secretaria de Segurança Pública do Tocantins.** Disponível em:https://app.powerbi.com/view?r=eyJrIjoiMTlmM2VlZTAtZTBiNS0 0MDgyLWE2MmM
tODFmYjc3ZTdhMjFjIiwidCI6ImY5ZTI0MzExLWJmYTEtNDVmMi 05MjhhLTdiMGMwN jlmNDExMyJ9. Acesso em: 09 maio 2023.

Revista de
Direito Magis

OS LIMITES DA LIBERDADE DE EXPRESSÃO NO CONTEXTO DA NEGAÇÃO DO HOLOCAUSTO E DA APOLOGIA AO NAZISMO

LOS LÍMITES DE LA LIBERTAD DE EXPRESIÓN EN EL CONTEXTO DE LA NEGACIÓN DEL HOLOCAUSTO Y LA APOLOGÍA NAZI

Bruno Marini[1]
Sergio Monteiro de Lima[2]
Joyce Ferreira de Melo Marini[3]

Resumo: O Holocausto praticado pelo regime nazista no período de 1933-1945 foi realizado em escala industrial, resultando na morte de seis milhões de judeus. Outras milhões de vítimas do nazismo foram: ciganos, deficientes, homossexuais, Testemunhas de Jeová, negros e oponentes políticos. Tal fato está muito bem documento na historiografia mundial. Porém, existe um movimento pseudo-histórico que se autodenomina "revisionista", que na realidade são negacionistas do Holocausto, afirmando, entre outras coisas, que não ocorreram mortes em câmaras de gás, nem existiram campos de extermínios. O negacionismo do Holocausto abre portas para a apologia ao nazismo. Os defensores de tais concepções alegam que estão protegidos pelo direito fundamental à liberdade de expressão, o qual é tutelado na Constituição Federal Brasileira de 1988 (art. 5º, IX). O presente trabalho visa compreender se é possível impor limites ao suposto direito neste contexto, tendo em vista que o

---

[1] Professor de Direito e Biodireito na Universidade Federal de Mato Grosso do Sul, mestre em Desenvolvimento Local pela UCDB e Especialista em Direito Constitucional pela UNIDERP. E-mail: brunomarini81@gmail.com. Endereço do currículo lattes: http://lattes.cnpq.br/6574884465123441.
[2] Pós-graduando em Direito Penal e Prática Penal pela LEGALE, Regulador Federal da ANTAQ, graduado em Direito pela UFMS. E-mail: dr.sergiocriminalista@gmail.com. Endereço do currículo lattes: http://lattes.cnpq.br/1238565723603504.
[3] Advogada, consultora jurídica em Direito Migratório, Mestre em Estudos Fronteiriços pela UFMS e Especialista em Direito Processual Civil pela Universidade de Fortaleza/CE (UNIFOR). E-mail: joycemarini1@outlook.com. Endereço do currículo lattes: http://lattes.cnpq.br/8936535154339680

ordenamento jurídico pátrio também veda a discriminação e tutela a dignidade da pessoa humana (art. 1º, III, CF).

Palavras-chave: Negacionismo do Holocausto; Apologia ao nazismo; Limites a liberdade de expressão; Direitos humanos e direitos fundamentais.

Resumen: El Holocausto practicado por el régimen nazi en el período 1933-1945 se llevó a cabo a escala industrial, resultando en la muerte de seis millones de judíos. Otros millones de víctimas del nazismo fueron: gitanos, discapacitados, homosexuales, Testigos de Jehová, negros y opositores políticos. Este hecho está muy bien documentado en la historiografía mundial. Sin embargo, existe un movimiento supuestamente histórico que se autodenomina "revisionista", que en realidad son negacionistas del Holocausto, afirmando, entre otras cosas, que no hubo muertes en cámaras de gas, ni existieron campos de exterminio. La negación del Holocausto abre la puerta a la apología del nazismo. Los defensores de tales concepciones afirman que están protegidos por el derecho fundamental a la libertad de expresión, que está protegido en la Constitución Federal Brasileña de 1988 (art. 5º, IX). El presente trabajo tiene como objetivo comprender si es posible imponer límites al supuesto derecho en este contexto, considerando que el ordenamiento jurídico nacional también prohíbe la discriminación y protege la dignidad de la persona humana (art. 1º, III, CF.).

Palabras Claves: Negacionismo del holocausto; Apología del nazismo; Límites a la libertad de expresión; Derechos humanos y derechos fundamentales.

1   CONSIDERAÇÕES INICIAIS

O regime nazista e o Holocausto ocorridos no contexto das décadas de 1930-1940 impactaram a comunidade internacional. As sequelas ainda são sentidas e refletidas em diversos segmentos sociais, mesmo na América Latina e no Brasil. O fenômeno do negacionismo do Holocausto e da apologia ao nazismo têm sido objeto de debates em virtude do aumento de episódios envolvendo referências diretas e indiretas ao nazifascismo e os chamados discursos de ódio, principalmente nas redes sociais.

A relevância social da temática se justifica pelo fato de recentemente no Brasil ter ocorrido diversos episódios envolvendo políticos, humoristas e outros agentes sociais que utilizaram de simbologias ao nazismo, defenderam a possibilidade da existência de um partido nazista no Brasil ou questionaram fatos históricos relativos ao

Holocausto. Ademais, movimentos que defendem tais concepções buscam aliciar jovens com propagandas engenhosas, principalmente no ambiente digital.

O presente trabalho utiliza de método dedutivo, tendo em vista que trata a temática do geral para o específico. Primeiro lança um fundo histórico sobre a ascensão do nazismo ao poder na Alemanha, bem como os ideais do partido nazista. Depois explica o que foi o Holocausto, bem como quem foram suas vítimas. Em seguida trata do tema central, o negacionismo do Holocausto, a apologia ao nazismo e os limites da liberdade de expressão.

O estudo utilizou de pesquisa bibliográfica, englobando consulta a periódicos, além de legislação específica ao tema. O objetivo geral foi compreender se é possível impor limites a liberdade de expressão em face do negacionismo do Holocausto e da apologia ao nazismo, uma vez que, em tese, tais concepções podem se tratar de desvirtuamento do aludido direito. Os objetivos específicos foram: (I) expor a ascensão e a ideologia do partido nazista; (II) compreender o que foi o Holocausto e quem foram as suas vítimas e (III) demonstrar a importância de se cultivar a memória do Holocausto para as novas gerações.

O presente trabalho se enquadra na temática dos direitos humanos e direitos fundamentais frente a violência, discriminação e perseguição gerada pelo discurso de ódio, uma vez que está embasado na tutela da dignidade da pessoa humana, o qual é um dos princípios fundamentais positivados na Constituição Federal Brasileira de 1988 (art. 1º, inciso III).

2   DO REGIME NAZISTA E DO HOLOCAUSTO

Neste tópico será descrito a ascensão do nazismo ao poder na Alemanha, os ideais do partido nazista, bem como o que foi o Holocausto e quem foram as suas vítimas. Após a explanação deste fundo histórico, o presente trabalho abordará a questão do negacionismo do Holocausto e da apologia ao nazismo.

2.1   Ascenção ao poder e ideologia nazista

O nazismo é um fenômeno surpreendente não só por suas atrocidades, mas também pela forma como conseguiu alcançar o poder absoluto na Alemanha, a qual tem um histórico de alto padrão educacional e cultural. De fato, por volta de 1924-1925 o partido nazista não passava de um pequeno grupo político com apenas 32 cadeiras no Reichstag (parlamento alemão) e cerca de apenas 6,6% do eleitorado alemão. Apenas oito anos depois, Hitler era nomeado chanceler do Reich (governo) alemão, com o partido nazista obtendo 288 cadeiras no Reichstag e 43,9% de votos do eleitorado alemão[4]. Não é possível compreender as causas que possibilitaram o surgimento e a ascensão do nazismo na Alemanha sem entender o cenário alemão após a derrota na I Guerra Mundial (1914-1918). Neste sentido, destacam-se três aspectos do referido período histórico.

O primeiro aspecto é que a Alemanha assinara sua rendição da I Guerra Mundial em 1918, com suas tropas ainda não completamente esgotadas. Assim, anos depois os nazistas levantaram a falsa acusação de que tal rendição não era fruto de derrotas militares, mas de uma suposta traição interna por parte dos propagandistas judeus e bolcheviques que supostamente queriam destruir à Alemanha.

O segundo aspecto é que a Alemanha foi obrigada a assinar o Tratado de Versalhes imposto pelos vencedores da referida guerra, o qual lhe acarretava pesadas multas, perdas de território e reduziu drasticamente seu exército. Dentre outras coisas, este tratado estabelecia que a região da Alsácia e Lorena fosse entregue pela Alemanha a França, a cidade alemã de *Dantizg* seria administrada pela Liga das Nações, todas as colônias alemãs passariam para os países que lhe impuseram o tratado, as tropas alemãs poderiam ter no máximo 100 mil soldados e a Alemanha não poderia ter nem marinha, nem aviação com fins militares[5]. Logo isto

---

[4] BURON, T. & PASCAL, G. **Os Fascismos**, p.76. Ed. Zahar Editores, Rio de Janeiro: 1980.
[5] **TRATADO DE VERSALHES, IDI** (1921), Documentos Digitais Publicados no   Diário   do   Governo   Português,   disponível   em:

seria usado pelos nazistas para instigar o orgulho nacional ferido dos alemães, bem como atiçar desejos imperialistas e expansionistas.

O terceiro aspecto diz respeito a situação de miséria do povo alemão no período de ascensão do regime nazista. Principalmente depois da quebra da Bolsa de Nova York em 1929, a qual desencadeou uma crise mundial, a Alemanha se tornou um país com uma economia fraca e instável e o número de desempregados crescia assustadoramente, chegando a casa de mais de 6 milhões de trabalhadores em janeiro de 1933[6]. Neste contexto, os nazistas utilizaram a incapacidade de recuperação econômica da República de Weimar como prova de que o sistema democrático seria falho, e que só um governo forte com um grande líder poderia reerguer a nação alemã.

O termo nazista provém do nome do Partido Nacional-Socialista dos Trabalhadores Alemães (sigla *nazi* em alemão). Adolf Hitler não fundou o partido nazista, mas fazia parte do mesmo desde 1919 (quando ainda se chamava Partido dos Trabalhadores Alemães), e assumiu a sua presidência em 9 de novembro de 1921. No ano de 1923, Hitler com o seu partido tentaram o *putsch* – um golpe a partir da cervejaria *Bürgerbräu Keller* de Munique - para apoderar-se do Estado alemão da Baviera e marchar até a capital alemã (Berlim). Mas o *putsch* não teve o necessário apoio popular e fracassou. Hitler foi sentenciado a cinco anos de prisão (dos quais só cumpriu nove meses em decorrência de uma anistia que lhe foi concedida) e o partido se enfraqueceu. Porém, o partido nazista utilizou o referido "Golpe da Cervejaria de Munique" para promover Hitler e seus partidários como heróis nacionais.[7]

---

https://idi.mne.gov.pt/images/pdf/primeira-guerra/TVersailes.pdf, Acesso 02 set 2022.

[6] BURON, T. & PASCAL, G. **Os Fascismos**, p.70. Ed. Zahar Editores, Rio de Janeiro: 1980.

[7] **MUSEU MEMORIAL DO HOLOCAUSTO DOS EUA – ENCICLOPÉDIA DO HOLOCAUSTO,** disponível em, https://encyclopedia.ushmm.org/content/pt-br/article/dachau#:~:text=Dachau%20foi%20criado%20em%20mar%C3%A7o,de%20concentra%C3%A7%C3%A3o%20para%20prisioneiros%20pol%C3%ADticos%E2%80%9D, Acesso 02 set. 2022.

Durante o tempo em que ficou na prisão, Hitler escreveu parte do livro "MeinKampf" ("Minha Luta"), no qual traçou diretrizes que mais tarde seriam o alicerce ideológico do regime nazista. A partir de 1928 Hitler começou a reestruturar o Partido Nazista. A crise de 1929 chegou na hora certa para os seus discursos nacionalistas e extremistas. Nas eleições de 1930, os nazistas conquistaram a impressionante marca de 107 cadeiras no Reichstag (parlamento alemão) e na de julho de 1932 chegaram a obter 230 cadeiras, atingindo mais de 13,7 milhões de votos, o que era equivalente a 37,3% do eleitorado alemão[8].

No dia 30 de janeiro de 1933, após uma manobra política liderada por um ex-chanceler alemão chamado Franz Von Papen (que visualizou a possibilidade de vantagens políticas numa aliança com os nazistas), Hitler foi nomeado chanceler pelo presidente Paul Von Hindenburg. No dia 27 de fevereiro do mesmo ano ocorreu um misterioso incêndio no Reichstag. Os nazistas e a polícia culparam os comunistas. A partir daí Hitler pressionou e convenceu o presidente Hindenburg a expedir de imediato o Decreto de Incêndio do Reichstag, o qual serviu como base para a Lei de Plenos Poderes, aprovada sob pressão da bancada nazista no parlamento alemão em 23 de março de 1933. Na prática, tal lei suspendeu os direitos individuais e conferiu poderes legislativos ao na época chanceler Adolf Hitler[9]. Isso possibilitou que os nazistas fossem progressivamente lançando seus oponentes políticos na ilegalidade, até estabelecerem o regime de partido único na Alemanha.

---

[8] BURON, T. & PASCAL, G. **Os Fascismos**, p.76. Ed. Zahar Editores, Rio de Janeiro: 1980

[9] DW – DEUTSCHE WELLE BRASIL. **História, Alemanha: 23 de Marco de 1933**, disponível em:https://www.dw.com/pt-br/1933-aprova%C3%A7%C3%A3o-da-lei-plenipotenci%C3%A1ria/a-480521, 10 set. 2022.

Imagem 01: Incêndio do Reichstag alemão em 1933.

No ano de 1934 morreu o presidente Paul Von Hindenburg. Assim Hitler acumulou o cargo de chanceler e presidente, o qual foi confirmado em um plebiscito. Digno de nota que por ocasião deste plebiscito os nazistas já haviam silenciado seus inimigos políticos e faziam amplo uso dos meios de comunicação e publicidade na Alemanha[10].

2.2 Holocausto: crime contra a humanidade

O Holocausto se refere ao genocídio de judeus e outras vítimas praticado pelo regime nazista do ditador Adolf Hitler no período de 1933-1945. Conforme já mencionado, Hitler começou a perseguir oponentes ideológicos abrindo os primeiros campos de concentração na Alemanha já em 1933. Quando começou a Segunda Guerra Mundial (1939-1945) os campos nazistas se proliferaram por toda a Europa à medida que as tropas de Hitler foram invadindo vários países.

---

[10] *Idem.*

Revista de Direito Magis | V. 2 | N. 1 | P. 183-214 | 2023
DOI: 10.5281/zenodo.8335564

Entre as vítimas do nazismo se encontram: judeus, ciganos, oponentes políticos (principalmente comunistas e socialdemocratas), Testemunhas de Jeová, homossexuais, deficientes físicos e mentais. Inclusive, nos campos nazistas havia um sistema de estigmatização de cada vítima, na qual cada categoria era identificada com um símbolo e uma cor específica em seu uniforme. A título de exemplo: os judeus eram estigmatizados com uma estrela-de-davi de seis pontas ou um triângulo amarelo, ciganos com um triângulo marrom invertido e Testemunhas de Jeová com um triângulo roxo invertido.

O assassinato de milhões de pessoas ocorreu por meio do processo de extermínio em câmaras de gás em campos nazistas (como Auschwitz, que ficava na Polônia), bem como por meio de esquadrões de extermínio (Einsatzgruppen) e devido aos maus-tratos e condições desumanas de transporte e alojamento. O Holocausto foi uma tragédia horrenda que contou com o apoio de boa parte da classe média e de grandes empresas não só da Alemanha dominada pelos nazistas, mas até mesmo de outros países.

Assim que os prisioneiros chegavam aos campos nazistas de extermínio, equipes médicas selecionavam os "aptos" para serem utilizados nos trabalhos forçados, determinando o destino dos demais para as câmaras de gás. Nestes campos, haviam cientistas em laboratórios que trabalhavam com o "Zyclon B" (pesticida utilizado para as câmaras de gás). Da mesma forma, médicos conduziam diversos experimentos nos prisioneiros, sem o seu consentimento e de forma cruel.

No terror dos experimentos médicos os prisioneiros eram tratados como meras cobaias, sendo negada a sua condição humana. Entre estes experimentos podem ser alistados o congelamento (para analisar o processo de resistência ao frio e reaquecimento do corpo humano), no qual a vítima era submersa em uma banheira com água congelante, sendo introduzida uma sonda no reto para medir a temperatura corporal. Outros foram infectados com o vírus da malária, bactérias para transmitir tétano e tifo, queimados com gás mostarda e bombas incendiárias, submetidos a inanição, desidratação e esterilização compulsória. Também foram

Revista de Direito Magis | V. 2 | N. 1 | P. 183-214 | 2023
DOI: 10.5281/zenodo.8335564

realizados testes de pressão e perda de oxigênio para simular altitudes de até 20.000 metros[11].

Após a II Guerra Mundial, o Tribunal de Nuremberg teve uma parte específica destinada para o "Julgamento dos Médicos", em decorrência de tais atrocidades. Sobreviventes de experimentos puderam dar seu depoimento com as cicatrizes ainda presentes em seus corpos. De tais julgamentos resultou o Código de Nuremberg, o qual foi um marco na Ética Médica estabelecendo os princípios do respeito a autonomia e ao consentimento informado do sujeito da pesquisa (bases da Bioética e do atual Biodireito).

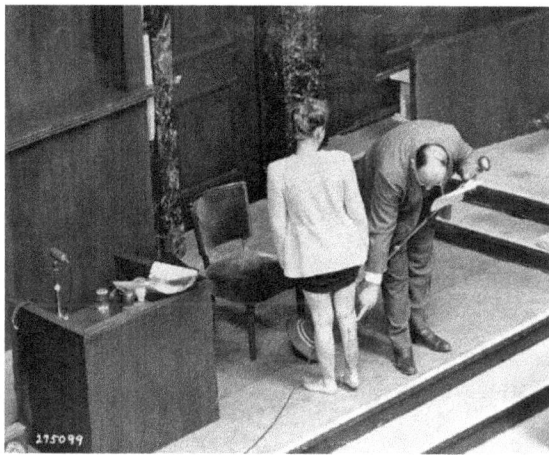

Imagem 02: Vítima de experimento médico nazista no Tribunal de Nuremberg.

Assim, o Holocausto se trata de um evento trágico na história humana, o qual foi executado com frieza científica e escala industrial. No entanto, apesar das evidências deste terrível crime, ainda há quem nega que o mesmo tenha ocorrido, bem como faz apologia a ideologia nazista, como será analisado no próximo tópico.

---

[11] ACADEMIA MÉDICA. **Os experimentos médicos nazistas**, disponível em: http://academiamedica.com.br/experimentos-medicos-nazistas/. Acesso em: 8 jan 2023

3 DO NEGACIONISMO DO HOLOCAUSTO E DA APOLOGIA AO NAZISMO

Os horrores ocorridos nos campos nazistas não podem ser esquecidos. A preservação da memória dos sobreviventes de tal barbárie é de fundamental importância para que tais fatos não se repitam. Neste sentido:

> A compreensão do mal é necessária para impedir-lhe o retorno. A memória, ao permitir a compreensão do mal, não destrói a vítima. Ao impedir futuras violações de direitos humanos, ela tem o potencial de nutrir a vida, o convívio... A memória não é responsável apenas por nossas convicções, mas também por nossos sentimentos. Ela diz respeito a uma reconstrução social que constitui sentimentos de continuidade ao formar identidades durante o seu transcorrer histórico[12].

A Organização das Nações Unidas, por meio da Resolução nº 60/7 adotada no dia 1º de dezembro de 2005, estabeleceu o "Dia da Memória das Vítimas do Holocausto", a ser observado no dia 27 de janeiro de cada ano. Isto se deve ao fato de o campo de extermínio de Auschwitz ter sido libertado pelo exército russo no dia 27 de janeiro de 1945.

Ao redor do globo, existem diversos museus e memoriais que recordam as terríveis experiências das vítimas do Holocausto. Inclusive na própria Alemanha, há muita preocupação em se preservar essa história:

> Na Alemanha, a cidade de Berlim ganhou um dos maiores e mais surpreendentes memoriais a céu aberto já construído cobrindo uma área de aproximadamente 19.000 metros quadrados. Nesse memorial mais de 2.711 blocos de cimento cinza foram construídos lembrando túmulos das vítimas... Em Israel, o Yad Vashem, Museu do Holocausto, inaugurou um novo prédio anexo, o maior de seu complexo museológico, com cerca de 4.200 metros quadrados. Diante das construções

---

[12] PAIXÃO, C. & FRISSO, G. **Usos da memória: as experiências do Holocausto e da Ditadura no Brasil**, Lua Nova, n. 97, ps. 202-203, São Paulo: 2016.

motivadas por tal memória pode-se perceber que as reverberações históricas, sociais e midiáticas em torno desse tema ainda permanecem latentes e muitas são as estratégias criadas para que a memória do Holocausto se atualize, tornando-se um tema corrente na memória social de grande parte da sociedade ocidental[13].

O Holocausto não foi o primeiro nem o último genocídio da humanidade. Infelizmente, tal realidade se repetiu com outras vítimas, em outras localidades, como, por exemplo, no conflito étnico entre hutus e tutsis em Ruanda (continente africano) no ano de 1994, que deixou cerca de um milhão de mortos. De fato, os genocídios deixam marcas profundas na história e na memória coletiva. Quando o Estado se transforma numa máquina criminosa, quão grande é a perplexidade e a dificuldade de se explicar como seres humanos comuns puderam se transformar em assassinos sistemáticos, projetando toda uma burocracia de extermínio. Neste aspecto:

> Até os dias atuais, o Holocausto permanece no centro da lembrança cultural de várias sociedades. Os modelos habituais de compreensão e interpretação da recordação, da memória e do conhecimento histórico foram rompidos pelas dimensões desse assassinato em massa do povo judeu. A recordação repetidamente avassaladora dos crimes monstruosos, do sofrimento incomensurável, do terror inominável e de um aparato industrial a serviço da extinção é até hoje um desafio para a memória cultural. Ainda estamos tentando explicar o nacional-socialismo e sua destrutividade radical para apreender com exatidão seu núcleo criminoso e as dimensões do massacre perpetrado contra um povo[14].

A memória é um fator chave para se compreender não só a dor das vítimas, mas também, até certo ponto, as intenções do agente ofensor. A memória traz consigo uma série de lembranças, imagens, recordações,

---

[13] ROSSIGNOLI, L. **Vítimas judias e o Holocausto: um trabalho da memória**, p.02, publicado no 9º Encontro Nacional de História da Mídia, Ouro Preto: 2013.
[14] *Idem.*

aflições e diversos outros sentimentos que nos ajudam a compreender de forma mais humana um determinado fato. Neste ponto, pode-se afirmar:

A memória é um processo... mediado por imagens, sentimentos e ideias, que constituem as lembranças do recordador, permitindo-lhe reportar-se ao tempo passado. Por meio da memória, o sujeito registra o presente, permitindo que ele não se perca, mas possa ser resgatado, acessado por meio da lembrança, presentificando o passado ao recordá-lo... há uma base afetivo-volitiva influindo na atividade da memória. Essa base inclui nossas sensações, emoções e desejos, remetendo-nos ao papel do corpo como seara da memória.[15]

No entanto, ao final da II Guerra Mundial ocorreram dois fenômenos que colocaram em risco a preservação da memória dos sobreviventes do Holocausto. O primeiro deles foi a tentativa dos nazistas de esconderem as evidências do massacre. Os campos de extermínio ficavam longe das cidades. O processo de aniquilamento das vítimas era mantido em segredo, e quando se tornou evidente que iriam perder a guerra, os nazistas buscaram eliminar vestígios, como por exemplo, na tentativa de destruir crematórios e câmaras de gás em Auschwitz.

Um segundo fenômeno foi a dificuldade de as próprias vítimas do Holocausto exporem seus sofrimentos. Embora hodiernamente temos milhares de relatos das mesmas, no final da II Guerra Mundial, os sobreviventes, em sua maior parte, de início optaram pelo silêncio. Como num primeiro momento estas vítimas estavam saindo dos campos de concentração e retornando aos seus lares nos países em que foram aprisionadas e alvos de ataques de nazifascistas e seus colaboradores, o silêncio foi uma estratégia de sobrevivência para não chamar a tenção e causar desavenças com seus antigos perseguidores.

Digno de nota que após a rendição nazista em 08 de maio de 1945, a própria mídia da época dava mais destaque a outras questões, como o futuro processo de reconstrução da Europa, a continuidade da guerra contra o Japão no pacífico e especulações do cenário político no pós-

---

[15] REIS, A. C. & SHUCMAN, L. V. A constituição social da memória: lembranças de uma testemunha da II Guerra Mundial, Psicologia em Revista, v. 16, n. 2, ps. 390-391, Belo Horizonte: 2010.

guerra. Ao analisar as manchetes de jornais brasileiros neste contexto histórico, Leticia Rosignolli observou:

> Notícia intitulada "Festivamente comemorado ontem pelo povo paulista, em gigantesco comício, a queda da capital germânica". (Folha da Manhã – 04/05/1945) a matéria traz um pequeno trecho do discurso do cidadão judeu Aaron Melitzky que evidencia por parte da comunidade judaica a ciência do extermínio de judeus na Europa, na qual o orador salienta os "sofrimentos impostos aos israelitas pelo antissemitismo nazista". E acrescenta um dado aterrador: "Cinco milhões e quinhentos mil judeus foram exterminados pelos totalitários ... Entretanto, a ocorrência da morte de milhões de vítimas judias toma somente duas frases numa única matéria que foi escrita no Brasil e em meio a um emaranhado de retalhos jornalísticos vindo das agências internacionais. Notamos, portanto, que não havia espaço na mídia internacional da época para o relato do sofrimento de milhões de judeus europeus que, oficialmente, desde 1933 passavam por cruéis restrições políticas, ocasionando a morte de muitos.[16]

A dificuldade de se falar do Holocausto não se restringiu apenas as suas vítimas. Na Alemanha o Holocausto também provocou muitas feridas. Num primeiro momento, falar sobre os crimes do nazismo era um assunto difícil, em decorrência do sentimento de culpa e vergonha. É lógico que nem todos os alemães concordavam com a ideologia nazista e muitos também foram enviados aos campos de concentração. Também se discute muito até que ponto a população civil alemã tinha consciência da dimensão do genocídio. Porém, o antissemitismo e a perseguição violenta dos nazistas as suas vítimas era de conhecimento geral do povo alemão e contou com amplo apoio popular.

Com o passar do tempo, a nova geração alemã passou a questionar e investigar os crimes do nazismo. Neste aspecto:

> Os filhos começaram a suspeitar, com maior ou menor intensidade, que os pais fossem criminosos. Em oposição aos

---

[16] ROSSIGNOLI, L. **Vítimas judias e o Holocausto: um trabalho da memória**, ps. 08, publicado no 9º Encontro Nacional de História da Mídia, Ouro Preto: 2013.

pais e em uma contra identificação, os filhos se voltaram às vítimas dessa geração dos pais e criminosos. Muitos se engajaram em projetos políticos e científicos que tinham como tarefa pesquisar e reconstruir a história e o papel das vítimas. Mas, quase sempre, a discussão pública com a geração de pais terminava na porta de casa. É verdade que o silêncio e a negação haviam sido rompidos no nível da sociedade, mas ainda se mantinham no nível individual. Parecia ser muito doloroso e angustiante ousar ir em frente"... como e quanto seus pais estiveram envolvidos com o nacional-socialismo e suas atrocidades? A terceira geração ainda está se definindo nesse processo. Ela tem um olhar mais independente para o acontecido. [17]

Outro aspecto interessante é que a Alemanha não só transformou antigos campos de concentração em memoriais do Holocausto, como também incentiva a pesquisa de tal fato histórico. Ademais, de forma inovadora o governo alemão já há muito tempo tem indenizado vítimas do Holocausto. De fato, a Alemanha trata de forma exemplar este assunto. Jovens em idades escolares são levados aos antigos campos nazistas e memoriais. Geralmente, recebem um cartão com a foto de uma vítima para pesquisar a sua história. O fato histórico é utilizado para discutir sentimentos de empatia, respeito e cidadania.

No entanto, há uma vertente de supostos historiadores que pretendem revisar a história do Holocausto. Na realidade, os mesmos buscam negar os crimes nazistas. Neste sentido:

> Esses negacionistas profissionais ajudaram a estabilizar, no espaço público, algumas explicações que refutariam o que afirmavam ser uma mentira orquestrada pelos judeus: o Holocausto era, sobretudo, uma impossibilidade técnica, já que os campos de concentração jamais tiveram a capacidade para exterminar seis milhões de pessoas; em verdade, as câmaras de gás eram destinadas à desinfecção dos presos; as mortes foram o resultado das próprias condições da guerra e não de um plano industrial de extermínio; e a documentação

---

[17] BOHELEBER, W. **Recordação, trauma e memória coletiva: a luta pela recordação em psicanálise**, p.171, Revista Brasileira de Psicanálise, São Paulo: Volume 41, n. 1, 2017.

disponível permitiria demonstrar que a chamada "solução final" não era outra coisa senão a concentração territorial dos judeus em comunidades específicas ou guetos.[18]

A vasta documentação nazista encontrada após a II Guerra Mundial, incluindo a minuta da Conferência de Wannse (1942) deixam bem claro o processo de extermínio. Diversos nazistas que participaram do processo de extermínio, entre eles, Rudol Höss (comandante do campo de Auschwitz por dois anos), declararam publicamente que o processo de extermínio, inclusive com o uso de câmaras de gás ocorreram. Porém, ainda há quem negue tais crimes.

Após a Segunda Guerra Mundial, o negacionismo do Holocausto começou na França (país que inclusive foi invadido pelos nazistas), com o escritor Maurice Bardéche (ideólogo fascista). Bardéche foi condenado a pena de morte após a libertação, mas teve sua sentença mudada para oito anos de prisão. O mesmo publicou em 1948 a obra "Nuremberg ou a Terra Prometida", no qual criticou os julgamentos dos criminosos nazistas e negou o extermínio de judeus. Outro francês chamado Paul Rassinier lançou os livros "O verdadeiro Julgamento de Eichmann ou os vitoriosos incorrigíveis" (1962) e "Os responsáveis pela Segunda Guerra Mundial" (1967), acusando os judeus de aumentarem o número de mortos e inventarem os relatos sobre as mortes nas câmaras de gás. No período do nazismo, Rassinier era socialista e pacifista e foi preso pela Gestapo no campo de Buchenwald. Porém, quando foi libertado em 1945, mudou sua posição e adotou um discurso nacionalista e antissemita. Assim, tentou usar uma espécie de "legitimidade moral" como ex-prisioneiro nazista para negar o genocídio[19].

A partir da França o negacionismo se espalhou para o mundo. Os pretensos historiadores que defendem tal ideologia se denominam

---

[18] VALIN, P. AVELAR, A. & BERVERNAGE, B. **Negacionismo: História, Historiografia e Perspectiva de Pesquisa**, p.16, Revista Brasileira de História, publicada pela Associação Nacional de História, vol.41, nº 87, São Paulo: 2019.
[19] CARVALHO, B. L. P. **Para entender o negacionismo do Holocausto**. Ciência Hoje, Revista - Departamento de História da Universidade de Brasília (UNB), Brasília: disponível: https://cienciahoje.org.br/artigo/para-entender-o-negacionismo-do-holocausto/

"revisionistas". Alegam que estão apenas revisando a história do Holocausto e da Segunda Guerra Mundial. No entanto, seus escritos visam negar ou minimizar os crimes nazistas e estão carregados de antissemitismo, bem como de ataques a outras vítimas do nazismo. No Irã ocorre o "Negacionismo do Holocausto de Estado". No ano de 2006 o governo iraniano realizou a "Conferência Revisão do Holocausto: Visão Global", no qual convidou supostos historiadores ao redor do mundo que afirmam estarem revisando o assunto[20].

O negacionismo do Holocausto muitas vezes abre portas para a apologia ao nazismo. Não raro, o negacionismo está direta ou indiretamente relacionado com escritores que tem simpatia pela ideologia nazifascista. No Brasil, durante a Era Vargas, houve um movimento conhecido como integralismo que defendia concepções nazifascistas. A Ação Integralista Brasileira, liderada pelo escritor e jornalista Plínio Salgado teve influência no cenário político e contou com o jurista Miguel Reale e o escritor Gustavo Barroso, figuras de destaque na época[21]. O movimento utilizava uniformes, símbolos, saudações e lemas semelhantes ao do nazifascismo. Suas manifestações lembravam muito os adeptos de Hitler e Mussolini.

---

[20] VALIN, P. AVELAR, A. & BERVERNAGE, B. **Negacionismo: História, Historiografia e Perspectiva de Pesquisa**, p.19, Revista Brasileira de História, publicada pela Associação Nacional de História, vol.41, nº 87, São Paulo: 2019
[21] SILVA, A. B, et. al. **A extrema-direita na atualidade**, Revista Serviço Social (PUC/SP-NEPEDH), São Paulo: ps. 407-445, disponível em: https://www.scielo.br/j/sssoc/a/nTk6JtjrXGqcpGVcr8Rj4Wx/?lang=pt, Acesso 10 jan. 2023.

Imagem 03: Manifestação Integralista no Brasil na Era Vargas.

Digno de nota que o escritor Gustavo Barroso foi membro e presidente da Academia Brasileira de Letras. A própria Academia em seu site, em um artigo intitulado "Um campeão de antissemitismo", reconhece que Barroso foi um feroz antissemita. Escreveu livros como a "Sinagoga Paulista" e "A História Secreta do Brasil", culpando os judeus pelos males sociais do país e do mundo, atribuindo-lhes o estigma de exploradores e manipuladores da economia mundial, assim como faziam os nazifascistas[22].

Na atualidade ainda existem apologistas dos ideais nazifascistas não só no exterior, bem como no Brasil. Basicamente, os mesmos invocam a liberdade de expressão, bem jurídico tutelado pela Constituição Federal Brasileira de 1988 e direito humano de primeira geração/dimensão, para propagar seus ensinamentos. Essa temática será analisada no próximo tópico.

---

[22] *Idem.*

4 LIBERDADE DE EXPRESSÃO NO CONTEXTO DO NEGACIONISMO DO HOLOCAUSTO E DA APOLOGIA AO NAZISMO

A liberdade de expressão vem consagrada na Constituição Federal Brasileira de 1988. O artigo 5º, inciso IV, determina que "é livre a manifestação do pensamento, sendo vedado o anonimato". O art. 5º, inciso IX, também assegura a liberdade de expressão no âmbito intelectual, artístico, científico e de comunicação. Assim, é norma constitucional, integrante do núcleo intangível da nossa Magna Carta. Neste particular, essa característica normativa traz em seu cerne (subjetivo) um dos direitos inerentes à própria pessoa "humana", em seu sentido como "ser único", contemplado de toda sua essência de condição humana.

Na evolução das histórias das constituições democráticas a manifestação do pensamento, a criação, a expressão e a informação, sob quaisquer de suas formas, tendem a não serem claramente censuradas ou restringidas. Em breve histórico, os direitos humanos tiveram um reconhecimento muito tardio no cenário mundial e, em muitos locais, ainda não têm seu valor social e global aplicados na prática. As primeiras centelhas jurídicas democráticas (direitos humanos positivados) apareceram nos séculos XVII e XVIII, no contexto das Revoluções Liberais, recorte histórico em que a liberdade de expressão firmou-se definitivamente, passando a integrar, como direito fundamental, as Declarações de Direitos e constituições liberais, sendo posteriormente positivadas nos tratados e convenções internacionais.

Em 1689, no *Bill of Rights* (Declaração de Direitos) que defendia os direitos da sociedade britânica, no início da então chamada Revolução Gloriosa, uma das etapas da revolução inglesa (responsável pela queda do absolutismo inglês e que consolidou a burguesia inglesa no poder), foi consagrada a liberdade de expressão. Como todo direito fundamental, vê-se que a liberdade de expressão é fruto de uma revolução, não só ideológica como também social. Com efeito, essa conquista tem que ser entendida como uma liberdade de consciência, de crença, de

Revista de Direito Magis | V. 2 | N. 1 | P. 183-214 | 2023
DOI: 10.5281/zenodo.8335564

desenvolvimento social, que está essencialmente relacionada à livre manifestação de ideias, opiniões, posições e pensamentos, sendo esses de interesse público e privado.

Com a revolução da informação ocorrida no final do século XX, que pese, movida pela nova era digital, a liberdade de expressão ganhou novo *status* na sociedade moderna, pois com ela, vieram novos modelos de conhecimentos, pensamentos, aprendizagens, conexões pessoais e a propagação de informações, nunca imaginados num passado não muito distante.

Mas qual seria o objetivo fundamental da liberdade de expressão? Sem exaurimento aos objetivos deste direito tão protegido pelo ordenamento jurídico pátrio, pode ser apontado: a) a procura da verdade; b) o mercado livre de ideias; c) a autodeterminação democrática; d) o controle da atividade governativa e do exercício do poder; e) o estabelecimento da esfera aberta e pluralista de discurso público; f) a garantia da diversidade de opiniões; g) a acomodação de interesses, com a transformação pacífica da sociedade; h) a promoção e expressão da autonomia individual; i) a formação de concepção multifuncional das liberdades de comunicação e discurso público; j) a garantia da diversidade de opiniões[23].

Como já mencionado, umas das características da liberdade de expressão é a propagação das informações, mas com a velocidade que elas chegam, como elas chegam e a quem elas chegam (destinatários das informações), surgem os riscos de abuso desse direito fundamental. Segundo, Mendes e Branco a liberdade de expressão é um dos direitos mais reivindicados do ordenamento jurídico[24]. No entanto, não é raro ao abrir os noticiários nos smartphones, tablets e computadores, o cidadão se deparar com o fato de alguém (geralmente pertencente a uma minoria étnica), ser alvo de ataques racistas ou xenófobos.

---

[23] MACHADO, J. E. M. **Liberdade de expressão: dimensões constitucionais da esfera pública no sistema social**. Coimbra (Portugal): 2002.

[24] MENDES, G. F. & BRANCO, P. G. G. **Curso de direito constitucional**. 12ª, São Paulo: Saraiva, 2018.

Esses ataques (informações) falsos, por vezes sem checagem das fontes, da forma que são colocados nas mídias e pela lentidão da correção da (des) informação, são capazes de degradar a história de uma pessoa, ou de uma sociedade inteira, ou ainda, fazer cair em esquecimento as atrocidades ocorridas contra vários grupos étnicos. Temos como exemplo, os discursos de ódio contra negros, ciganos, africanos, mulçumanos, judeus entre outras minorias étnicas espalhadas no nosso planeta.

É possível afirmar que o discurso de ódio, é um exercício abusivo da liberdade de expressão, infelizmente chegando a ser, um fenômeno (anti) social, uma espécie de opinião pública antidemocrática, um inconsciente coletivo maléfico que produz marcas, fazendo crescer as intolerâncias raciais, que perduram por gerações, uma verdadeira banalização do mal. Piovesan leciona que a discriminação é um dos principais efeitos decorrentes do discurso do ódio, o qual resulta em violência, humilhação e perseguição coletiva a um determinado grupo, resultando muitas vezes na imposição de estigmas e o aumento de intolerância ao mesmo[25].

Diante das distorções apresentadas no uso da "liberdade de expressão", principalmente no seu uso abusivo, surge a seguinte questão: será que essa liberdade individual, pode ser limitada pelo Estado, quando usada de forma a gerar uma instabilidade social?

Digno de nota que no sistema jurídico alemão do pós-Segunda Guerra Mundial, a liberdade de expressão se tornou um direito ainda mais sagrado, porém limitado ao valor supremo do respeito à Dignidade da Pessoa Humana. Quando ocorre colisão entre esses dois direitos, o princípio do respeito à dignidade humana reina absoluto em relação ao outro.

Mesmo que a liberdade de expressão tenha a categoria de direito fundamental numa constituição democrática já consolidada, não significa

---

[25] PIOVESAN, F. **Direitos humanos e justiça internacional: um estudo comparativo dos sistemas regionais, europeu, interamericano e africano**. São Paulo: ed. Saraiva, 2012.

que com ela pode-se atacar outros direitos fundamentais. Assim, a dignidade humana (art.1º, inciso III, C.F.), é o limitador de tal abuso dessa liberdade. Neste contexto, a dignidade humana atua como fator limitante em relação à liberdade de expressão, quando se analisa o fenômeno político-social do negacionismo do Holocausto, que se tornou um problema de legitimidade da escrita sobre o passado.

Como já afirmado, o negacionismo é uma onda que vem crescendo e ganhando adeptos no mundo todo, inclusive no Brasil, e se trata de movimento anti-histórico e anticientífico, pois o resultado dos trabalhos de seus membros, são em geral, supostas interpretações sobre acontecimentos passados, trazendo uma nova roupagem, negando as ciências naturais como também recorte históricos inegáveis em sua existência, como a afirmação de que em Auschwitz não existiam câmaras de gás. Utilizando-se principalmente da internet, o movimento negacionista teve um *boom* na década de 2010, pois com o crescimento das redes sociais seus apoiadores conseguiram proliferar suas ideias obscuras, que procuram invalidar o pensamento teórico, filosófico, histórico e científico. Neste sentido:

> Os negacionistas têm uma noção plena de que o conhecimento científico é baseado em evidências e de que, no âmbito da ciência, não existe espaço para afirmações baseadas em crenças sem fundamentos ou para hipóteses que não possam ser testadas, verificadas e reproduzidas por outros cientistas: eles sabem que a tentativa de falsificação na ciência em algum momento é desmascarada. Mas, mesmo assim, uma parcela considerável daqueles que negam a ciência o fazem como uma forma de provocação política e por uma militância consciente e cínica em prol do obscurantismo, do irracionalismo[26].

O movimento negacionista nega o Holocausto, como também o extermínio de 6 milhões de judeus e milhões de outras vítimas, afronta a história e ocorre de forma industrializada, com propagandas, séries,

---

[26] SOUSA FILHO, A. **A Terra é plana: o obscurantismo cínico dos negacionistas**. Inter-Legere, v. 3, n. 29, São Paulo: 2020. Disponível em: https://periodicos.ufrn.br/interlegere/article/view/23426. Acesso: 28 fev. 2023.

filmes e obras literárias. Outro artifício usado, é o direito de não falar do passado nefasto que a Alemanha e a Europa viveram nos tempos do nazismo de Hitler. Nesta estratégia, argumenta-se que o silêncio também é uma espécie de liberdade de expressão, já que aquilo que não é falado ou mesmo ensinado as novas gerações, nunca existiu, se tornando um meio fraudulento de apagar um momento da história.

> De modo geral, o negacionismo historiográfico procura negar as bases factuais de processos históricos com vistas, principalmente, a encobrir crimes e genocídios praticados pelos Estados. Este revisionismo da história tenta reinterpretar os processos históricos partindo de certos valores que orientam, muitas vezes de modo camuflado, a argumentação, mesmo à custa de manipulações e distorções de fontes, de fatos e de metodologias historiográficas[27].

Esse tipo de revisão histórica, por meio do movimento negacionista, também ocorre na América Latina (incluindo o Brasil), pois muitos crimes cometidos nos períodos da colonização, escravidão, inquisição e ditaduras militares são desvirtuados nos nossos registros históricos. Apenas para raciocinar em alguns exemplos: nossa sociedade é rodeada por figuras de heróis espanhóis, portugueses e bandeirantes escravagistas de índios ou negros, registros e pinturas de supostas missões salvadoras de almas, bem como de escolhas de nomes de generais militares para homenagem em patrimônios públicos, encobrindo todas as atrocidades que por aqui ocorreram. Os revisionistas devem ser chamados de negacionistas porque produzem um tipo de pseudo-história,

---

[27] BOECHAT, J. **Combate ao negacionismo historiográfico confronta o obscurantismo que ameaça a democracia, diz historiador.** Casa de Oswaldo Cruz, 2020, Disponível em: http://www.coc.fiocruz.br/index.php/pt/todas-as-noticias/1753-combate-ao-negacionismo-historiografico-visa-confrontar-o-obscurantismo-que-ameaca-a-democracia-diz-historiador.html#.XtlqQTpKhPZ. Acesso em: 8 jan. 2023.

ao tentarem reescrever o passado para atender a seus propósitos políticos no presente[28].

Dar a devida importância ao tema do Holocausto com atividades educacionais e culturais, oportuniza às novas gerações compreenderem a complexidade do mundo em que vivem. Ademais, ao aprender sobre as atrocidades do passado, as pessoas vão poder tomar decisões desatreladas de intolerâncias, preconceitos e discursos de ódio, que são ferramentas sombrias, mascaradas pela suposta "liberdade de expressão", e usadas para atacar um bem maior social, a dignidade humana.

> Estudar o passado pode ser um modo de romper com o presente naquilo que ele tem de mais desumano e de superar as injustiças existentes, o que por sua vez possibilita a criação de novos mundos no futuro. O estudo do Holocausto é tanto um fim, pois trata-se de um conteúdo curricular importante de história contemporânea, quanto um meio, pois permite refletir sobre questões que, nos dias de hoje, são extremamente relevantes para a cidadania.[29]

O Brasil presenciou um caso de negacionismo do Holocausto que chegou ao Supremo Tribunal Federal (STF) no ano de 2003. O proprietário da na época Editora Revisão (situada em Porto Alegre/RS), senhor Ellwanger, publicou livros negando o Holocausto e atacando os judeus. O Movimento de Justiça e Direitos Humanos do Rio Grande do Sul realizou diversas denúncias, sendo que o Ministério Público do Rio Grande do Sul ajuizou uma ação contra Ellwanger pela prática de racismo. Ao denegar um habeas corpus no caso em questão, o STF assegurou:

> Discriminação que, no caso, se evidencia como deliberada e dirigida especificamente aos judeus, que configura ato ilícito de prática de racismo. Liberdade de expressão. Garantia constitucional que não se tem como absoluta. Limites morais

---

[28] SHERMER, M & GROBMAN, A. Denying History: **Who Says the Holocaust Never Happened and Why Do They Say It?**, Berkeley, U.S.A.: University of California Press, 2009.
[29] PEREIRA, N. M. & GITZ, I. **Ensinando sobre o Holocausto na escola.** Ed. Penso, Porto Alegre: 2014

e jurídicos. O direito à livre expressão não pode abrigar, em sua abrangência, manifestações de conteúdo imoral que implicam ilicitude penal. O preceito fundamental de liberdade de expressão não consagra o "direito à incitação ao racismo", dado que um direito individual não pode constituir-se em salvaguarda de condutas ilícitas, como sucede com os delitos contra a honra. Prevalência dos princípios da dignidade da pessoa humana e da igualdade jurídica (HC 8424/RS, julgamento em 17/09/2023).[30]

Assim, o STF se posicionou no sentido de que a liberdade de expressão não pode ser utilizada para propagar o ódio étnico ou racial em um caso envolvendo o negacionismo do Holocausto. No mesmo sentido, a apologia ao nazismo também é um desvirtuamento da liberdade de expressão. Mesmo com o fim do Holocausto e a exposição de suas atrocidades, a sombra nazista paira sobre a sociedade contemporânea. Como mencionado, o *Nationalsozialistische Deutsche Arbeiterpartei* (Partido Nacional-Socialista dos Trabalhadores Alemães), foi uma ideologia surgida após a primeira guerra mundial, no contexto de uma Alemanha humilhada e destruída economicamente. Neste cenário, nasceu um sentimento de revolta nos alemães, onde alguns culpavam o governo, os comunistas e sobretudo os judeus pela situação desastrosa em que se encontravam. O nazismo almejava o totalitarismo, bem como a união de todos os povos germânicos localizados na Europa central.

Assim, em um conceito abrangente a "apologia ao nazismo" é o ato de promover ou praticar sob qualquer argumento ou meio as ideias, doutrinas ou instituições adotadas pelo Partido Nacional-Socialista dos Trabalhadores Alemães (Partido Nazista). Na grande maioria dos países (como também ocorre no Brasil), a prática da apologia ao nazismo é crime.

O ordenamento jurídico brasileiro tipificou o crime de apologia ao nazismo na Lei 7.716/89, a qual sofreu alterações da Lei 14.532/2023. O art. 20 estabelece:

---

[30] HC 8424/RS, Rel. Min. Maurício Corrêa, julgamento em 17/09/2023, disponível em: https://jurisprudencia.stf.jus.br/pages/search/sjur96610/false

Revista de Direito Magis | V. 2 | N. 1 | P. 183-214 | 2023
DOI: 10.5281/zenodo.8335564

> Art. 20. Praticar, induzir ou incitar a discriminação ou preconceito de raça, cor, etnia, religião ou procedência nacional.
> Pena: reclusão de um a três anos e multa.
> § 1º Fabricar, comercializar, distribuir ou veicular símbolos, emblemas, ornamentos, distintivos ou propaganda que utilizem a cruz suástica ou gamada, para fins de divulgação do nazismo.
> Pena: reclusão de dois a cinco anos e multa.

Assim, para a configuração do crime, o uso de imagens nazistas deve estar associado ao intuito de divulgação positiva do nazismo. Desta forma, as referidas imagens podem ser utilizadas para fins didáticos, pesquisas e trabalhos científicos, por colecionadores, filmes, documentários e teatros que retratam fatos históricos, e assim por diante. O filtro reside na intenção do agente: caso seja promover os ideais nazistas configura-se o crime.

A Lei 14.532/2023 trouxe alguns acréscimos importantes a Lei 7.716/89, tornando-a mais adequada as necessidades contemporâneas, pois trata das questões da internet e das redes sociais, local em que justamente se configura como terreno fértil para a apologia ao nazismo. O "§ 2º" do art. 20 tem nova redação, como segue:

> § 2º Se qualquer dos crimes previstos neste artigo for cometido por intermédio dos meios de comunicação social, de publicação em redes sociais, da rede mundial de computadores ou de publicação de qualquer natureza:
> Pena: reclusão de dois a cinco anos e multa.

Outra mudança interessante diz respeito a inserção do "§ 2º-B" no art. 20, o qual determina:

> § 2º-B Sem prejuízo da pena correspondente à violência, incorre nas mesmas penas previstas no caput deste artigo quem obstar, impedir ou empregar violência contra quaisquer manifestações ou práticas religiosas.

A título de exemplo, em alguns países do leste europeu (como a Bulgária), ocorrem atentados contra sinagogas judaicas e invasões a salões do reino das Testemunhas de Jeová por parte de movimentos ultranacionalistas, simpatizantes do nazifascismo. O dispositivo descrito acima se aplicaria a tais situações caso ocorram no Brasil.

A apologia ao nazismo não é um fato distante ou alheio a realidade brasileira. Tal situação ocorre no Brasil, tanto em sites, blogs, redes sociais, quanto pessoalmente. A título de exemplo, no mês de junho de 2021 um adolescente de 17 anos foi expulso de um shopping na cidade de Caruaru (PE), pois estava usando uma braçadeira com o símbolo da suástica nazista. Um dia depois, Ricardo Santa Rita (na época secretário de turismo da cidade de Maceió /RN), realizou um comentário nas redes sociais afirmando que estava surpreso com a expulsão do jovem do estabelecimento, pois "pensava que a liberdade de expressão existisse". O mesmo foi demitido pela prefeitura de Maceió/RN.[31]

Imagem 04: Jovem expulso de shopping em Caruaru (PE) portando a suástica.

Naturalmente, é possível discutir se a expulsão do jovem foi a melhor medida educacional adotada. Muitas vezes, primeiro raciocinar com o jovem (ainda mais se for menor de idade), sobre as atrocidades do

---

[31]Site Agência Senado, Brasília, disponível em: https://www12.senado.leg.br/noticias/infomaterias/2021/08/confundida-com-liberdade-de-expressao-apologia-ao-nazismo-cresce-no-brasil-a-partir-de-2019

nazismo e fazê-lo se colocar no lugar das vítimas e sobreviventes do Holocausto e então dar a oportunidade de retirar o símbolo nazista, pode ser mais vantajoso. No entanto, o grande problema foi a frase que o secretário de turismo utilizou, tentando contextualizar a apologia ao nazismo no direito à liberdade de expressão.

Este caso não é isolado. Ao pesquisar notícias sobre o tema na internet há diversas situações semelhantes. Não é de se olvidar que neste contexto, colocar um direito fundamental no patamar de um ilícito, como fez o secretário de turismo com a frase "pensava que a liberdade de expressão existisse", demonstra que os tentáculos do negacionismo estrutural do Holocausto não só é uma realidade no Brasil, como pode ter um certo protagonismo social.

5   CONSIDERAÇÕES FINAIS

No presente trabalho foi possível verificar que o partido nazista evoluiu de um pequeno partido ignorado pela população alemã após a I Guerra Mundial para um regime totalitário em 1933. A crise da Bolsa de Nova York que atingiu a economia alemã auxiliou a ascensão nazista.

Após alcançar o poder absoluto, os nazistas começaram a perseguir sistematicamente seus oponentes políticos e os "indesejáveis". Comunistas, socialdemocratas, Testemunhas de Jeová, ciganos, deficientes, negros, homossexuais e judeus – milhões exterminados – essa foi a terrível herança do nazismo para a história da humanidade.

Apesar dos inúmeros documentos, filmes e depoimentos (incluindo de ex-integrantes do partido nazista), descrevendo o processo de extermínio, há quem negue tais crimes. No geral, os mesmos se intitulam como sendo "revisionistas", quando na verdade são negacionistas do Holocausto. Tal negacionismo não raro anda de mãos dadas com movimentos que realizam apologia ao nazismo, sob a alegação do exercício da liberdade de expressão.

A liberdade de expressão é um direito fundamental tutelado pela Constituição Federal Brasileira de 1988. Também se caracteriza como um direito humano de primeira geração ou dimensão. Porém, o ordenamento jurídico brasileiro também combate e tipifica o crime de racismo e a apologia ao nazismo. Assim, a liberdade de expressão não pode ser utilizada para propagar ódio racial, étnico ou religioso, como ocorre no caso em estudo. Nesta circunstância o que ocorre é um abuso e desvirtuamento do exercício da liberdade de expressão, a qual se submete ao crivo e a reprovação do princípio do respeito à dignidade da pessoa humana (art. 1º, inciso III, CF).

De fato, foi possível constatar que o argumento da liberdade de expressão no contexto da propagação do negacionismo e da apologia ao nazismo são interligadas por uma mesma fonte, qual seja, o campo das ideias humanas, sujeitando-se ao domínio das intenções nelas inerentes, ou do bem ou do mal. Sendo quaisquer delas utilizadas, a sociedade tem que aprender com os erros do passado, para ter acertos no futuro. Em outras palavras, quando se nega o passado, o presente fica disforme e o futuro se torna incerto. E esse é o motivo da necessidade de se combater o ressurgimento ou a propagação dos ideais nazistas.

REFERÊNCIAS

Academia Médica. **Os experimentos médicos nazistas**, disponível em: http://academiamedica.com.br/experimentos-medicos-nazistas/.

ALMEIDA, A. M. **A República de Weimar e a Ascensão do Nazismo**. Editora Braziliense, São Paulo: 1999.

ATKINS, S. E. **Holocaust denial as an international movement**. Westport, U.S.A: 2009.

BOECHAT, J. **Combate ao negacionismo historiográfico confronta o obscurantismo que ameaça a democracia, diz historiador**. Casa de Oswaldo Cruz, 2020, Disponível em: http://www.coc.fiocruz.br/index.php/pt/todas-as-noticias/1753-combate-ao-negacionismo-historiografico-visa-confrontar-o-obscurantismo-que-ameaca-a-democracia-diz-historiador.html#.XtlqQTpKhPZ. Acesso em: 8 jan. 2023.

BOHELEBER, W. **Recordação, trauma e memória coletiva: a luta pela recordação em psicanálise**. Revista Brasileira de Psicanálise, São Paulo: Volume 41, n. 1, 2017, ps. 154-175.

BURON, T. & PASCAL, G. **Os Fascismos**. Ed. Zahar Editores, Rio de Janeiro: 1980.

BRASIL. **Constituição da República Federativa do Brasil de 1988**. Brasília, DF: Presidência da República, [2023]. Disponível em: https://www.planalto.gov.br/ccivil_03/constituicao/constituicao.htm Acesso em: 01 Mar.2023.

BRASIL. **Lei 7.716, de 5 de janeiro de 1989**. Dispõe sobre os crimes resultantes de preconceito de raça ou de cor. Disponível em: https://www.planalto.gov.br/ccivil_03/leis/l7716.htm. Acesso em: 28 fev. 2023.

Confundida com liberdade de expressão, apologia ao nazismo cresce no Brasil desde 2019. Site Agência Senado, Brasília, disponível em: https://www12.senado.leg.br/noticias/infomaterias/2021/08/confundida-com-liberdade-de-expressao-apologia-ao-nazismo-cresce-no-brasil-a-partir-de-2019

CARVALHO, B. L. P. **Para entender o negacionismo do Holocausto**. Ciência Hoje, Revista - Departamento de História da Universidade de Brasília (UNB), Brasília: disponível: https://cienciahoje.org.br/artigo/para-entender-o-negacionismo-do-holocausto/

DW – DEUTSCHE WELLE BRASIL. **História, Alemanha: 23 de Marco de 1933**, disponível em:https://www.dw.com/pt-br/1933-aprova%C3%A7%C3%A3o-da-lei-plenipotenci%C3%A1ria/a-480521, 10 set. 2022.

HC 8424/RS, **Supremo Tribunal Federal on Line jurisprudências**, disponível em: https://jurisprudencia.stf.jus.br/, 05 set. 2022

MACHADO, J. E. M. **Liberdade de expressão: dimensões constitucionais da esfera pública no sistema social**. Coimbra (Portugal): 2002.

MENDES, G. F. & BRANCO, P. G. G. **Curso de direito constitucional**. 12ª, São Paulo: Saraiva, 2018.

MOCELLIN, R. **O Nazismo**. São Paulo: Editora FTD, 1998.

Museu Memorial do Holocausto dOS EUA – **Campos Nazistas** disponível em: http://www.ushmm.org/outreach/ptbr/article.php?ModuleId=10007727, Acesso 02 set. 2022.

Museu Memorial do Holocausto dOS EUA – **Enciclopédia do Holocausto**, disponível em, https://encyclopedia.ushmm.org/content/pt-br/article/dachau#:~:text=Dachau%20foi%20criado%20em%20mar%C3%A7o,de%20concentra%C3%A7%C3%A3o%20para%20prisioneiros%20pol%C3%ADticos%E2%80%9D, Acesso 02 set. 2022.

Museu Memorial do Holocausto dOS EUA – **O Extermínio dos Deficientes**, disponível em: http://www.ushmm.org/outreach/ptbr/article.php?ModuleId=10007683, Acesso 02 set. 2022.

Museu Memorial do Holocausto dOS EUA – **Perseguição aos Ciganos (1939-1945)**, disponível em: http://www.ushmm.org/wlc/ptbr/media_nm.php?MediaId=265, 02 set. 2022.

PAIXÃO, C. & FRISSO, G. **Usos da memória: as experiências do Holocausto e da Ditadura no Brasil**, Lua Nova, n. 97, ps. 191-212 São Paulo: 2016.

PEREIRA, N. M. & GITZ, I. **Ensinando sobre o Holocausto na escola**. Ed. Penso, Porto Alegre: 2014.

PIOVESAN, F. **Direitos humanos e justiça internacional: um estudo comparativo dos sistemas regionais, europeu, interamericano e africano**. São Paulo: ed. Saraiva, 2012.

Revista de Direito Magis | V. 2 | N. 1 | P. 183-214 | 2023
DOI: 10.5281/zenodo.8335564

REIS, A. C. & SHUCMAN, L. V. **A constituição social da memória: lembranças de uma testemunha da II Guerra Mundial,** Psicologia em Revista, v. 16, n. 2, ps. 388-408, Belo Horizonte: 2010.

ROSSIGNOLI, L. **Vítimas judias e o Holocausto: um trabalho da memória,** publicado no 9º Encontro Nacional de História da Mídia, Ouro Preto: 2013.

SHERMER, M & GROBMAN, A. Denying History: **Who Says the Holocaust Never Happened and Why Do They Say It?,** Berkeley, U.S.A.: University of California Press, 2009.

SILVA, A. B, et. al. **A extrema-direita na atualidade,** Revista Serviço Social (PUC/SP-NEPEDH), São Paulo: ps. 407-445, disponível em: https://www.scielo.br/j/sssoc/a/nTk6JtjrXGqcpGVcr8Rj4Wx/?lang=pt, Acesso 10 jan. 2023.

SOUSA FILHO, A. **A Terra é plana: o obscurantismo cínico dos negacionistas.** Inter-Legere, v. 3, n. 29, c23426, São Paulo: 2020. Disponível em: https://periodicos.ufrn.br/interlegere/article/view/23426. Acesso: 28 fev. 2023.

TRATADO DE VERSALHES, IDI (1921), **Documentos Digitais Publicados no Diário do Governo Português,** disponível em: https://idi.mne.gov.pt/images/pdf/primeira-guerra/TVersailes.pdf, Acesso 02 set 2022.

UM CAMPEÃO DO ANTISSEMITISMO. Site da Academia Brasileira de Letras, Rio de Janeiro: disponível em: https://www.academia.org.br/artigos/um-campeao-de-antissemitismo, Acesso 15 jan. 2023.

VALIN, P. AVELAR, A. & BERVERNAGE, B. **Negacionismo: História, Historiografia e Perspectiva de Pesquisa,** Revista Brasileira de História, publicada pela Associação Nacional de História, vol.41, nº 87, ps. 13-36 São Paulo: 2019.

CRÉDITOS DAS IMAGENS:

Imagem 01: Incêndio do Reichstag alemão em 1933: site da DW - Há 90 anos, fogo no Reichstag foi golpe contra democracia, disponível em: https://www.dw.com/pt-br/h%C3%A1-90-anos-um-inc%C3%AAndio-no-reichstag-foi-um-duro-golpe-na-democracia-alem%C3%A3/a-16629973

Imagem 02: Vítima de experimento médico nazista no Tribunal de Nuremberg: Site do Museu Memorial do Holocausto dos Estados Unidos (USA) – As experiências médicas nazistas, disponível em: https://encyclopedia.ushmm.org/content/pt-br/gallery/nazi-medical-experiments-photographs

Imagem 03: Manifestação Integralista no Brasil na Era Vargas: Site do Acervo O Globo – Ação Integralista Brasileira de Plínio Salgado atrai milhares de camisas-verdes, disponível em: https://acervo.oglobo.globo.com/em-destaque/acao-integralista-brasileira-de-plinio-salgado-atrai-milhares-de-camisas-verdes-21877062

Imagem 04: Jovem expulso de shopping em Caruaru (PE) portando a suástica: Site da Agência Senado - Confundida com liberdade de expressão, apologia ao nazismo cresce no Brasil desde 2019, disponível em: https://www12.senado.leg.br/noticias/infomaterias/2021/08/confundida-com-liberdade-de-expressao-apologia-ao-nazismo-cresce-no-brasil-a-partir-de-2019

Revista de
Direito Magis

EXCLUSÃO DO "REFUGO HUMANO" COMO CAUSA INFLUENCIADORA DO TERRORISMO E DAS PRÁTICAS DE COMBATE AO TERRORISMO

EXCLUSION OF THE "REJECTED HUMANS" AS AN INFLUENCE OF TERRORISM AND TERRORISM COUNTERING

Clayton Douglas Pereira Guimarães[1]

Resumo: A temática do terrorismo não pode ser dissociada de uma discussão acerca da sociedade em que está inserida e dos fenômenos que nela ocorrem, nesse interim objetiva-se analisar nesta pesquisa a Exclusão do "refugo humano" como causa influenciadora do terrorismo e das práticas de combate ao terrorismo que não o perfilamento racial. Para o atendimento desse objetivo, requer-se, a adoção de uma vertente metodológica jurídico-sociológica. No tocante ao tipo de investigação, foi escolhido, na classificação Witker (1985) e Gustin (2010), o tipo jurídico-projetivo. De acordo com a técnica de análise de conteúdo, afirma-se que se trata de uma pesquisa teórica, o que será possível a partir da análise de conteúdo dos textos doutrinários, normas e demais dados colhidos na pesquisa. Em síntese, o combate do terrorismo perpassa por combater suas causas, já que é ineficaz e contra produtivo o combate os terroristas já que são de difícil identificação, uma vez que se valem da ocultação da identidade, bem como são apenas expressão de uma ideia, então ainda que se combata terroristas, o terrorismo continuará a existir, caso não se enfrente diretamente as suas causas. A causa mais evidente do terrorismo decorre da exclusão do refugo humano, nessa perspectiva práticas de perfilamento racial só acentual a problemática, além de violarem o Estado Democrático de Direito. Em linhas gerais, é necessária a inserção efetiva das pessoas na sociedade para que assim não tenham contra o que se irresignar, sobretudo de maneira tão extrema como o terrorismo.
Palavras-chave: Terrorismo; Refugo Humano; Perfilamento Racial.

---

[1] Especialista em Ciências Jurídicas com ênfase em Direito Civil e Processo Civil pela Faculdade Arnaldo Janssen. Bacharel em Direito, na modalidade Integral, pela Escola Superior Dom Helder Câmara. Autor de artigos no âmbito do Direito Digital, Direito do Consumidor e Responsabilidade Civil. Copresidente da AGEJ - Associação Guimarães de Estudos Jurídicos. Diretor Geral e membro do Conselho Editorial do Portal Jurídico Magis. Advogado.

Revista de Direito Magis | V. 2 | N. 1 | P. 215-238 | 2023
DOI: 10.5281/zenodo.8335566

Abstract: The theme of terrorism cannot be dissociated from a discussion about the society in which it is inserted and the phenomena that occur in it. of combating terrorism other than racial profiling. In order to meet this objective, it is required the adoption of a legal-sociological methodological aspect. With regard to the type of investigation, in the Witker (1985) and Gustin (2010) classification, the juridical-projective type was chosen. According to the content analysis technique, it is stated that this is a theoretical research, which will be possible from the content analysis of doctrinal texts, norms and other data collected in the research. In summary, the fight against terrorism involves combating its causes, since it is ineffective and counterproductive to fight terrorists, since they are difficult to identify, since they use identity concealment, as well as being just an expression of an idea, so even if terrorists are fought, terrorism will continue to exist if its causes are not directly addressed. The most obvious cause of terrorism stems from the exclusion of human refuse, in this perspective practices of racial profiling only accentuate the problem, in addition to violating the Democratic State of Law. In general terms, the effective insertion of people into society is necessary so that they do not have anything to resent against, especially in such an extreme way as terrorism.
Keywords: Terrorism; Human Waste; Racial Profiling.

1   CONSIDERAÇÕES INICIAIS

A presente pesquisa tem por tema, a Exclusão do "refugo humano" como causa influenciadora do terrorismo e das práticas de combate ao terrorismo, para tanto se utilizará da definição estrita de terrorismo, em atenção a identidade dos terroristas, para fins da identificação dos potenciais terroristas far-se-á o uso da Teoria dos Arcos Dourados atrelada a exclusão econômica-social do denominado "refugo humano" como causa influenciadora do terrorismo. A pesquisa objetiva por fim, tratar das formas de combate ao terrorismo que não o Perfilamento Racial.

Diante da abordagem do tema do trabalho acadêmico surge uma problemática, qual seja, como combater efetivamente o terrorismo, o que inclui meios de reinserir indivíduos a sociedade, indivíduos anteriormente sujeitos a uma exclusão, a qual pode-se denominar como "refugo humano". Dessa forma se propõe a responder a seguinte pergunta: Como combater o terrorismo e se esse combate perpassa pela reinserção de indivíduos excluídos a sociedade?

A resposta prévia que se alcança a partir da propositura da hipótese, se resume em: o terrorismo é um ato comunicativo, portanto tem que se identificar o que se quer comunicar, o que a princípio para a presente pesquisa seria a insatisfação com a imposição de uma ideologia própria da cultura ocidental, de modo que alguns indivíduos fiquem alheios a esse regime jurídico posto.

Para fins da verificação de verossimilhança da hipótese formulada tendente a resolução do problema da pesquisa é imperioso o cumprimento de determinados objetivos, quais sejam, explicar o conceito de terrorismo, a causa deste, ainda meios de combate ao terrorismo que sejam verdadeiramente efetivos.

Para o atendimento do supracitado objetivo, requer-se, a utilização de uma metodologia hábil a atender as demandas da pesquisa, nesse sentido, adota-se uma vertente metodológica jurídico-sociológica. No tocante ao tipo de investigação, foi escolhido, na classificação Witker (1985) e Gustin (2010), o tipo jurídico-projetivo. De acordo com a técnica de análise de conteúdo, afirma-se que se trata de uma pesquisa teórica, o que será possível a partir da análise de conteúdo dos textos doutrinários, normas e demais dados colhidos na pesquisa.

Feitas, portanto, essas relevantes considerações de modo a elucidar a temática da presente pesquisa, os respectivos problemas e a resposta prévia que se alcança a partir da propositura da hipótese, faz-se necessária justificar o porquê da realização da presente pesquisa, esta se substancia no fato de a temática apresentar relevância social e jurídica, o terrorismo como ato de violência, por conseguinte acaba por violar direitos humanos, que devem ser garantidos juridicamente, por sua vez, o meio de combate ao terrorismo não pode igualmente violar direitos humanos, pois um terror não pode justificar o outro.

Por fim, cabe, mencionar como dar-se-á estruturação do seguinte trabalho acadêmico, este é organizada em três capítulos, além destas considerações iniciais, as considerações finais e as referências.

O segundo capítulo, se inicia abordando a definição de terrorismo no léxico e na ciência jurídica.

O terceiro capítulo trata das causas que propiciam o terrorismo, para o mesmo far-se-á o uso da teoria dos arcos dourados, teoria essa que analisa o regime jurídico posto, próprio da cultura ocidental, e quais os resultados desse regime em frente a culturas diversas.

Por sua vez, o quarto capítulo trada das formas de combate ao terrorismo que não o perfilamento racial, já que fica constatado no capítulo anterior que a prática de perfilamento carece de efetividade, e mais importante não é compatível com os direitos humanos.

2 TERRORISMO, DEFINIÇÕES NO LÉXICO E NA CIÊNCIA JURÍDICA

A definição de terrorismo é pressuposto para tratar do tema da presente pesquisa, no dicionário Oxford, o termo *terrorism* tem por definição *the use of violent action in order to achieve political aims or to force a government: act of terrorism*[2].

Pode-se recorrer também a etimologia da palavra, conforme Basso "Se buscarmos a origem da expressão terrorismo vamos encontrá-la no latim: terrere (tremer) e deterrere (amedrontar). Assim, fazer tremer e amedrontar são as motivações que fundamentam as ações terroristas".[3]

Então o conceito comumente atribuído terrorismo perpassa pela ameaça ou uso de violência propriamente dito, em uma síntese de guerra e teatro perpetrada contra alvos civis diante de um público com a finalidade de intimidar uma população ou governo por motivada por razões ideológicas ou políticas.

> (...) A "estratégia do medo generalizado" e "da violência simbólica" conduz à escolha de alvos civis para as ações criminosas, arruinando, assim, o grau de confiança que o povo deposita em seu governo. O terrorismo, nessa perspectiva deve ser visto como uma "síntese de guerra e teatro, uma

---

[2] O uso de ação violenta para atingir objetivos políticos ou para forçar o governo a agir: ato de terrorismo (tradução nossa)

[3] BASSO, Maristela. Reflexões Sobre Terrorismo E Direitos Humanos: Práticas E Perspectivas. **Revista Da Faculdade De Direito, Universidade De São Paulo.** São Paulo, v. 97, p. 437. Jan. 2002

dramatização do tipo mais proscrito de violência – que é perpetrada contra vítimas inocentes - realizada diante de uma audiência com o propósito de criar um clima de medo, com fins políticos.[4]

Por fim, a ação terrorista é um movimento contra-hegemônico na medida que é visto como recusa de valores hegemônicos, não que um meio de violência se justifique como canal comunicativo, por isso o Estado tenta o coibir, é sobre efetivas formas de combate ao terrorismo que a presente pesquisa vai se ater. Note-se desde logo, que o Estado não é capaz de coibir coligações contra-hegemônicas, pois para fim de se evitar tais práticas deve-se na verdade coibir a imposição de uma hegemonia, o que dar-se a em certa medida na integração de esses indivíduos no campo dos direitos sociais e culturais. Ainda, além da impossibilidade de coibir essa coligação ante a impossibilidade de coibir um ideal de descontentamento, a impossibilidade de coibir a coligação e não as ações terroristas propriamente ditas, também decorre da falta de condições objetivas de identificar potenciais terroristas.

> A ação terrorista pode ser entendida como um movimento de contra-hegemonia na medida em que é vista como um movimento de recusa e oposição dos valores difundidos por um grupo hegemônico. O Estado, apesar de contar com considerável apoio e mobilização da sociedade civil, não consegue, entretanto, impedir coligações contra-hegemônicas se formem no interior do sistema – seja este no plano interno ou externo. Assim, uma situação de contra-hegemonia constitui-se na capacidade de um determinado grupo propor alternativas sociais capazes de contrapor-se àquelas predominantes em uma sociedade.[5]

---

[4] SAMPAIO, José Adércio Leite. Constituição e terror – Uma visão parcial do Fenômeno Terrorista. In: BRANT, Leonardo Nemer Caldeira. **Terrorismo e direito – Os Impactos do Terrorismo na Comunidade Internacional e no Brasil: Perspectivas Político-Jurídicas.** 1ª ed. Rio de Janeiro: Forense, 2003, p. 153.

[5] LASMAR, Jorge Mascarenhas. A ação Terrorista Internacional e o Estado: Hegemonia e Contra –Hegemonia nas Relações Internacionais. In: BRANT, Leonardo Nemer Caldeira. **Terrorismo e direito – Os Impactos do**

Ainda, sobre terrorismo, cabe ressaltar que há uma falta de condições de identificar potenciais terroristas, conforme Pagliarini e Socorro: "O terrorista não é necessariamente branco, negro, católico, grego ou judeu. Pode ser qualquer um, mas nunca se saberá quem. É requisito básico do terrorismo a ocultação da identidade".[6] Assim, resta impossível a identificação de potenciais terroristas, podendo o ser qualquer um que com ato comunicativo, esse exteriorizado por uma ameaça ou ato de violência propriamente dito, tem o fito de intimidar população ou governo.

> Ainda buscando uma identidade qualquer para o terrorista, o promotor de atentados, que, para a maioria, é um terrorista – e por isso deve sofrer as penas da lei -, para outros é um patriota e torna-se mártir de uma causa, e de seu martírio pela causa os seus familiares se orgulham – o que significa que preferem perder o filho ou o marido a continuar se submetendo ao poder que desejam amedrontar ou mesmo derrubar com um ato de terror. Daí a explicação de homens, e mulheres e crianças se disporem, em pleno século XXI, a se matar pela causa, seja ela qual for, Isso não tira do grupo, entretanto, sua fundamental característica midiática, pois, se um deles de fato morre, outras centenas de outros permanecem vivos para comemorar, e sobretudo, para espalhar o medo. Pode-se, portanto, dizer que o principal objetivo do terrorista é a comunicação do ato para que se inculque medo numa inteira comunidade ou num país todo.[7]

O terrorismo como ato comunicativo tem, portanto, uma finalidade que é transmitir as razões ideológicas e políticas de um determinado grupo de pessoas, embora, o meio que se utilize seja inadequado, intimidação por meio de violência. Uma vez constatado esse ato

Terrorismo na Comunidade Internacional e no Brasil: Perspectivas Político-Jurídicas. 1ª ed. Rio de Janeiro: Forense, 2003, p. 441.
[6] PAGLIARINI, Alexandre Coutinho; SOCORRO, Tatiana de Carvalho. O horror de Marlon Brando. **Meritum**, Belo Horizonte, v. 9, n.2, p. 103, jul./dez. 2014
[7] PAGLIARINI, Alexandre Coutinho; SOCORRO, Tatiana de Carvalho. O horror de Marlon Brando. **Meritum**, Belo Horizonte, v. 9, n.2, p.104 - 105, jul./dez. 2014

comunicativo, torna-se imprescindível interpretar a mensagem que o interlocutor quer transmitir, para tanto utilizar-se-á a teoria dos arcos dourados.

3 A TEORIA DOS ARCOS DOURADOS ATRELADA A EXCLUSÃO ECONÔMICA-SOCIAL DO DENOMINADO "REFUGO HUMANO" COMO CAUSA INFLUENCIADORA DO TERRORISMO

As transformações econômicas e sociais alteraram as relações geopolíticas no tocante a segurança nacional, sobretudo em decorrência do terrorismo.

Far-se-á o uso da Teoria dos Arcos Dourados, concebida pelo o jornalista Thomas Friedman, para tratar dos efeitos da referida transformação econômica e social na geopolítica nas últimas décadas. Conforme Almeida: "Friedman notou que, até a virada do século XXI, não havia nenhuma guerra ocorrida entre dois países a partir do momento em que ambos passaram a possuir um restaurante da cadeia McDonald's".[8] Em detrimento da eleição do referencial, rede de restaurantes da cadeia McDonald's, pela Teoria dos Arcos Dourados se quer metaforicamente indicar que a existência de um dos mesmos em determinado país significa que há nesse um padrão suficiente de civilidade sob ótica das sociedades capitalistas ocidentais.

> Na realidade, à luz das ideias do autor, a presença de uma lanchonete como o McDonald's metaforicamente indicava que naquele país existia civilização suficientemente desenvolvida sob as bases do sistema capitalista de produção, e com bases morais mais sólidas, características que a tornariam avessa a conflitos bélicos com outros Estados soberanos, e que, por

---

[8] ALMEIDA, Thomas Augusto Ferreira de. **A teoria dos arcos dourados da prevenção de conflitos de Thomas Friedman à luz do terrorismo do século XXI. Revista dos Tribunais,** Revista de Direito Internacional e Constitucional, São Paulo, v. 26, n. 105, p. 413-430, jan./fev. 2018. **[E-book]**

outro lado, impulsionariam seus integrantes à construção e a consolidação de seu estilo de vida.[9]

Em que consistem as transformações econômicas e sociais das últimas décadas, basicamente na superação da bipolaridade decorrente da Guerra Fria e seus reflexos, e é neste cenário em que surgem os conflitos sociais atuais, dentre eles, as ações terroristas.

> Se, por um lado, a globalização propiciou o aumento da geração produtiva e da circulação financeira por intermédio da integração econômica, por outro lado, o mundo ficou sem opções políticas: os sistemas econômicos (com raras exceções) são todos capitalistas e a sociedade de consumo é a ordem internacional hegemônica [...]. As decisões políticas a serem adotadas pelos governantes eram muito mais simples quando havia uma polarização binária entre duas grandes potências em estado permanente de guerra (fria): Estados Unidos da América e União das Repúblicas Socialistas Soviéticas. Essa polarização criava a oportunidade a todas as nações do mundo de barganhar sua filiação a um ou outro sistema político para em contrapartida receber recursos materiais e financeiros, tecnologia e mesmo poder geopolítico em razão da associação a uma dessas duas potências.[10]

O pós-Guerra Fria ensejou a adequação dos países a um sistema internacional majoritariamente capitalista, bem como, a adequação dos cidadãos à sociedade de consumo. Em decorrência do estabelecimento desse padrão, os que não se adequam a ele formam o que se denomina "refugo humano", indivíduos que obstaculizam o ideal funcionamento do sistema capitalista.

---

[9] ALMEIDA, Thomas Augusto Ferreira de. **A teoria dos arcos dourados da prevenção de conflitos de Thomas Friedman à luz do terrorismo do século XXI. Revista dos Tribunais**, Revista de Direito Internacional e Constitucional, São Paulo, v. 26, n. 105, p. 413-430, jan./fev. 2018. **[E-book]**
[10] ALMEIDA, Thomas Augusto Ferreira de. **A teoria dos arcos dourados da prevenção de conflitos de Thomas Friedman à luz do terrorismo do século XXI. Revista dos Tribunais**, Revista de Direito Internacional e Constitucional, São Paulo, v. 26, n. 105, p. 413-430, jan./fev. 2018. **[E-book]**

Explica Bauman que ao longo da história, a construção da ordem e o progresso econômico inevitavelmente geravam um sistema social em que diversos indivíduos tornavam-se excessivos ou redundantes para seu bom funcionamento. Esses indivíduos indesejados a essa ordem são o que o filósofo denominou provocativamente de "refugo humano" [...]. Enquanto existiam territórios não habitados e não submetidos a um efetivo Poder Soberano, esses espaços eram o destino do excedente populacional da época, movimentados dentro de ondas de colonização e de povoamento. Sem embargo, diversas nações do continente americano, por exemplo, representaram justamente o local de absorção dos excedentes populacionais europeus. Essas partes subdesenvolvidas do planeta, ainda não atingidas pela modernização, eram espaços aptos a receber o denominado "refugo humano" gerado pelas nações modernas e em modernização.[11]

Por óbvio, o excedente, denominado "refugo humano" constitui um problema para as sociedades modernas, de modo que essas procuram uma destinação para tal excedente.

Nesse cenário, em que todos países do mundo são modernos ou estão em modernização e igualmente produzem um "refugo humano", todas essas nações, por conseguinte, procuram uma destinação para esse excedente indesejado e problemático. Não existe mais um abrigo global para esses humanos refugados e as nações modernas, dessa forma, as nações devem procurar soluções locais para esse problema global.[12]

Embora identificada a problemática, até o presente momento nenhuma alternativa viável para resolução fora devidamente aplicada.

---

[11] ALMEIDA, Thomas Augusto Ferreira de. **A teoria dos arcos dourados da prevenção de conflitos de Thomas Friedman à luz do terrorismo do século XXI. Revista dos Tribunais**, Revista de Direito Internacional e Constitucional, São Paulo, v. 26, n. 105, p. 413-430, jan./fev. 2018. **[E-book]**

[12] ALMEIDA, Thomas Augusto Ferreira de. **A teoria dos arcos dourados da prevenção de conflitos de Thomas Friedman à luz do terrorismo do século XXI. Revista dos Tribunais**, Revista de Direito Internacional e Constitucional, São Paulo, v. 26, n. 105, p. 413-430, jan./fev. 2018. **[E-book]**

Como notamos no cotidiano de qualquer país moderno, as experiências até o momento mostraram-se infrutíferas e financeira e politicamente onerosas para os governos e sociedades modernas. O atual problema dos refugiados que buscam entrar no continente europeu é emblemático desse problema global.[13]

Sob essa classificação de "refugo humano" merece especial atenção os imigrantes, sobretudo na indevida associação destes as ações terroristas, associação essa decorrente do perfilamento racial.

O excedente populacional acima descrito forma um grupo socialmente insatisfeito e ressentido com essa nova ordem que não lhes prevê um lugar. Esse grupo, que no continente europeu é constituído por muitos imigrantes com origem em países árabes, encontra no discurso de rejeição à modernidade proposto pelo islamismo um lugar de pertencimento. Friedman destacou, em um ensaio para o jornal *New York Times*, que muito da origem do radicalismo islâmico não está apenas nas intervenções militares do Oriente Médio ou na dificuldade de integração das comunidades árabes na Europa; mas tem raiz no desafio da integração à modernidade.[14]

Note-se que se forma uma prática de perfilamento racial com intuito de neutralizar as ações terroristas, inclusive utilizando-se de experiências financeira e politicamente onerosas em virtude do receio de perder as conquistas de propriedade e ganhos sociais que os cidadãos da sociedade de consumo têm, ao invés de utilizar de experiências afim de evitar que esses indivíduos se tornem o denominado "refugo humano" de modo de que esses possam participar igualmente da sociedade de consumo. Conforme Almeida: "Com efeito, é de se questionar se a

---

[13] ALMEIDA, Thomas Augusto Ferreira de. **A teoria dos arcos dourados da prevenção de conflitos de Thomas Friedman à luz do terrorismo do século XXI. Revista dos Tribunais**, Revista de Direito Internacional e Constitucional, São Paulo, v. 26, n. 105, p. 413-430, jan./fev. 2018. **[E-book]**
[14] ALMEIDA, Thomas Augusto Ferreira de. **A teoria dos arcos dourados da prevenção de conflitos de Thomas Friedman à luz do terrorismo do século XXI. Revista dos Tribunais**, Revista de Direito Internacional e Constitucional, São Paulo, v. 26, n. 105, p. 413-430, jan./fev. 2018. **[E-book]**

Revista de Direito Magis | V. 2 | N. 1 | P. 215-238 | 2023
DOI: 10.5281/zenodo.8335566

origem do terrorismo islâmico está mesmo nos valores islâmicos ou se o terrorismo foi uma bandeira buscada por aqueles rejeitados pela nova ordem social da modernidade consumista e globalizada".[15]

Para ratificar o ante exposto, basta identificar quem são os agentes que verdadeiramente cometem as ações terroristas nos territórios dos países submetidos a ordem social da modernidade consumista e globalizada.

> Essa dúvida recentemente foi objeto de um acalorado debate entre os acadêmicos franceses Gilles Kepel e Olivier Roy. Os dois estudiosos franceses da radicalização, apesar de divergirem, identificam nos subúrbios franceses disfuncionais o principal foco de radicalização dos imigrantes árabes que estariam em busca de reconstruir uma identidade perdida. Gilles Kepel entende que a radicalização islâmica na Europa, especialmente na França, reside na marginalização dos descendentes dos imigrantes árabes nos subúrbios franceses e sua dificuldade de integração na sociedade francesa. A dificuldade de integração desse grupo, ao longo de três gerações, seria a fonte de radicalização dos jovens terroristas.[16]

Assim sendo verifica-se um perfil psicológico comum dos radicais islâmicos: indivíduos alienados por sua sociedade.

> [...] a partir de um estudo desenvolvido a partir do perfil dos terroristas franceses dos últimos 20 anos, há um perfil geralmente recorrente entre os terroristas composto por jovens marginalizados recém-convertidos ou imigrantes de segunda geração com praticamente nenhuma educação religiosa. Normalmente, são recém-convertidos ao islamismo a partir de vínculos de amizade iniciados na internet. A escolha do

---

[15] ALMEIDA, Thomas Augusto Ferreira de. **A teoria dos arcos dourados da prevenção de conflitos de Thomas Friedman à luz do terrorismo do século XXI. Revista dos Tribunais**, Revista de Direito Internacional e Constitucional, São Paulo, v. 26, n. 105, p. 413-430, jan./fev. 2018. **[E-book]**

[16] ALMEIDA, Thomas Augusto Ferreira de. **A teoria dos arcos dourados da prevenção de conflitos de Thomas Friedman à luz do terrorismo do século XXI. Revista dos Tribunais**, Revista de Direito Internacional e Constitucional, São Paulo, v. 26, n. 105, p. 413-430, jan./fev. 2018. **[E-book]**

islamismo, entretanto, não é casuística: a ilusão proposta pela criação de um califado global é o que atrairia esses jovens violentos com delírio de grandeza.[17]

Assim sendo, a incorporação desse "refugo humano" ao um papel economicamente relevante na sociedade mostra-se como a solução para combater as ações terroristas.

4   FORMAS DE COMBATE AO TERRORISMO QUE NÃO O PERFILAMENTO RACIAL

O terrorismo objetiva a destruição de um regime jurídico-político estabelecido, dessa forma coloca-se em risco os direitos fundamentais, por conseguinte, as formas jurídicas assumem conteúdos para prevenir e reprimir as práticas terroristas. Entretanto, há de se ter cautela nessa flexibilização para que ao invés de se resguardar a manutenção de direitos fundamentais dos indivíduos pertencentes ao regime jurídico-político estabelecido, não se utilize dessa flexibilização de modo a perseguir indivíduos potencialmente aptos a práticas terroristas violando direitos fundamentais dos mesmos através da pratica de perfilamento racial, pois dessa forma não se estaria havendo a manutenção de direitos fundamentais dos indivíduos pertencentes ao regime jurídico-político, mas havendo a violação de direitos fundamentais dos indivíduos, os quais o governo entende como aptos a práticas terroristas através da pratica de perfilamento racial.

> O terrorismo (...) visa a destruição da legitimidade de um regime jurídico-político estabelecido e, direta ou reflexamente, põe em risco os direitos fundamentais. É de se esperar, portanto, que as formas jurídicas assumam conteúdos que funcionem como barreiras de prevenção e repressão as investidas de terror. A luta, no entanto, não é facilmente compreendida, nem se coloca no mesmo nível do teatro das

---

[17] ALMEIDA, Thomas Augusto Ferreira de. **A teoria dos arcos dourados da prevenção de conflitos de Thomas Friedman à luz do terrorismo do século XXI. Revista dos Tribunais**, Revista de Direito Internacional e Constitucional, São Paulo, v. 26, n. 105, p. 413-430, jan./fev. 2018. **[E-book]**

ações, pois, teoricamente, veicula códigos distintos institucionalizado, regrado, público e até certo ponto previsível, do lado do sistema de poder constituído; e labiríntico, clandestino, com regras ad hoc e imprevisível, do lado dos grupos terroristas. Para escapar da igualdade anômica entre ordem jurídica e terror, com recursos do sistema constituído a práticas terroristas, as regras jurídicas de enquadramento das ações estatais, definidoras das barreiras de proteção do regime, possibilitam maior flexibilidade de atuação ao aparado administrativo, policial e judicial. Ocorre que essa flexibilidade atinge o núcleo de valores substantivos da ordem constituída sobre as bases do Estado constitucional – os direitos fundamentais. A "transação de valores" ou "de princípios" revela-se, nesse contexto, inevitável. A segurança, a democracia, a vida e a integridade psicofísica impõe uma ordem de preferência sobre certas inviolabilidades e garantias constitucionais, reduzidas a "núcleos essenciais" que virtualizam uma "ideia de proteção" ou ao comando genérico de "proporcionalidade" e "provisoriedade" das restrições e suspensões. [18]

Já que, quer-se coibir a prática de perfilamento racial, cabe compreender o conceito da terminologia, etimologicamente perfilamento racial é um termo que deriva de outras línguas, quais sejam, o inglês, que tem como étmo, *racial profiling*, ou do francês, que tem como étmo "*le profilage racial*". É um comportamento discriminatório, em geral promovido por agentes do Estado, contra um indivíduo ou um grupo de indivíduos com base em sua origem étnica, nacional, religiosa ou de outro tipo.

O conceito se refere à utilização — por oficiais responsáveis pela aplicação da lei, da segurança e do controle de fronteiras — da raça, cor, descendência ou origem nacional ou étnica como base para submeter pessoas a buscas detalhadas,

---

[18] SAMPAIO, José Adércio Leite. Constituição e terror – Uma visão parcial do Fenômeno Terrorista. In: BRANT, Leonardo Nemer Caldeira. **Terrorismo e direito – Os Impactos do Terrorismo na Comunidade Internacional e no Brasil: Perspectivas Político-Jurídicas.** 1ª ed. Rio de Janeiro: Forense, 2003., p. 160-161

verificação de identidade e investigações, ou para determinar se um indivíduo está envolvido em atividades criminosas.[19]

O perfilamento racial em relação ao terrorismo ocorre em face de comportamento discriminatório, em geral promovido por agentes do Estado, contra um indivíduo ou um grupo de indivíduos com base, no caso do terrorismo, da religião islâmica.

Ressalta-se ainda que o perfilamento racial, já que promovido por agentes do Estado ocorre fundamentado em lei lato senso, e, portanto, aparentemente sem atingir os direitos humanos, mas como o fim não é o bem-estar dos homens - no caso os que sofrem perfilamento racial, destarte não haveria problema a atividade inteligência fundada em indícios e não em razão de critérios de raça, cor, descendência ou origem nacional ou étnica -, mas elimina indivíduos, por intermédio da exclusão social, em benefício da manutenção do regime jurídico posto. Note que muito se aproxima a noção de terror tratada por Arendt em estados totalitários da prática do perfilamento racial por Estados democráticos, portanto, fica nítido que tal prática fragiliza a própria democracia.

"O terror, como execução da lei de um movimento cujo fim ulterior não é o bem-estar dos homens nem o interesse de um homem, mas a fabricação da humanidade, elimina os indivíduos pelo bem da espécie, sacrifica as "partes" em benefício do "todo".[20]

Enfim, ocorre o perfilamento racial a partir de uma deturpação do que seria a tentativa de manutenção um regime jurídico-político estabelecido, mas só se mantém as barreiras culturais milenares entre ocidente e oriente sem enxergar as diferenças entre os indivíduos, de forma a perder a alteridade.

É importante salientar que a "guerra ao terror", perpetrada contra o terrorismo, especialmente após o 11 de setembro de

---

[19] ONU BR. **Nações Unidas discutem abordagem policial e racismo no Brasil.** 10, nov. 2017. Disponível em: https://nacoesunidas.org/nacoes-unidas-discutem-abordagem-policial-e-racis
mo-no-brasil/. Acesso em: 26, jun. 2018

[20] ARENDT, Hannah. **Origens do Totalitarismo: Antissemitismo, Imperialismo, Totalitarismo**. São Paulo. Schwarcz. 2012, p. 618

2001, esbarra, invariavelmente e inevitavelmente, nas barreiras culturais milenares entre Oriente e Ocidente, as quais impossibilitam um debate genuíno e igual entre os entes políticos, fato que acarreta em violações unilateralmente impostas por aqueles que detêm o poder e status quo, neste caso, os estados nacionais ocidentais. Logo, não se consegue enxergar ao outro como igual, as diferenças afastam os indivíduos e criam barreiras artificiais e intransponíveis.[21]

Ainda, acerca da perda da alteridade:

Nesta senda, quando o indivíduo é incapaz de se enxergar no outro, ou seja, quando há uma total perda de alteridade, sustenta-se que alguns direitos e garantias, como o direito a um processo justo ou mesmo o direito à integridade física, não se estendem a ele, não alcançam ao outro, eis que ele é diferente de mim, diferente de "nós". Assim, esta visão puramente marcada por essa dicotomia do "Nós vs Eles" impede que o princípio da dignidade, comentado por Dworkin, na obra "La Democracia Posible: princípios para un nuevo debate político" seja aplicado, pois não há "igual importância" e "igual respeito" aos diferentes, mas uma total rejeição causada pela tendente falta de identificação entre os povos.[22]

Uma vez identificado a ausência de sentido da prática de perfilamento racial, cabe destacar com este atinge indivíduos quaisquer que se quer tenham envolvimento necessariamente com o terrorismo. Como ressaltado ao tratar da definição de terrorismo, o terrorista pode ser qualquer um, sendo requisito básico do terrorismo a ocultação da

---

[21] VERBICARO, Loiane Prado; FURLAN Maria Luiza Favacho. Direitos Humanos, Dignidade E Terrorismo: Um Ensaio Sobre Democracia Associativa E Tolerância. In: COSTA, Fabrício Veiga; GORDILHO, Heron José de Santana; BRASIL, Deilton Ribeiro. **Estudos Avançados De Direitos Humanos, Teoria Do Direito E Desenvolvimento Sustentável.** 1ª ed. Maringá. IDDM, 2018, p. 164.
[22] VERBICARO, Loiane Prado; FURLAN Maria Luiza Favacho. Direitos Humanos, Dignidade E Terrorismo: Um Ensaio Sobre Democracia Associativa E Tolerância. In: COSTA, Fabrício Veiga; GORDILHO, Heron José de Santana; BRASIL, Deilton Ribeiro. **Estudos Avançados De Direitos Humanos, Teoria Do Direito E Desenvolvimento Sustentável.** 1ª ed. Maringá. IDDM, 2018. P. 164.

identidade, portanto, terrorista que instituam propagar a ideologia islâmica por intermédio de atos de violência com o fim comunicativo, podem ser qualquer um, já que é impossível a identificação dos que se identificam com os ideais islâmicos. Ante essa impossibilidade de identificação dos terroristas que instituam propagar a ideologia islâmica por intermédio de atos de violência, acabam por sofrer perfilamento racial não só, os que se tem conhecimento de que se identificam como islâmicos, mas também todos de origem árabe, uma vez que é o berço da referida religião.

Primeiramente, fica constatado que os que sofrem a discriminação sequer são necessariamente os sujeitos a quem o Estado pretende coibir a ação, já que os árabes em geral sofrem o perfilamento racial, sendo que nem todo árabe é islâmico, e nem todo islâmico é um potencial terrorista. Ainda, as ações terroristas que implicam no perfilamento racial por parte do Estado com o fundamento de preservação da soberania, ou segurança nacional, sequer ocorrem majoritariamente por parte de indivíduos alheios ao Estado, mas sim, por indivíduos pertencentes ao próprio Estado, quem não deu a devido assistência a aqueles de modo que se tornaram "refugo humano", e encontraram na prática do terrorismo um fim, se comunicar, embora utilizem-se de meios não pacíficos. Enfim, as políticas antiterroristas são, portanto, seletivas, ensejando tratamento desigual, que implica em uma tirania disfarçada democracia.

> Há a percepção, portanto, de que existem direitos humanos, porém, soma-se a esta compreensão a ideia de que estes são direcionados a um público específico, podendo ser negados aos que não se encaixam no padrão socialmente esperado. Nesta lógica, as políticas antiterroristas atuam de maneira seletiva, visando declaradamente tratar de forma desigual todos os indivíduos que a maioria entende como suspeitos, de maneira a naturalizar discursos ideológicos discriminatórios, excludentes, marginalizadores e segregatórios, ressaltando o que de pior pode haver no ambiente político: a tirania disfarçada de democracia.[23]

---

[23] VERBICARO, Loiane Prado; FURLAN Maria Luiza Favacho. Direitos Humanos, Dignidade E Terrorismo: Um Ensaio Sobre Democracia Associativa E Tolerância. In: COSTA, Fabrício Veiga; GORDILHO, Heron José de Santana;

Segundo, em havendo perfilamento racial por parte do Estado há uso de formulas "raciais" amplas o que dificulta o contraditório, haveria uma espécie de presunção de culpa por parte dos sujeitos a quem o perfilamento racial se dirige, mas essa atitude é incompatível com o Estado Democrático de Direito que deve ser orientado pela presunção de inocência. O Estado deve sim zelar pela sua soberania, e segurança nacional, e as ações terroristas demonstram um risco a essas, mas o meio de combater é uma fiscalização não pautada por critérios discriminatórios, mas pela inteligência do Estado em fiscalizar toda a totalidade de indivíduos, já que como bem-dito anteriormente, o requisito básico do terrorismo a ocultação da identidade.

Por fim, afastado a possibilidade de combate do terrorismo através da prática de perfilamento racial, restam como alternativas a atividade de inteligência do Estado não centrada em uma característica discriminatória como a focada na etnia árabe e religião islâmica, e mais a inclusão do "refugo humano" a sociedade.

Note que um terror é conducente a outro, o terror da exclusão social implica de algum modo no terror da manifestação de práticas terroristas.

> A perda do sentido da realidade conduz a utopias patológicas como o terrorismo. Perdas que podem ser causadas, em grande escala, pelos outros sentidos de terror que se escondem por trás das palavras – o terror econômico, conducente com uma exclusão social sem precedentes na história, tanto em sua expressão numérica, quanto em sua qualidade de demonstração da escassez na abundância; o terror cultural; na simbologia totalitária de um estilo de pensar e viver único; e terror político-militar, que se apropria de valores caros como os direitos humanos, para em muitos casos, fazer incursões além-fronteiras, mascarando os reais motivos, de natureza geopolítica e econômica.[24]

BRASIL, Deilton Ribeiro. **Estudos Avançados De Direitos Humanos, Teoria Do Direito E Desenvolvimento Sustentável.** 1ª ed. Maringá. IDDM, 2018, p. 169.

[24] SAMPAIO, José Adércio Leite. Constituição e terror – Uma visão parcial do Fenômeno Terrorista. In: BRANT, Leonardo Nemer Caldeira. **Terrorismo e**

Conforme, Sampaio "Certamente que um terror não justifica o outros. E todos são expressão de irracionalidade que se autoprograma em ciclos, possibilitando mais terror".[25]

Então a presente pesquisa não intenta que um terror justifique outros, mas identificar que os direitos fundamentais são importantes a todas as pessoas.

> Em contraste, acredita-se que os direitos humanos são muito mais amplos do que o discurso que busca utilizá-los como justificativa para suas violações. Por esta razão, surge a ideia de que estes direitos são os direitos mais importantes de todas as pessoas e suas violações acarretam a perda da dignidade dos envolvidos, ressaltando a necessidade de sua proteção pelo Poder Público.[26]

E que é dever dos governos garantir tais direitos humanos.

> A partir desta compreensão, nasce a obrigação dos governos no que diz respeito à garantia dos direitos humanos, sob pena de suas políticas serem antidemocráticas. Portanto, um governo que viole os direitos humanos de todos aqueles que estão sob seu domínio, seja por ação, seja por omissão, atenta não apenas contra as pessoas em sua dimensão pessoal. Este governo atenta, principalmente, contra a democracia, pois esta presume igualdade de consideração no tratamento aos

direito – Os Impactos do Terrorismo na Comunidade Internacional e no Brasil: Perspectivas Político-Jurídicas. 1ª ed. Rio de Janeiro: Forense, 2003, p. 168.

[25] SAMPAIO, José Adércio Leite. Constituição e terror – Uma visão parcial do Fenômeno Terrorista. In: BRANT, Leonardo Nemer Caldeira. Terrorismo e direito – Os Impactos do Terrorismo na Comunidade Internacional e no Brasil: Perspectivas Político-Jurídicas. 1ª ed. Rio de Janeiro: Forense, 2003, p. 168.

[26] VERBICARO, Loiane Prado; FURLAN Maria Luiza Favacho. Direitos Humanos, Dignidade E Terrorismo: Um Ensaio Sobre Democracia Associativa E Tolerância. In: COSTA, Fabrício Veiga; GORDILHO, Heron José de Santana; BRASIL, Deilton Ribeiro. Estudos Avançados De Direitos Humanos, Teoria Do Direito E Desenvolvimento Sustentável. 1ª ed. Maringá. IDDM, 2018, p. 169.

cidadãos e agir de forma a ignorar esta previsão, seria violar, sobretudo, a dignidade humana.[27]

Para Verbicaro e Furlan: O dever dos governos de garantia dos direitos humanos perpassa pela não criação de distinção entre pessoas, quando essas inferiorizam um em detrimento de outro, as políticas antiterroristas quando assim erroneamente concebidas em face de grupos específicos pautados no perfilamento racial acabam por desconfigurar a democracia.[28]

E o meio inicial de garantir esses direitos fundamentais é por intermédio da redução do terror inerente a exclusão social, e, por conseguinte a uma redução do terror próprio do terrorismo, que é a fim buscado pelo Estado.

> No mundo contemporâneo, poucos sujeitos públicos e privados exercem o controle da riqueza e ditam normas que interfere no cotidiano de diversos povos, patrocinando pobreza e desemprego generalizados. Nesse cenário internacional em que os avanços dos diversos seguimentos da ciência e o conforto público e privado do processo civilizatório só beneficiam alguns povos em detrimento de grande contingente populacional, abre-se espaço para doutrinas fundamentalistas de várias naturezas. A pobreza acentuada em meio à riqueza ilimitada e concentrada afronta a dignidade humana e atenta contra qualquer civilização. Quando a liberdade e a subsistência do ser humano são colocados à prova de maneira tão cruel e com tamanha desigualdade, a violência é uma resposta perigosa, mas previsível. Lutar contra o terrorismo é

---

[27] VERBICARO, Loiane Prado; FURLAN Maria Luiza Favacho. Direitos Humanos, Dignidade E Terrorismo: Um Ensaio Sobre Democracia Associativa E Tolerância. In: COSTA, Fabrício Veiga; GORDILHO, Heron José de Santana; BRASIL, Deilton Ribeiro. **Estudos Avançados De Direitos Humanos, Teoria Do Direito E Desenvolvimento Sustentável.** 1ª ed. Maringá. IDDM, 2018, p. 169-170.

[28] VERBICARO, Loiane Prado; FURLAN Maria Luiza Favacho. Direitos Humanos, Dignidade E Terrorismo: Um Ensaio Sobre Democracia Associativa E Tolerância. In: COSTA, Fabrício Veiga; GORDILHO, Heron José de Santana; BRASIL, Deilton Ribeiro. **Estudos Avançados De Direitos Humanos, Teoria Do Direito E Desenvolvimento Sustentável.** 1ª ed. Maringá. IDDM, 2018, p. 169.

lutar primeiramente contra as profundas desigualdades materiais em que vive a humanidade. Se essas desigualdades são reduzidas a proporções razoáveis, a afirmação de ideias fundamentalistas e violentas não consegue se disseminar com facilidade, e o Direito passa a ter instrumentos realmente humanos e concretos para impedir sua manifestação, ou pelo menos para manter um mínimo de controle sobre a situação.[29]

Embora tenha-se abordado até o presente momento o combate ao terrorismo sob a perspectiva dos Estados, este como uma ameaça transnacional, exige uma atuação a nível global, nos seguintes moldes:

Terrorismo é uma ameaça transnacional e não pode ser derrotado por apenas um governo ou organização. Precisa de uma resposta multilateral a níveis global, regional e nacional. É essencial fortalecer estruturas e instituições contraterrorismo. Mas precisamos também abordar as raízes de suas origens ao promover educação, combater o desemprego dos jovens e tratar da marginalização. Isto significa envolver comunidades locais, organizações religiosas e a imprensa. A sociedade civil é central para a Conferência e para ampliar nossas estratégias contraterrorismo.[30]

O primeiro passo, portanto, no combate ao terrorismo é a redução das desigualdades materiais a proporções razoáveis, de modo que ideias fundamentalistas não se disseminem, para tanto exige-se uma ação conjunta do Estado, e envolver, sobretudo a sociedade civil.

"Haveria muito menos terrorismo se a civilização ocidental não tentasse ser hegemônica e nem imporá seus valores materiais e seus

---

[29] OLIVEIRA, Márcio Luís. O Direito à Resistência Armada e o Terrorismo: Distinções. In: BRANT, Leonardo Nemer Caldeira. **Terrorismo e direito – Os Impactos do Terrorismo na Comunidade Internacional e no Brasil: Perspectivas Político-Jurídicas.** 1ª ed. Rio de Janeiro: Forense, 2003 p. 458-459.

[30] ONU BR. **Artigo: Unindo O Mundo Contra O Terrorismo.** 27, jun 2018. Disponível em: https://nacoesunidas.org/artigo-unindo-o-mundo-terrorismo/. Acesso em: 25, ago. 2018

princípios culturais e religiosos sobre as demais civilizações existentes no planeta".[31]

Então o que se quer é evitar é a hegemonia da civilização ocidental, de forma que não haja imposição de um padrão próprio da cultura ocidental.

5   CONSIDERAÇÕES FINAIS

Mediante o exposto, verifica-se que a partir da definição de terrorismo, há uma impossibilidade de verificar quem é um potencial terrorista, já que é requisito básico do terrorismo a ocultação da identidade.

Assim passa-se a tratar da Teoria dos Arcos Dourados atrelada a exclusão econômica-social do denominado "refugo humano" como causa influenciadora do terrorismo. Pela Teoria dos Arcos Dourados se quer metaforicamente indicar que a existência de um dos mesmos em determinado país significa que há nesse um padrão suficiente de civilidade sob ótica das sociedades capitalistas ocidentais, e os que não estão incluídos nesse padrão passam a ser o "refugo humano", indivíduos que obstaculizam o ideal funcionamento do sistema capitalista, dentre esses os radicais islâmicos que conforme demostrado na pesquisa tratam-se de indivíduos alienados por sua sociedade, sobretudo, jovens marginalizados recém-convertidos ou imigrantes de segunda geração com praticamente nenhuma educação religiosa.

Em vista dos aspectos apresentados, exige-se encontrar uma forma de combate ao terrorismo que não o perfilamento racial, pois, este não é compatível com o Estado Democrático de Direito, já que se trata de um comportamento discriminatório, em geral promovido por agentes do Estado, contra um indivíduo ou um grupo de indivíduos com base, no

---

[31] OLIVEIRA, Márcio Luís. O Direito à Resistência Armada e o Terrorismo: Distinções. In: BRANT, Leonardo Nemer Caldeira. **Terrorismo e direito – Os Impactos do Terrorismo na Comunidade Internacional e no Brasil: Perspectivas Político-Jurídicas.** 1ª ed. Rio de Janeiro: Forense, 2003 p. 459.

caso, de parâmetros étnicos, qual seja a etnia árabe ou religioso, qual seja o pertencimento a religião islâmica.

Enfim, a forma de combate ao terrorismo deve consistir na atividade de inteligência do Estado, mas não voltada a presunção de culta do "refugo humano", pois, as políticas antiterroristas nesses moldes acarretam consequências devastadoras à democracia, principalmente desigualdade, desse modo deve objetivar a inserção desse denominado "refugo humano" ao padrão da sociedade capitalista de modo em que não utilizem do terrorismo como ato comunicativo.

REFERÊNCIAS

ALMEIDA, Thomas Augusto Ferreira de. A teoria dos arcos dourados da prevenção de conflitos de Thomas Friedman à luz do terrorismo do século XXI. **Revista dos Tribunais**, Revista de Direito Internacional e Constitucional, São Paulo, v. 26, n. 105, p. 413-430, jan./fev. 2018. **[E-book]**

ARENDT, Hannah. **Origens do Totalitarismo: Antissemitismo, Imperialismo, Totalitarismo**. São Paulo. Schwarcz. 2012

BASSO, Maristela. Reflexões Sobre Terrorismo E Direitos Humanos: Práticas E Perspectivas. **Revista Da Faculdade De Direito, Universidade De São Paulo**. São Paulo, v. 97, p. 436 – 441. Jan. 2002

BERNARDES, Olavo Franco Caiuby. O Caso Korematsu v. the United States, segurança nacional e o uso de perfilamento racial para o combate ao terrorismo. **Revista dos Tribunais**, Revista de Direito Internacional e Constitucional, São Paulo, v. 25, n. 100, p. 387-400, mar./abr. 2017. **[E-book]**

GUSTIN, Miracy Barbosa de Sousa; DIAS, Maria Tereza Fonseca. **(Re)pensando a pesquisa jurídica: teoria e prática**. 3ª. ed. Belo Horizonte: Del Rey, 2010.

LASMAR, Jorge Mascarenhas. A ação Terrorista Internacional e o Estado: Hegemonia e Contra –Hegemonia nas Relações Internacionais. In: BRANT, Leonardo Nemer Caldeira. **Terrorismo e direito – Os**

Impactos do Terrorismo na Comunidade Internacional e no Brasil: Perspectivas Político-Jurídicas. 1ª ed. Rio de Janeiro: Forense, 2003.

OLIVEIRA, Márcio Luís. O Direito à Resistência Armada e o Terrorismo: Distinções. In: BRANT, Leonardo Nemer Caldeira. **Terrorismo e direito – Os Impactos do Terrorismo na Comunidade Internacional e no Brasil: Perspectivas Político-Jurídicas.** 1ª ed. Rio de Janeiro: Forense, 2003.

ONU BR. **Nações Unidas discutem abordagem policial e racismo no Brasil.** 10, nov. 2017. Disponível em: https://nacoesunidas.org/nacoes-unidas-discutem-abordagem-policial-e-racis
mo-no-brasil/. Acesso em: 26, jun. 2018

ONU BR. **Artigo: Unindo O Mundo Contra O Terrorismo.** 27, jun 2018. Disponível em: https://nacoesunidas.org/artigo-unindo-o-mundo-terrorismo/. Acesso em: 25, ago. 2018

PAGLIARINI, Alexandre Coutinho; SOCORRO, Tatiana de Carvalho. O horror de Marlon Brando. **Meritum**, Belo Horizonte, v. 9, n.2, p.77-113, jul./dez. 2014

SAMPAIO, José Adércio Leite. Constituição e terror – Uma visão parcial do Fenômeno Terrorista. In: BRANT, Leonardo Nemer Caldeira. **Terrorismo e direito – Os Impactos do Terrorismo na Comunidade Internacional e no Brasil: Perspectivas Político-Jurídicas.** 1ª ed. Rio de Janeiro: Forense, 2003.

TERRORISM. In: HORNBY, A.S. Oxford advancer learner's dictionary of current english. 7. ed. Ofxford: Oxforr University Press, 2010. p. 1585.

VERBICARO, Loiane Prado; FURLAN Maria Luiza Favacho. Direitos Humanos, Dignidade E Terrorismo: Um Ensaio Sobre Democracia Associativa E Tolerância. In: COSTA, Fabrício Veiga; GORDILHO, Heron José de Santana; BRASIL, Deilton Ribeiro. **Estudos Avançados De Direitos Humanos, Teoria Do Direito E Desenvolvimento Sustentável.** 1ª ed. Maringá. IDDM, 2018.

WITKER, Jorge. **Como elaborar una tesis en derecho:** pautas metodológicas y técnicas para el estudiante o investigador del derecho. Madrid: Civitas, 1985.

DOI: 10.5281/zenodo.8335566

Revista de
Direito Magis

A RUPTURA COM O PATRIARCADO EM PROL DA LUTA CONTRA TODAS AS FORMAS DE VIOLÊNCIA CONTRA AS MULHERES

THE RUPTURE WITH THE PATRIARCHY FOR THE FIGHT AGAINST ALL FORMS OF VIOLENCE AGAINST WOMEN

Érica Melicia da Silva Silveira[1]

Resumo: A questão da violência contra às mulheres é um tema que não pode ser dissociado de uma discussão acerca da estrutura da sociedade contemporânea marcadamente patriarcal, bem como da eclosão dos movimentos feministas com fim de romper com essa estrutura patriarcal a fim de alcançar uma efetiva igualdade de gênero. Para finalidade da pesquisa adota-se uma vertente metodológica jurídico-sociológica, e no tocante ao tipo de investigação, foi escolhido, na classificação Witker e Gustin, o tipo jurídico-projetivo. As principais fontes da pesquisa compreendem textos doutrinários, normas e demais dados colhidos na pesquisa. Em síntese, o combate a violência contras as mulheres, é uma das pautas do movimento feminista, a mais urgente, já que é uma questão que afeta a vida, dignidade. Já houveram alguns avanços legislativos sobre a matéria tal qual a Lei Maria da Penha e o reconhecimento do Feminicídio, todavia ainda é necessário um aprimoramento das leis, e não somente isso, é necessária uma revolução cultural tendente a questionar a estrutura do patriarcado, e a dicotomia atualmente existente entre homens e mulheres, que apresenta malefícios para ambos os gêneros, que são sujeitados a permanecer em papeis estanques, que não os favorecem, mas somente a elite social que intenta manter o status quo.
Palavras-chave: Patriarcado; Feminismo; Violência Contra a Mulher.

Abstract: The issue of violence against women is a topic that cannot be dissociated from a discussion about the structure of a markedly patriarchal contemporary society, as well as the outbreak of feminist movements in order to

---

[1] Especialista em Direito Tributário pelo Centro Universitário UniAmérica Pós-graduanda L.L.M. em Mediação, Gestão e Resolução de Conflitos pela Escola Superior de Advocacia da OAB/MG. Bacharel em Direito pela Escola Superior Dom Helder Câmara. Vice-presidente da AGEJ - Associação Guimarães de Estudos Jurídicos. Diretora de Publicação e membro do Conselho Editorial do Portal Jurídico Magis. Advogada.

break with this patriarchal structure in order to achieve an effective gender equality. For the purpose of the research, a juridical-sociological methodological aspect is adopted, and with regard to the type of investigation, the juridical-projective type was chosen in the Witker and Gustin classification. The main sources of the research comprise doctrinal texts, norms and other data collected in the research. In summary, the fight against violence against women is one of the most urgent agendas of the feminist movement, since it is an issue that affects life, dignity. There have already been some legislative advances on the matter such as the Maria da Penha Law and the recognition of Feminicide, however it is still necessary to improve the laws, and not only that, a cultural revolution is needed to question the structure of patriarchy, and the dichotomy currently existing between men and women, which presents harm to both genders, who are subjected to remain in watertight roles, which do not favor them, but only the social elite that tries to maintain the *status quo*.

Keywords: Patriarchy; Feminism; Violence Against Women.

1   CONSIDERAÇÕES INICIAIS

A presente pesquisa tem por tema o combate à violência contra as mulheres, suas causas, e as práticas para combate-lo como uma ruptura com o sistema patriarcal.

Com a finalidade de se discutir o tema tem de se admitir como pressuposto do diálogo uma noção elementar sobre a sociedade contemporânea, identificando-a como patriarcal

Diante da abordagem do tema do trabalho acadêmico surge uma problemática, qual seja, como combater efetivamente a violência contra a mulher, o que inclui alterações legislativas, mas sobretudo uma revolução cultural. Assim, se propõe a responder a seguinte pergunta: Como combater a violência contra a mulher em uma sociedade patriarcal?

A resposta prévia que se alcança a partir da propositura da hipótese, se resume em: questionar o sistema patriarcal e suas bases, para que assim, se compreenda que as mulheres não precisam se submeter aos papeis sociais a elas impostos, e podem demandar por direitos com fim de alcançar a igualdade de gênero.

Para fins da verificação de verossimilhança da hipótese formulada tendente a resolução do problema da pesquisa é imperioso o cumprimento de determinados objetivos, quais sejam, explicar o conceito de patriarcado, explicar o surgimento do movimento feminista, bem como tratar da violência contra a mulher e das formas de combate-la.

Para o atendimento do supracitado objetivo, requer-se, a utilização de uma metodologia hábil a atender as demandas da pesquisa, nesse sentido, adota-se uma vertente metodológica jurídico-sociológica. No tocante ao tipo de investigação, foi escolhido, na classificação Witker (1985) e Gustin (2010), o tipo jurídico-projetivo. De acordo com a técnica de análise de conteúdo, afirma-se que se trata de uma pesquisa teórica, o que será possível a partir da análise de conteúdo dos textos doutrinários, normas e demais dados colhidos na pesquisa.

A pesquisa se justifica pelo fato de a temática apresentar relevância social e jurídica, a violência contra as mulheres se exterioriza como um fenômeno patológico, e portanto precisa ser combatido.

Por fim, cabe, mencionar como dar-se-á estruturação do seguinte trabalho acadêmico, este é organizada em três capítulos, além destas considerações iniciais, as considerações finais e as referências.

O segundo capítulo, se inicia abordando a estruturação do patriarcado.

O terceiro capítulo trata da eclosão do movimento feminista, tratando das fases do movimento, e das principais demandas.

O quarto capítulo aborda a urgência no combate a violência contra as mulheres, bem como faz um retrospecto sobre o tema trazendo a tona as principais evoluções legislativas sobre a matéria.

2   A ESTRUTURAÇÃO DO PATRIARCADO

Com o desígnio de se discutir a violência contra as mulheres na sociedade contemporânea, tem de admitir como pressuposto do diálogo uma noção sobre patriarcado, uma vez que a sociedade ocidental hodierna é marcadamente patriarcal.

O termo patriarcado designa "um sistema social em que homens adultos mantêm o poder político, autoridade moral, privilégio social e controle das propriedades".[2] "Imprescindível ressaltar que a existência do patriarcado não quer dizer que as mulheres não tenham nenhum tipo de poder ou direito, porém podemos chamar as conquistas políticas nesse sistema de vitórias paradoxais".[3]

Salienta-se que o patriarcado não pode ser explicado por um aspecto estritamente biológico. Em paralelo aos humanos, cumpre observar que relações familiares entre as gerações de primatas são consistentemente organizadas pelas mães, não pelos pais. Mesmo em relação aos seres humanos, o patriarcado também não é universal, é possível identificar sociedades de linhagem matriarcal, pelo menos 160, nas Américas, África e Ásia, nas quais as pessoas são consideradas pertencentes à família da mãe, e mais nessas comunidades muitas vezes, o poder e a influência são compartilhados entre as mulheres e os homens.[4]

Apesar da constatação da existência de sociedades matriarcais, a sociedade contemporânea globalmente consolidou-se como patriarcal, isso decorreu de um processo histórico.

Em linhas gerais, os primeiros sinais de um tratamento distinto entre homens e mulheres não decorreram do surgimento da agricultura como comumente se aponta, até porque as mulheres sempre fizeram trabalhos agrícolas. Pode-se indicar com origem desse tratamento distintivo, a Mesopotâmia aproximadamente 5.000 (cinco mil) anos atrás, sob um contexto de necessidade de manutenção de níveis populacionais

---

[2] COLLING, Ana Maria. Violência Contra As Mulheres – Herança Cruel Do Patriarcado. **Revista Diversidade e Educação.** v. 8, n. Especial, p. 171-194, 2020. Disponível em: https://periodicos.furg.br/divedu/article/view/10944. Acesso em: 08 jun. 2023

[3] PEREIRA, Sarah Batista Santos. Conceitos-Chave Do Feminismo: Androcentrismo, Patriarcado, Sexismo e Gênero. **Magis** – Portal Jurídico. 2021. Disponível em: https://magis.agej.com.br/conceitos-chave-do-feminismo-androcentrismo-patriarcado-sexismo-e-genero/. Acesso em: 08 jun. 2023.

[4] SAINI, Angela. Os mitos sobre a origem do patriarcado. **BBC.** 2023. Disponível em: https://www.bbc.com/portuguese/articles/c97n175v0yzo?at_ptr_name=faceboo k_page&at_medium=social&at_link_type=web_link&at_link_origin=BBC_Ne ws_Brasil&at_link_id=86EBA16C-0175-11EE-A52C-6ECB7E934D9D&at_campaign_type=owned&at_bbc_team=editorial&at_cam paign=Social_Flow&at_format=image. Acesso em: 06 jun. 2023.

para fins de produção de recursos e defesa do Estado. Isso criou um papel social instransponível para homens e mulheres, que deviam respectivamente ir para guerra, e gerar filhos. Posteriormente a adoção dessa forma de sociedade, as mulheres desapareceram do mundo público do trabalho e da liderança e foram incumbidas do trabalho doméstico. Mas, ao confinar as pessoas a papéis restritos de gênero, o patriarcado prejudica as mulheres, e os homens.[5]

Resta claro que o sistema patriarcal, não interessa às mulheres e aos homens individualmente, mas às elites sociais. Dessa forma, há um *modus operendi* para manutenção desse sistema que perpassa pela participação da mulher diminuta da vida pública, seja pela imposição de um papel social ou pela doutrinação, como também da educação dos homens de modo a corroborar com o sistema vigente sem que tenham dimensão dos malefícios a eles também infligidos

> O sistema do patriarcado só pode funcionar sem a cooperação das mulheres. Asssegura-se essa cooperação por diversos meios: doutrinação de gênero, carência educacional, negação às mulheres do conhecimento da própria história, divisão de mulheres pela definição de "respeitabilidade" e "desvio" de acordo com suas atividades sexuais; por restrições e coerção total; por meio de discriminação no acesso a recursos econômicos e poder político e pela concessão de privilégios de classe a mulheres que obedecem[6].

Inclusive, no intento de manter a sistemática patriarcal, verifica-se um fenômeno da corporificação do patriarcado em forma de lei.

As Ordenações Filipinas de 1603, herança europeia ao Brasil, facultavam ao marido assinar a esposa pega em adultério, bem como o

---

[5] SAINI, Angela. Os mitos sobre a origem do patriarcado. **BBC.** 2023. Disponível em: https://www.bbc.com/portuguese/articles/c97n175v0yzo?at_ptr_name=faceboo k_page&at_medium=social&at_link_type=web_link&at_link_origin=BBC_Ne ws_Brasil&at_link_id=86EBA16C-0175-11EE-A52C-6ECB7E934D9D&at_campaign_type=owned&at_bbc_team=editorial&at_cam paign=Social_Flow&at_format=image. Acesso em: 06 jun. 2023.
[6] LERNER, Gerda. **A criação do patriarcado**: História da opressão das mulheres pelos homens. São Paulo: Cultrix, 2019, p. 267.

amante, salvo se esse fosse de categoria social superior à sua; o direito de castigar a mulher só fora abolido com o Código Criminal de 1930, todavia, criminalizava o ato de traição da mulher casada, enquanto somente criminalizava o ato de traição de homem quando com concubina habitual e mantida financeiramente, situação que perdura até o Código Penal de 1940 que equipara o adultério masculino e feminino, embora ainda fosse admitida a legítima defesa da honra; até que por fim o adultério foi descriminalizado em 2005, e em seguida, fora derrubada a tese de legítima defesa da honra por contrariar princípios constitucionais. Na esfera cível a situação é similar, o Código Civil de 1916, considerava o homem capaz e a mulher casada relativamente incapaz para o exercício da vida civil; bem como admitia hipótese de anulação de casamento por erro essencial em virtude de prática sexual anterior ao casamento, situação primeira que perdura até ser consideradas inconstitucionais pós Constituição de 1934.

A evolução é paulatina, a lei que admite o divórcio por exemplo só fora aprovada em 1977, e somente em 2022 foi aprovado o novo Código Civil. Nesse interregno outro avanço importante foi a instituição do voto universal sem distinção de sexo, argumentada no Código Eleitoral de 1932. E talvez a mais substancial das alterações foi a promulgação da Constituição de 1988 que estabelece a igualdade formal entre homens e mulheres, e por conseguinte desencadeou diversas outras leis com enfoque em redução da desigualdade entre homens e mulheres.[7]

Depreende-se da referida corporificação do patriarcado em forma de lei, que em sentido contrário, uma alteração legal pode auxiliar no processo de emancipação da mulher, todavia, é imperioso para alcançar a igualdade de gênero, uma revolução cultural norteada por uma lógica do feminismo.

> reformas e mudanças legais, embora melhorem a condição das mulheres e sejam a parte essencial do processo de

---

[7] COLLING, Ana Maria. Violência Contra As Mulheres – Herança Cruel Do Patriarcado. **Revista Diversidade e Educação**. v. 8, n. Especial, p. 171-194, 2020. Disponível em: https://periodicos.furg.br/divedu/article/view/10944. Acesso em: 08 jun. 2023, p. 173.

emancipação das mulheres, não mudará essencialmente o patriarcado. Tais reformas precisam estar integradas a uma extensa revolução cultural para transformar o patriarcado e, assim, aboli-lo.[8]

Assim, debruçar-se-á sobre a eclosão dos movimentos feministas e a aptidão desses como desencadeadores de uma revolução cultural objetivando a igualdade de gênero.

3   A ECLOSÃO DOS MOVIMENTOS FEMINISTAS

Em análise etimológica, feminismo deriva dos termos franceses "feminin (que vem da palavra femina para "mulher" em latim) e –isme (que vem do sufixo –ismus em latim, transformando o termo em um substantivo que designa prática, sistema ou doutrina)".[9]

> O primeiro registro conhecido do termo "feminismo" data de 1837, em escritos do filósofo francês Charles Fourier, que comparava a situação das mulheres à dos escravizados. À época, a palavra derivava o termo em latim femina ("mulher") e remetia a características e qualidades femininas. Mas décadas depois passou a ser associado aos movimentos por direitos das mulheres, e a acepção original caiu em desuso.[10]

Em apertada síntese, feminismo corresponde ao movimento por direito das mulheres.

Complementarmente, o feminismo pode ser compreendido como tomada de consciência das mulheres sobre a "opressão, dominação e exploração de que foram e são objeto, sendo este o movimento que as

---

[8] LERNER, Gerda. **A criação do patriarcado**: História da opressão das mulheres pelos homens. São Paulo: Cultrix, 2019, p. 267.

[9] LARKIN, Claire. O que significa "feminismo"?, **Babbel**. 2022. Disponível em: https://pt.babbel.com/pt/magazine/feminismo#:~:text=Suas%20origens%20est ão%20em%20dois,prática%2C%20sistema%20ou%20doutrina). Acesso em: 08 jun. 2023.

[10] MAGENTA, Matheus. O que é ser feminista? **BBC**. 2022. Disponível em: https://www.bbc.com/portuguese/geral-62551293. Acesso em: 08 jun. 2023.

orienta em busca da liberdade de seu sexo e de todas as transformações da sociedade necessárias para alcançar tal fim".[11]

A eclosão do movimento feminista foi impulsionada por diversos fatores, incluindo a persistência das desigualdades de gênero, a mobilização em torno de questões específicas e a crescente conscientização sobre as opressões que as mulheres enfrentam diariamente.

Desde a eclosão do movimento reivindicou-se diversas pautas distintas, por esse motivo usualmente identifica-se ao menos três fases do feminismo, embora essa subdivisão em fases possa ser criticada por sugerir uma unidade reivindicatória.

A primeira onda do feminismo ocorreu no final do século XIX e início do século XX, com o objetivo principal de conquistar o direito ao voto, sufrágio, para as mulheres[12]. Esse movimento foi marcado por protestos, manifestações e lutas por igualdade política e legal.

> O que hoje chamamos de primeira onda feminista foi se formando aos poucos em muitos países da Europa e das Américas, assim como da Austrália, Nova Zelândia, Rússia, Bulgária, Ucrânia, Hungria, Tchecoslováquia, etc. E essa formação deu-se em meio a um processo intenso de lutas, materializadas em associações de mulheres, panfletagens, publicações em jornais, manifestações, greves, congressos, passeatas.[13]

Contextualmente, eventos como a Segunda Guerra Mundial (1939 – 1945), possibilitaram que mulheres assumissem postos de trabalho até então considerados masculinos. Esse novo papel social a desempenhar, para além daquele determinado tradicionalmente pelo patriarcado,

---

[11] PEREIRA. Sarah Batista Santos. O que é feminismo?. **Magis** – Portal Jurídico. 2021. Disponível em: https://magis.agej.com.br/o-que-e-o-feminismo/#fn-3117-3. Acesso em: 08 jun. 2023.
[12] MAGENTA, Matheus. O que é ser feminista? **BBC.** 2022. Disponível em: https://www.bbc.com/portuguese/geral-62551293. Acesso em: 08 jun. 2023.
[13] ZIRBEL, Ilze. Ondas do Feminismo. **Enciclopédia Mulheres na Filosofia.** Disponível em: https://www.blogs.unicamp.br/mulheresnafilosofia/ondas-do-feminismo/. Acesso em: 08 jun. 2023

influenciou demandas das mulheres acerca de trabalho, e auxiliou o desencadeamento da segunda onda do feminismo.

A segunda onda do feminismo surgiu na década de 1960[14]. Nessa fase, as feministas focaram em questões como igualdade no local de trabalho, direitos reprodutivos e igualdade no casamento. Foi um período de intensa atividade política e cultural, com o surgimento de grupos e organizações feministas em todo o mundo.

É nesse período que se começa a se utilizar o termo patriarcado, de modo a evidenciar a dicotomia social, que atribuí as mulheres e homens um papel designado.

> O conceito de patriarcado passou a ser utilizado pelos movimentos feministas, principalmente a partir da década de 60, para escancarar as relações de poder dos homens sobre as mulheres, particularmente nas relações conjugais, passando a ser utilizado como um sistema de dominação e exploração das mulheres.[15]

A terceira onda do feminismo surgiu na década de 1990. Esse movimento foi caracterizado pela diversidade de vozes e perspectivas, abordando questões como identidade de gênero, sexualidade, direitos das mulheres em contextos globais e interseccionalidade. As feministas da terceira onda têm enfatizado a importância de reconhecer e combater as múltiplas formas de opressão que afetam mulheres de diferentes origens e identidades[16].

É possível identificar ainda uma quarta onda, fruto da sociedade da informação, e conseguinte massificação do debate.

A quarta fase teria como características: a) presença digital descentralizada e horizontalizada, ou seja com menor hierarquia, o que

---

[14] MAGENTA, Matheus. O que é ser feminista? **BBC.** 2022. Disponível em: https://www.bbc.com/portuguese/geral-62551293. Acesso em: 08 jun. 2023.
[15] COLLING, Ana Maria. Violência Contra As Mulheres – Herança Cruel Do Patriarcado. **Revista Diversidade e Educação.** v. 8, n. Especial, p. 171-194, 2020. Disponível em: https://periodicos.furg.br/divedu/article/view/10944. Acesso em: 08 jun. 2023, p. 173.
[16] MAGENTA, Matheus. O que é ser feminista? **BBC.** 2022. Disponível em: https://www.bbc.com/portuguese/geral-62551293. Acesso em: 08 jun. 2023.

implica em uma desinstitucionalização, ou seja, menor presença do debate através de espaços institucionais como Estado, ONGS (Organizações não Governamentais), e movimentos sociais; b) organização em grupos e coletivos, são formas que atendem a demanda pela digitalização e horizontalidade do movimento; c) caráter interseccional, reconhecimento de temas de interesse comum ao movimento feminista e a outras minorias; d) disputas entre vertentes: há diversas estratégias de luta política, as quais cada segmento acha mais adequada.[17]

Embora tenham sido muitas as pautas requisitadas pelo movimento feminista ao decorrer das ondas, há um objetivo geral comum a todas elas, qual seja proporcionar um empoderamento as mulheres.

> Desde os seus primeiros passos, a razão de ser do movimento feminista foi "empoderar" as mulheres (mesmo que o conceito tenha sido incorporado como vocabulário muito posteriormente). Se, por uma parte, o movimento logrou conquistas indiscutíveis que atingiram as próprias estruturas de poder no mundo ocidental, por outra, tem sido muito tímido em interpelar mulheres para agirem no mundo público e, principalmente, político.[18]

E o empoderamento perpassa também por interpelar mulheres para agirem na esfera política, pois uma representação pelas mesmas é a melhor forma de buscar a garantia de determinados direitos das mulheres, inclusive os mais urgentes concernentes a luta contra a violência contra às mulheres.

---

[17] TORRES, Carolina. Quarta onda do feminismo: entenda as características do movimento feminista no século 21. **Politize.** 2021. Disponível em: https://www.politize.com.br/quarta-onda-do-feminismo/. Acesso em: 08 jun. 2023.

[18] PINTO, Céli Regina Jardim. Feminismo, história e poder. **Revista de Sociologia e Política.** 18 (36). 2010. Disponível em: https://www.scielo.br/j/rsocp/a/GW9TMRsYgQNzxNjZNcSBf5r/?lang=pt. Acesso em: 08 jun. 2023.

Revista de Direito Magis | V. 2 | N. 1 | P. 239-xx | 2023
DOI: 10.5281/zenodo.8335568

4   A URGÊNTE LUTA CONTRA AS VIOLÊNCIAS CONTRA ÀS MULHERES

Violência é um fato social normal. Todavia, quando a sociedade se vê tomada por ela, há o efeito de um fato social patológico, é nessa situação que se enquadra a violência contra as mulheres, àquela dirigida especificamente a mulher em razão desta condição.

> O conceito de violência contra as mulheres é uma expressão criada pelo movimento social feminista, e faz referência, de modo geral, a sofrimentos e agressões que estão tradicional e profundamente enraizados na vida social, percebidos como situações normais, quando dirigidos especificamente às mulheres pelo simples fato de serem mulheres.[19]

A violência contra mulher é resultado da herança do patriarcado que indevidamente normalizou o comportamento abusivo de muitos homens, e se dá de diversas maneiras, não é necessariamente física, pode ser de várias ordens, como psicológica, moral, sexual, patrimonial.

A Lei Maria da Penha tratou de conceituar as supracitadas formas de violência contra a mulher, senão vejamos:

> Art. 7º São formas de violência doméstica e familiar contra a mulher, entre outras:
> I - a violência física, entendida como qualquer conduta que ofenda sua integridade ou saúde corporal;
> II - a violência psicológica, entendida como qualquer conduta que lhe cause dano emocional e diminuição da auto-estima ou que lhe prejudique e perturbe o pleno desenvolvimento ou que vise degradar ou controlar suas ações, comportamentos, crenças e decisões, mediante ameaça, constrangimento, humilhação, manipulação, isolamento, vigilância constante, perseguição contumaz, insulto, chantagem, ridicularização, exploração e limitação do direito de ir e vir ou qualquer outro

---

[19] LIRA, Kalline. Flávia. S.; DE BARROS, Ana. Maria. Violência contra as mulheres e o patriarcado: um estudo sobre o sertão de Pernambuco. **Revista Ágora**, *[S. l.]*, n. 22, p. 278, 2018. Disponível em: https://periodicos.ufes.br/agora/article/view/13622. Acesso em: 8 jun. 2023

meio que lhe cause prejuízo à saúde psicológica e à autodeterminação;

III - a violência sexual, entendida como qualquer conduta que a constranja a presenciar, a manter ou a participar de relação sexual não desejada, mediante intimidação, ameaça, coação ou uso da força; que a induza a comercializar ou a utilizar, de qualquer modo, a sua sexualidade, que a impeça de usar qualquer método contraceptivo ou que a force ao matrimônio, à gravidez, ao aborto ou à prostituição, mediante coação, chantagem, suborno ou manipulação; ou que limite ou anule o exercício de seus direitos sexuais e reprodutivos;

IV - a violência patrimonial, entendida como qualquer conduta que configure retenção, subtração, destruição parcial ou total de seus objetos, instrumentos de trabalho, documentos pessoais, bens, valores e direitos ou recursos econômicos, incluindo os destinados a satisfazer suas necessidades;

V - a violência moral, entendida como qualquer conduta que configure calúnia, difamação ou injúria.[20]

Importa ressaltar que a violência psicológica, pode dar inclusive na forma de *gaslighting:*

> Gaslighting, tortura psicológica do homem sobre a mulher, numa tentativa de que ela desacredite a si mesma, duvidando de sua inteligência e muitas vezes de sua sanidade mental. Uma violência sutil que se manifesta em frases como "você está imaginando coisas", "você está louca". Muitas vezes as informações são distorcidas ou inventadas para favorecer o abusador e ter total controle sobre ela. O gaslighting é bem comum e pode aparecer não só nas relações amorosas, mas também no trabalho e até nas amizades.[21]

[20] BRASIL. Lei 11.340. 2006. Disponível em: https://www.planalto.gov.br/ccivil_03/_ato2004-2006/2006/lei/l11340.htm. Acesso em: 08 jun. 2023.

[21] COLLING, Ana Maria. Violência Contra As Mulheres – Herança Cruel Do Patriarcado. **Revista Diversidade e Educação.** v. 8, n. Especial, p. 186, 2020. Disponível em: https://periodicos.furg.br/divedu/article/view/10944. Acesso em: 08 jun. 2023.

Há ainda as denominadas violência obstétrica e a violência política, que nada mais são do que as violências anteriormente descritas, mas em um contexto ou finalidade específica.

A violência obstétrica corresponde ao "desrespeito à mulher, à sua autonomia, ao seu corpo e seus processos reprodutivos, podendo se manifestar por meio de violência verbal, física ou sexual, bem como pela adoção de intervenções e procedimentos desnecessários e devido embasamento científico".[22]

A violência obstétrica pode se manifestar de diversas formas pode ser física, por intermédio do emprego tapas, empurrões, dentre outros; psicológica, como é o caso do assédio, por fim pode decorrer da falta de consentimento da gestante nas intervenções sobre o seu próprio corpo durante o parto[23].

A violência política corresponde a agressão física, psicológica, moral, sexual, patrimonial com a finalidade de impedir ou restringir o acesso e exercício de funções públicas.

> Em ano eleitoral, com disputas acirradas no cenário político, ouvimos com frequência a denominação "violência política". Trata-se de expressão utilizada em contextos em que há vitimização da mulher ou pessoas que se identificam com o gênero feminino. Consiste no cerceamento do direito afeto à cidadania de ocupar a pessoa de gênero feminino cargos ou exercer funções no cenário da vida pública, quer restando inviabilizada sua candidatura, quer o próprio regular exercício de atividades concernentes a cargos eletivos ou ainda, o pleno exercício de direitos políticos, especialmente o voto. A violência política pode se delinear por intermédio, inclusive, de comportamentos omissivos ou ataques físicos, morais,

---

[22] PEREIRA. Sarah Batista Santos. Violência obstétrica: um fenômeno vinculado à violação dos direitos elementares das mulheres. **Magis** – Portal Jurídico. 2022. Disponível em: https://magis.agej.com.br/violencia-obstetrica-um-fenomeno-vinculado-a-violacao-dos-direitos-elementares-das-mulheres/. Acesso em: 08 jun. 2023.

[23] DE SENA, Michel Canuto. Aspectos jurídicos da violência obstétrica. **Magis** – Portal Jurídico. 2022. Disponível em: https://magis.agej.com.br/aspectos-juridicos-da-violencia-obstetrica/. Acesso em: 08 jun. 2023.

sexuais, psicológicos, de natureza institucional (econômica e estrutural) ou até mesmo simbólica.[24]

Feita essas considerações sobre o fenômeno da violência, bem como as espécies de violência, torna-se importante fazer uma retomada do histórico do combate à violência para fins de compreender quais medidas tem sido tomadas para cessar essa patologia.

4.1 A história do combate à violência contra as mulheres

Um importante marco no combate à violência contra as mulheres foi o reconhecimento pela OEA (Organização dos Estados Americanos), através da Convenção Interamericana para Prevenir, Punir e Erradicar a Violência contra a Mulher – Convenção de Belém do Pará, de que a eliminação da violência contra a mulher é indispensável para seu desenvolvimento individual e social das mulheres enquanto sujeitas de direitos, bem como para plena e igualitária participação em todas as esferas de vidas.[25]

Ainda a referida convenção, aprovada pelo Brasil mediante o Decreto Legislativo n.º 107, de 1.º de setembro de 1995, e ratificada em 27 de novembro de 1995 traz um conceito sobre violência contra mulheres em seu artigo 1º: "Para os efeitos desta Convenção, entender-se-á por violência contra a mulher qualquer ato ou conduta baseada no gênero, que cause morte, dano ou sofrimento físico, sexual ou psicológico à mulher, tanto na esfera pública como na esfera privada"[26]

---

[24] LEITE, Luciana Simon de Paula. Violência política contra a mulher: o que é? **Magis** – Portal Jurídico. 2022. Disponível em: https://magis.agej.com.br/violencia-politica-contra-a-mulher-o-que-e/. Acesso em: 08 jun. 2023

[25] COLLING, Ana Maria. Violência Contra As Mulheres – Herança Cruel Do Patriarcado. **Revista Diversidade e Educação.** v. 8, n. Especial, p. 171-194, 2020. Disponível em: https://periodicos.furg.br/divedu/article/view/10944. Acesso em: 08 jun. 2023.

[26] BRASIL. **Decreto 1.973**. 1996. Disponível em: https://www.planalto.gov.br/ccivil_03/decreto/1996/d1973.htm. Acesso em: 09 jun. 2023.

Embora houvesse avanços legislativos no tocante a proteção contra a violência contra a mulher, não significa que estas cessaram, tanto que em 1983 ocorre no Brasil o emblemático caso de Maria da Penha.

Maria da Penha foi vítima de dupla tentativa de feminicídio por parte de seu ex-marido em 1983, as agressões por ela sofridas resultaram em sua paraplegia. O caso inclusive chegou a Comissão Interamericana de Direitos Humanos (CIDH), em 2001 reconheceu-se a negligência do Estado brasileiro em relação à violência doméstica, somente posteriormente a esse reconhecimento que em 2002 o agressor foi condenado pela justiça brasileira. Devido a repercussão do caso, em 2006 sancionou-se a Lei Maria da Penha como uma resposta à violência contra as mulheres.[27]

A Lei Maria da Penha inova ao reconhecer para além da violência física, psicológica ou sexual, também as violências moral e patrimonial, bem como ao estabelecer medidas de proteção.

> A Lei Maria da Penha decretada em 07 de agosto de 2006 foi um avanço histórico na luta contra a violência de gênero. Possibilita que agressores sejam presos em flagrante, ou tenham sua prisão preventiva detectada, quando ameaçarem a integridade física da mulher. Prevê ainda, medidas de proteção para a mulher que corre risco de vida, como o afastamento do agressor do domicilio e a proibição de sua aproximação física junto à mulher agredida e aos filhos.[28]

---

[27] PEREIRA. Sarah Batista Santos. 15 anos da Lei nº 11.340/2006: quem foi Maria da Penha. **Magis** – Portal Jurídico. 2021. Disponível em: https://magis.agej.com.br/15-anos-da-lei-no-11-340-2006-quem-foi-maria-da-penha/. Acesso em: 09 jun. 2023.

[28] COLLING, Ana Maria. Violência Contra As Mulheres – Herança Cruel Do Patriarcado. **Revista Diversidade e Educação.** v. 8, n. Especial, p. 171-194, 2020. Disponível em: https://periodicos.furg.br/divedu/article/view/10944. Acesso em: 08 jun. 2023.

A Lei 13.104 de 2015 altera o Código penal para prever o feminicídio como circunstância qualificadora do crime de homicídio, e o inclui no rol dos crimes hediondos.[29]

Embora, o combate à violência contra as mulheres seja uma pauta com caráter de urgência, por estar afeta a vida, dignidade, e a própria existência. E ocorrera alguns avanços sobre essas matérias e outras demandas do movimento feminista. Ainda há diversas pautas em demanda como as relacionadas ao trabalho, direitos reprodutivos da mulher, dentre outras.

5   CONSIDERAÇÕES FINAIS

Mediante o exposto, verifica-se a partir da explicitação da estruturação do patriarcado, passa-se a compreender o porquê de haver se estabelecido uma dicotomia entre os papeis socias da mulher e do homem, e que resultaram em última medida em participação da mulher diminuta da vida pública, além da exposição à violência.

Assim, passa-se a tratar da eclosão do movimento feminista, a partir de uma tomada de consciência das mulheres sobre a "opressão, dominação e exploração de que foram e são objeto, assim, as mulheres passam a se mobilizar em torno de questões específicas em prol de uma efetiva igualdade de gênero.

Uma das questões sobre as quais as mulheres se mobilizam diz respeito ao combate a violência contra as mulheres, em todas as suas formas, seja física, psicológica, sexual, moral, patrimonial, ou ainda, em contextos específicos como a obstétrica e política. Sobre a temática houveram alguns avanços como o reconhecimento pela OEA (Organização dos Estados Americanos), da indispensabilidade do combate à violência contra as mulheres para seu desenvolvimento individual e social das mulheres enquanto sujeitas de direitos, a edição

---

[29]   BRASIL. **Lei 13.104**. 2015. Disponível em: https://www.planalto.gov.br/ccivil_03/_ato2015-2018/2015/lei/l13104.htm. Acesso em: 09 jun. 2023.

da Lei Maria da Penha, bem como o reconhecimento do feminicídio como qualificadora do crime de homicídio.

São necessários ainda muitos outros avanços no que toca a luta contra a violência contra as mulheres, que é só o tema mais urgente no que toca a igualdade de gênero, tendo ainda muitas outras temáticas a se debruçar para que se alcance a efetiva igualdade entre homens e mulheres.

REFERÊNCIAS

BRASIL. **Decreto 1.973**. 1996. Disponível em: https://www.planalto.gov.br/ccivil_03/decreto/1996/d1973.htm. Acesso em: 09 jun. 2023.

BRASIL. **Lei 11.340**. 2006. Disponível em: https://www.planalto.gov.br/ccivil_03/_ato2004-2006/2006/lei/l11340.htm. Acesso em: 08 jun. 2023.

BRASIL. **Lei 13.104**. 2015. Disponível em: https://www.planalto.gov.br/ccivil_03/_ato2015-2018/2015/lei/l13104.htm. Acesso em: 09 jun. 2023.

COLLING, Ana Maria. Violência Contra As Mulheres – Herança Cruel Do Patriarcado. **Revista Diversidade e Educação**. v. 8, n. Especial, p. 171-194, 2020. Disponível em: https://periodicos.furg.br/divedu/article/view/10944. Acesso em: 08 jun. 2023.

DE SENA, Michel Canuto. Aspectos jurídicos da violência obstétrica. **Magis** – Portal Jurídico. 2022. Disponível em: https://magis.agej.com.br/aspectos-juridicos-da-violencia-obstetrica/. Acesso em: 08 jun. 2023.

LARKIN, Claire. O que significa "feminismo"?, **Babbel.** 2022. Disponível em: https://pt.babbel.com/pt/magazine/feminismo#:~:text=Suas%20origens%20estão%20em%20dois,prática%2C%20sistema%20ou%20doutrina). Acesso em: 08 jun. 2023.

LEITE, Luciana Simon de Paula. Violência política contra a mulher: o que é? **Magis** – Portal Jurídico. 2022. Disponível em: https://magis.agej.com.br/violencia-politica-contra-a-mulher-o-que-e/. Acesso em: 08 jun. 2023.

LERNER, Gerda. **A criação do patriarcado**: História da opressão das mulheres pelos homens. São Paulo: Cultrix, 2019.

LIRA, Kalline. Flávia. S.; DE BARROS, Ana. Maria. Violência contra as mulheres e o patriarcado: um estudo sobre o sertão de Pernambuco. **Revista Ágora**, *[S. l.]*, n. 22, p. 275–297, 2018. Disponível em: https://periodicos.ufes.br/agora/article/view/13622. Acesso em: 8 jun. 2023

MAGENTA, Matheus. O que é ser feminista? **BBC.** 2022. Disponível em: https://www.bbc.com/portuguese/geral-62551293. Acesso em: 08 jun. 2023.

PEREIRA. Sarah Batista Santos. 15 anos da Lei nº 11.340/2006: quem foi Maria da Penha. **Magis** – Portal Jurídico. 2021. Disponível em: https://magis.agej.com.br/15-anos-da-lei-no-11-340-2006-quem-foi-maria-da-penha/. Acesso em: 09 jun. 2023.

PEREIRA, Sarah Batista Santos. Conceitos-Chave Do Feminismo: Androcentrismo, Patriarcado, Sexismo e Gênero. **Magis** – Portal Jurídico. 2021. Disponível em: https://magis.agej.com.br/conceitos-chave-do-feminismo-androcentrismo-patriarcado-sexismo-e-genero/. Acesso em: 08 jun. 2023.

PEREIRA. Sarah Batista Santos. O que é feminismo?. **Magis** – Portal Jurídico. 2021. Disponível em: https://magis.agej.com.br/o-que-e-o-feminismo/#fn-3117-3. Acesso em: 08 jun. 2023.

PEREIRA. Sarah Batista Santos. Violência obstétrica: um fenômeno vinculado à violação dos direitos elementares das mulheres. **Magis** – Portal Jurídico. 2022. Disponível em: https://magis.agej.com.br/violencia-obstetrica-um-fenomeno-vinculado-a-violacao-dos-direitos-elementares-das-mulheres/. Acesso em: 08 jun. 2023.

PINTO, Céli Regina Jardim. Feminismo, história e poder. **Revista de Sociologia e Política.** 18 (36). 2010. Disponível em: https://www.scielo.br/j/rsocp/a/GW9TMRsYgQNzxNjZNcSBf5r/?lang =pt. Acesso em: 08 jun. 2023.

SAINI, Angela. Os mitos sobre a origem do patriarcado. **BBC.** 2023. Disponível em: https://www.bbc.com/portuguese/articles/c97n175v0yzo?at_ptr_name=f acebook_page&at_medium=social&at_link_type=web_link&at_link_or igin=BBC_News_Brasil&at_link_id=86EBA16C-0175-11EE-A52C-6ECB7E934D9D&at_campaign_type=owned&at_bbc_team=editorial& at_campaign=Social_Flow&at_format=image. Acesso em: 06 jun. 2023.

TORRES, Carolina. Quarta onda do feminismo: entenda as características do movimento feminista no século 21. **Politize.** 2021. Disponível em: https://www.politize.com.br/quarta-onda-do-feminismo/. Acesso em: 08 jun. 2023.

ZIRBEL, Ilze. Ondas do Feminismo. **Enciclopédia Mulheres na Filosofia.** Disponível em: https://www.blogs.unicamp.br/mulheresnafilosofia/ondas-do-feminismo/. Acesso em: 08 jun. 2023.

Revista de
Direito Magis

"O MEU PÉ DE LARANJA LIMA": UMA ANÁLISE ACERCA DA VIOLÊNCIA CONTRA CRIANÇAS NO BRASIL

"MY SWEET-ORANGE TREE": AN ANALYSIS OF VIOLENCE AGAINST CHILDREN IN BRAZIL

Angélica Silva Souza Aguiar[1]
Gilberto Batista Santos[2]
Cássia Cecília Nascimento Silva[3]

Resumo: O estudo aborda a problemática da violência contra crianças e adolescentes a partir da obra "O Meu Pé de Laranja Lima", escrita por José Mauro de Vasconcelos. A pesquisa se justifica por ser a violência contra crianças um fator de origem remota na história da humanidade que ainda se perpetua na cultura brasileira, sendo significativa a incidência de casos de violência contra crianças no Brasil. O trabalho tem como objetivos relacionar a violência infantil retratada na obra literária com a realidade brasileira, bem como analisar o arcabouço jurídico voltado à proteção das crianças e adolescentes no Brasil, mais especificamente o Estatuto da Criança e do Adolescente (ECA), a Lei da Palmada e a Lei Henry Borel. Para isso, recorreu-se ao método indutivo através de pesquisa qualitativa realizada por meio de levantamento de referencial teórico e documental, utilizando as legislações. Constata-se que as legislações voltadas à proteção dos direitos das crianças e adolescentes representaram um grande avanço no que tange a prevenção e combate a violência infantil ao estabelecer como dever da família, do Estado e de toda sociedade zelar pelo bem estar das crianças e adolescentes. Entretanto, mesmo após a criação dos dispositivos

---

[1] Bacharelanda em Direito pela Universidade do Estado da Bahia (UNEB) - Campus XX.

[2] Advogado. Professor Substituto da Universidade do Estado da Bahia - UNEB - Campus XX. Mestre em Tecnologia Aplicada a Educação pela Universidade do Estado da Bahia - UNEB; Bacharel em Direito pela Universidade do Estado da Bahia - UNEB; Graduando em História pela Universidade do Estado da Bahia- UNEB; Graduando em Sistemas de Informação - pela Estácio - FIB. É pesquisador nos Grupos de estudo Propriedade Intelectual e Economia Criativa na Universidade do Estado da Bahia- GREPRINTECU e CriaAtivos: criando um novo mundo.

[3] Bacharelanda em Direito pela Universidade do Estado da Bahia (UNEB) - Campus XX.

legais, a violência ainda é uma constante na conjuntura nacional, sendo necessário um olhar mais atento a este grupo vulnerável.

Palavras-chave: Violência infantil; Criança; Proteção; Direito e Linguagem.

Abstract: The study addresses the issue of violence against children and adolescents based on the work "My Sweet-Orange Tree", written by José Mauro de Vasconcelos. The research is justified, as violence against children is a factor of remote origin in human history that still perpetuates in Brazilian culture, with a significant incidence of cases of violence against children in Brazil. The objective of this work is to relate the violence against children portrayed in the literary work with the Brazilian reality, as well as to analyze the legal framework aimed at the protection of children and adolescents in Brazil, more specifically the Statute of the Child and the Adolescent (ECA), the Law of Spanking and the Henry Borel Law. For this, the inductive method was used through qualitative research carried out through a theoretical and documental reference survey, using the legislation. It notes that legislation aimed at protecting the rights of children and adolescents represented a great advance in terms of preventing and combating violence against children by establishing the duty of the family, the State and society as a whole to ensure the well-being of children and adolescents. However, even after the creation of legal provisions, violence is still a constant in the national situation, requiring a closer look at this vulnerable group.

Keywords: Child Violence; Child; Protection; Law of Language.

1   CONSIDERAÇÕES INICIAIS

Na sociedade, a criança é sempre colocada numa posição inferior em relação aos adultos, em vista disso, estes, por acreditarem em sua superioridade, submetem frequentemente as crianças às mais diversas formas de violência. No entanto, conforme célebre frase do filósofo Jean Paul Sartre, a violência, em qualquer de suas formas de manifestação, é sempre prejudicial.

Nessa perspectiva, a pesquisa se desenvolve a partir da relação da obra literária intitulada "O Meu Pé de Laranja Lima" do escritor brasileiro Jorge Mauro de Vasconcelos, com as violências vivenciadas pelos infantes no Brasil. É possível notar que a história de Zezé se confunde com a história de várias outras crianças brasileiras que são vítimas de violações dentro de seus lares.

Apesar dessa realidade, nota-se no ordenamento jurídico brasileiro um arcabouço de legislações voltadas à proteção das crianças, como o

Estatuto da Criança e do Adolescente (ECA), a Lei da Palmada e a Lei Henry Borel. Nesse sentido, o trabalho tem como objetivo relacionar a violência infantil retratada na obra literária "O Meu Pé de Laranja Lima" com a realidade brasileira. Ademais, como objetivo específico, busca analisar o arcabouço jurídico voltado à proteção das crianças e adolescentes no Brasil.

Para a construção deste texto utilizou-se a metodologia qualitativa, a qual consiste na coleta e na interpretação de referenciais teóricos. A técnica escolhida para possibilitar tal análise foi o levantamento de dados teóricos, por meio dos autores Martins; Mello Jorge, (2010), Azevedo e Guerra, (1989), Bussinge, Silva e Costa, (2020), como também documental a partir da Constituição Federal (1988), Estatuto da Criança e do Adolescente (ECA), Lei nº 13.010/2014 (Lei da Palmada) e Lei nº 14. 344/2022 (Lei Henry Borel). Além disso, utilizou-se a obra literária "O Meu Pé de Laranja Lima".

Como método de pesquisa aplicou-se o método indutivo, o qual parte do específico para o geral, isto é, realizou-se um estudo do texto literário e a ampliou a análise para realidade brasileira por meio de teorias, dados e da legislação do país. O estudo está dividido em três partes, a primeira apresenta um resumo sobre a obra "O Meu Pé de Laranja Lima" com enfoque na violência infantil; a segunda aborda os aspectos gerais sobre a violência contra crianças, bem como a problemática no Brasil; por fim, a terceira parte expõe as legislações de proteção à criança e ao adolescente existentes no cenário brasileiro.

Vale pontuar que o presente artigo não busca esgotar a discussão sobre a delicada temática, mas abrir caminhos para questionamentos e, ao mesmo tempo, críticas em torno da permanência da violência contra essa minoria vulnerável, tendo em vista que a conjuntura social é autora por realizar a violência, bem como por ser omissa ao presenciar tais atos.

2   "O MEU PÉ DE LARANJA LIMA"

A obra intitulada "O meu pé de laranja lima" é uma autobiografia escrita por José Mauro de Vasconcelos para retratar as violências vivenciadas em sua infância. O livro foi publicado pela primeira vez em 1968, e devido ao grande sucesso nacional e internacional a história foi adaptada para o cinema e televisão. Apesar de ter sido escrita no período da ditadura militar no Brasil, a obra não sofreu com a censura, pois faz uma abordagem sobre a infância e não sobre questões ligadas à política.

A narrativa expõe a vida de Zezé, um garoto de 5 anos de idade, que vivia com seus pais e seus irmãos. Após seu pai perder o emprego a família se muda para a periferia do Rio de Janeiro, para uma casa com um grande quintal e várias árvores frutíferas. No novo lar, cada irmão pôde escolher uma árvore para si, sobrando para Zezé um modesto pé de laranja lima, o qual recebeu o nome de "Minguinho", na imaginação do garoto o pé de laranja lima falava, tornando assim seu grande amigo e confidente.

A vida de Zezé também era marcada pelas violências que sofria, como pode se extrair do seguinte trecho:

> Porque em casa eu aprendia descobrindo sozinho e fazendo sozinho, fazia errado e fazendo errado acabava sempre tomando umas palmadas. Até bem pouco tempo ninguém me batia. Mas depois descobriram as coisas e vivem dizendo que eu era o cão, que eu era capeta, gato ruço de mau pelo.[4]

Dessa forma, nota-se que o garoto enfrentava negligência, pois ninguém lhe ensinava nada, era submetido a violência física visto que apanhava constantemente, e ainda violência psicológica, pois era tratado com palavras de baixo calão. Apesar do contexto de violência no qual era inserido, Zezé era um bom aluno, gentil com a professora e tinha facilidade e interesse pelo aprendizado, inclusive aprendeu a ler sozinho muito cedo: "— Juro, Jandira. Eu sei ler tudo. — Ninguém pode ler sem ter aprendido. Foi Tio Edmundo? Dindinha? — Ninguém".[5].

Na família de Zezé os irmãos mais velhos cuidavam dos mais novos, assim Zezé cuidava de Luiz, seu irmão mais novo, pelo qual tinha

---

[4] VASCONCELOS, José Mauro de. **Meu Pé de Laranja Lima**. 2 ed. Melhoramentos, 1975.p.5.
[5] VASCONCELOS, José Mauro de. **Meu Pé de Laranja Lima**. 2 ed. Melhoramentos, 1975.p.11.

grande carinho e admiração: "— Zezé, você vai me levar ao Jardim Zoológico? Hoje não está ameaçando chuva, não é? Mas que gracinha, como ele falava tudo direitinho. Aquele menino ia ser gente, ia longe"[6]. Observa-se no trecho que Zezé tinha uma ótima relação com o irmão, zelava e incentivava a imaginação do pequeno através da criação de brincadeiras no quintal de casa, onde simulavam vários lugares, como uma selva e um jardim zoológico.

O traço principal de Zezé era a imaginação e a capacidade de transformá-la em histórias, cujas retirava não apenas a si, mas também seu irmão Luiz do contexto conturbado e violento em que viviam. Ressalta-se no romance a figura de Manuel Valadares, o "Portuga", homem que em primeiro momento reafirma a concepção de violência como método de educação, como fica evidente no trecho em que ele bate em Zezé após o menino subir em seu carro: "Aplicou-me uma, só uma palmada, mas com tamanha força que eu pensei que o meu traseiro tinha grudado no estômago. Só então ele me soltou"[7]. .

Posteriormente, o "Portuga" conquista a confiança e o coração do menino Zezé, estabelecendo uma relação de amizade e, de certa forma, passa a substituir a figura paterna do menino ao trocar a violência por afeto, atenção e carinho. Zezé se sentia bem quando estava perto de Manuel Valadares, pois recebia tratamento diferente daquele que estava acostumado a receber em sua casa: "— Eu nunca mais quero sair de perto de você, sabe? — Por quê? — Porque você é a melhor pessoa do mundo. Ninguém judia de mim quando estou perto de você e sinto um "sol de felicidade dentro do meu coração".[8]

Enfatiza-se que em panorama geral a obra traz sutilmente uma série de discussões em torno do tratamento dado às crianças e adolescentes, e a atuação social frente a casos de violência doméstica. Assim, em inúmeras passagens "Portuga" percebe o cenário de

---

[6] VASCONCELOS, José Mauro de. **Meu Pé de Laranja Lima**. 2 ed. Melhoramentos, 1975.p.13.
[7] VASCONCELOS, José Mauro de. **Meu Pé de Laranja Lima**. 2 ed. Melhoramentos, 1975.p.62.
[8] VASCONCELOS, José Mauro de. **Meu Pé de Laranja Lima**. 2 ed. Melhoramentos, 1975. p.62.

negligência e violência física sofrida por Zezé, porém, mesmo com o pedido do menino, nada faz para romper efetivamente com o ciclo, como nítido na passagem:

> — E você disse que gosta de mim, não é? — É. — Então porque você não vai lá em casa e não pede para Papai me dar para você? (...)— Lá em casa todo mundo morre de alegria se eu for dado. (...) — Não é isso, meu filho. Não é isso. A vida a gente não resolve assim de uma só manobra. Mas eu vou te propor uma coisa. Não poderei tirar-te dos teus pais nem da tua casa. Se bem que gostasse muito de o fazer. Isso não é direito. Mas de agora em diante, eu que gostava de ti como um filhinho, vou te tratar como se fosses mesmo o meu filho.[9]

Deste modo, nota-se, não por acaso, o teor de realismo da obra, cujo, infelizmente, permanece atemporal mesmo com as inúmeras legislações protecionistas, pois expõe a omissão social nesses casos. Além da naturalização da violência cristalina não apenas na obra, mas no cenário hodierno brasileiro, têm-se também aspectos mentais de como as crianças violadas vivenciam as agressões. Nessa perspectiva, observa-se em Zezé a aceitação da violência, a interiorização dos rótulos dados pelos adultos, o desejo de cessar com as agressões realizadas pelo pai e os impactos psicológicos que o fazem desejar o suicídio com apenas 5 anos de idade.

De acordo com os autores Ferreira e Schramm (2000), responsáveis pela pesquisa sobre os problemas encontrados pelos profissionais da saúde no atendimento de crianças e adolescentes, observa-se a "aceitação" da criança ao ser violada, mas tal aceitação não diz respeito ao consentimento. O termo é utilizado para descrever que é implantado na criança a desnaturalização da violência sofrida. Nos dizeres dos autores a própria criança relativiza o valor da agressão que foi vítima.

A percepção de merecedora das agressões é visível nas falas de Zéze, pois o personagem justifica a violência sofrida como resultado de

---

[9] VASCONCELOS, José Mauro de. **Meu Pé de Laranja Lima**. 2 ed. Melhoramentos, 1975. p.101.

suas atitudes de "diabo", assim denominadas pelos os adultos de seu entorno, como claro no trecho em que o próprio personagem se define: "— Eu não presto para nada. Sou muito ruim. Por isso é o diabo que nasce pra mim no dia do Natal e eu não ganho nada. Sou uma peste. Uma pestinha. Um cachorro. Um traste ordinário. Uma das minhas irmãs me disse que coisa ruim como eu não devia ter nascido."[10]

Deste modo, o livro "Meu pé de laranja lima" propaga sutilmente críticas sobre o tratamento destinados às crianças, as vulnerabilidades destes menores no auge do desenvolvimento físico, psíquico e cognitivo, bem como abre caminhos para questionar o surgimento e a persistência dos altos índices de violência contra essa faixa etária mesmo com a promulgação de inúmeros dispositivos legais que visam inibir essas condutas.

3   VIOLÊNCIA CONTRA CRIANÇAS

A violência é um fator negativo que permeia a sociedade desde os seus primórdios, o problema tem raízes históricas que infelizmente se mantém na estrutura social. O termo "violência" deriva do latim *violentia,* que está relacionado ao termo *vis,* o qual significa força, e se refere aos atos que provocam danos a coisas ou pessoas. Nesse sentido, a Organização Mundial da Saúde (OMS) define a violência como:

> O uso intencional da força física ou do poder, real ou em ameaça, contra si próprio, contra outra pessoa, ou contra um grupo ou uma comunidade, que resulte ou tenha grande possibilidade de resultar em lesão, morte, dano psicológico, deficiência de desenvolvimento ou privação.[11]

Assim, conforme essa definição é essencial a vontade de fazer uso da força ou da relação de poder. Ademais, a organização supracitada, também caracteriza a violência contra crianças e adolescentes, a qual

---

[10] VASCONCELOS, José Mauro de. **Meu Pé de Laranja Lima**. 2 ed. Melhoramentos, 1975.p.76.
[11] KRUG, E. G. et al.. **Relatório mundial sobre violência e saúde.** Geneva: Organização Mundial da Saúde, 2002. p. 5.

engloba todas as formas de violência praticadas contra menores de 18 anos, seja pelos pais, cuidadores, colegas ou estranhos. Nesse sentido, os infantes são violentados justamente em virtude de constituírem a parte mais vulnerável da relação, "a vitimização de crianças constitui fenômeno extremamente disseminado exatamente porque o agressor detém pequenas parcelas de poder".[12]

A violência contra crianças é um problema complexo que permeia a sociedade desde os seus primórdios. Segundo Martins e Mello Jorge (2010), o Código de Hamurabi permitia que crianças fossem vendidas como forma de pagamento de dívidas, já nas civilizações antigas era comum o infanticídio para equilíbrio dos sexos, por motivos religiosos, fatores econômicos e também das crianças que nasciam com problemas físicos. No século XVI, por sua vez, colégios que abrigavam crianças sem família submetiam-as a constantes maus-tratos.

Ainda de acordo com Martins e Mello Jorge (2010), no final do século XIX, começou a ocorrer na Inglaterra a exploração do trabalho infantil, onde as crianças eram submetidas a longas jornadas de trabalho nas minas de carvão, e, no período da Revolução Industrial, nas fábricas. No Brasil,

> Contam os historiadores que as primeiras embarcações que Portugal lançou ao mar, mesmo antes do descobrimento, foram povoadas com as crianças órfãs do rei. Nas embarcações vinham apenas homens e as crianças recebiam a incumbência de prestar serviços na viagem, que era longa e trabalhosa, além de se submeter aos abusos sexuais praticados pelos marujos rudes e violentos. Em caso de tempestade, era a primeira carga a ser lançada ao mar.[13]

---

[12] AZEVEDO, Maria Amélia Nogueira de (Org.); GUERRA, Viviane Nogueira de Azevedo (Org.). **CRIANÇAS VITIMIZADAS: A SÍNDROME DO PEQUENO PODER**. São Paulo; Iglu, 1989. p. 17.

[13] AZAMBUJA, Maria Regina Fay de. **Violência sexual intrafamiliar: é possível proteger a criança?**. Textos & Contextos (Porto Alegre), [S. l.], v. 5, n. 1, p. 1–19, 2006. p.4. Disponível em: https://revistaseletronicas.pucrs.br/ojs/index.php/fass/article/view/1022. Acesso em: 20 jul. 2023.

Desse modo, nota-se que a questão da violência contra crianças é resultante de um processo histórico no qual o infante não era considerado como sujeito de direitos, dessa forma, não tinha atenção da família, sociedade e Estado no que tange a proteção de sua integridade. Além disso, a relação entre criança e adulto sempre foi tida como de "(...) natureza assimétrica. São relações hierárquicas, adultocêntricas, porque assentadas no pressuposto do poder do adulto (maior de idade) sobre a criança (menor de idade)".[14]

Esse pressuposto corrobora para que ainda na atualidade crianças e adolescentes sejam vítimas de diversas formas de violências, que em sua maioria são praticadas no âmbito familiar. Nesse sentido, Dias 2014, apud Lamin e Floriano (2023), nomeia a violência sofrida dentro do ambiente familiar da criança como "Violência Intrafamiliar Infantil", esta é praticada por pessoas que tenham o dever de cuidado do infante, ainda que não tenha vínculo sanguíneo. A violência intrafamiliar, pode ocorrer nas esferas física, psicológica, sexual ou por negligência.

A violência física provoca lesões físicas e corresponde àquela praticada mediante uso da força, objetos, armas ou substâncias nocivas à saúde. Já a violência psicológica não deixa sinais aparentes, ocorre por meio de palavras, gestos, ameaças, exposição, humilhação, opressão e coação que geram danos psíquicos na vítima. A violência sexual, por sua vez, ocorre por meio de ações que objetivam obter prazer sexual. Por fim, a negligência consiste na omissão dos pais ou responsáveis em garantir o cuidado necessário para assegurar a subsistência das crianças e adolescentes.

Cabe salientar que qualquer das formas de violência afeta a saúde e o bem-estar da criança, compromete o seu desenvolvimento, bem como gera outras consequências ao longo da vida da vítima. A violência é muitas vezes utilizada com intuito educativo, como meio de punição e a fim de impor a vontade do adulto, no entanto, esses atos podem suscitar

---

[14] AZEVEDO, Maria Amélia Nogueira de (Org.); GUERRA, Viviane Nogueira de Azevedo (Org.). **CRIANÇAS VITIMIZADAS: A SÍNDROME DO PEQUENO PODER**. São Paulo: Iglu, 1989. p. 35.

comportamentos mais violentos nas crianças, bem como gerar traumas ao longo de sua existência.

De acordo com o Ministério da Saúde (2010), as violências vivenciadas por crianças e adolescentes podem acarretar em problemas sociais, emocionais, psicológicos e cognitivos. Além disso, pode desenvolver problemas relacionados à saúde mental e social, tais como ansiedade, depressão, alucinações, baixo desempenho nas atividades escolares, alterações de memória e comportamento agressivo.

Desse modo, infere-se que a violência contra crianças é um problema que direta ou indiretamente afeta toda a estrutura social, pois é praticada nas mais diversas sociedades, culturas, religiões e classes sociais. Assim, constitui dever da família, do Estado e de toda a sociedade proteger e lutar pela garantia dos direitos das crianças e adolescentes, visto que estes devem ter plenas condições de desenvolvimento.

3.1 Violência contra crianças no Brasil

É dominante na mentalidade da sociedade brasileira o pensamento de que a violência é um meio eficaz para corrigir e educar as crianças e adolescentes, assim estas são constantemente vítimas de violências. Isso porque:

> Nas relações entre adultos e crianças são os primeiros que ditam as regras. Desta sorte, segundo esta pedagogia da violência que domina a sociedade brasileira, criança que não obedece ao adulto, não apenas pode, mas deve ser espancada. (...) Não há combinatória capaz de tirar a criança da última posição na escala de poder.[15]

Desse modo, no Brasil, constantemente alguns casos de violência ganham destaque na mídia e grande comoção social, haja vista tamanha crueldade que é empregada. Em 2008, na cidade de São Paulo, a menina

---

[15] AZEVEDO, Maria Amélia Nogueira de (Org.); GUERRA, Viviane Nogueira de Azevedo (Org.). **CRIANÇAS VITIMIZADAS: A SÍNDROME DO PEQUENO PODER**. São Paulo: Iglu, 1989. p. 20.

Isabella Nardoni morreu aos 5 anos de idade depois de ser asfixiada e arremessada do sexto andar de um edifício pelo pai e pela madrasta. Em 2014, na cidade de Três Passos (RS), o menino de 11 anos, Bernardo Boldrini foi morto após overdose por superdosagem de sedativos aplicados pelo pai e pela madrasta.

O caso Bernardo foi tão chocante que após diversas campanhas e pressão popular foi sancionada a Lei nº 13.010, conhecida como "Lei do Menino Bernardo" ou "Lei da Palmada". O dispositivo legal promoveu alterações no Estatuto da Criança e do Adolescente (ECA) e visa assegurar o direito das crianças e adolescentes serem educados e cuidados sem o uso de castigos físicos, bem como de não serem tratados de forma cruel ou degradante.

Outro caso de grande repercussão social ocorreu em 2021, no Rio de Janeiro, onde o menino Henry Borel de 4 anos de idade não resistiu às agressões praticadas pela mãe e pelo padrasto. O caso de Henry culminou na criação da Lei n° 14.334, a qual estabelece mecanismos para prevenção e enfrentamento da violência doméstica e familiar contra crianças e adolescentes. Os casos citados guardam um traço em comum, foram praticados nos lares das crianças e pelos seus cuidadores, dessa forma, constata-se que nem sempre o lar é local de maior segurança e proteção para a criança.

Além disso, fica evidente a perpetuação da ideia de que a criança é propriedade de seus cuidadores, o que gera situações de abuso de poder por parte dos adultos. De acordo com estudo realizado pelo comitê científico do Núcleo Ciência pela Infância (NCPI), os atos de violência contra crianças são praticados em sua maioria por pessoas do convívio da vítima, como mãe, pai, madrasta, padrasto, avós e outros familiares.

Conforme levantamento realizado pelo Fórum Brasileiro de Segurança Pública a partir dos Boletins de Ocorrência registrados pelas Polícias Civil, Militar e Federal nos estados de Alagoas, Ceará, Distrito Federal, Espírito Santo, Minas Gerais, Mato Grosso do Sul, Pará, Piauí, Paraná, Rio de Janeiro, Santa Catarina e São Paulo entre 2019 e 2021 foram identificados 129.844 crimes contra crianças e adolescentes de 0 a 17 anos. Ainda de acordo com o levantamento, do total dos crimes praticados 23.494 foram lesão corporal no contexto de violência doméstica, 28.098 resultaram de maus-tratos, 73.442 foram advindos de estupro, 1.093 de exploração sexual e 3.717 mortes violentas intencionais.

Em 2022, conforme o estudo do NCPI, somente no primeiro semestre houveram 25.377 denúncias de violação de direitos humanos de crianças da primeira infância, isto é, crianças entre 0 e 6 anos de idade. Já no primeiro semestre de 2023, o disque 100, canal para registro de denúncias vinculado a Ouvidoria Nacional de Direitos Humanos do Brasil recebeu mais de 77.300 denúncias de violência contra crianças e jovens no país.

Os dados estatísticos acerca da violência contra crianças e adolescentes no Brasil são assustadores, porém, devem ser analisados com cautela, pois correspondem a números que podem destoar da realidade. Tais dados correspondem aos notificados, no entanto, infelizmente muitas vezes os casos de violências sequer chegam ao conhecimento das autoridades, haja vista que são cometidas pelos próprios pais e cuidadores das crianças.

Sendo assim, nota-se que a violência contra crianças deve ser cada vez mais debatida no cenário brasileiro, visto que é um problema complexo arraigado na cultura da sociedade. Portanto, faz-se imprescindível programas que incentivem relações não violentas, pautadas no respeito e em uma educação positiva e acolhedora. Ademais, deve-se buscar a efetivação e cumprimento das leis de proteção às crianças e adolescentes.

4 PROTEÇÃO À CRIANÇA NO ORDENAMENTO JURÍDICO BRASILEIRO

A violência contra as crianças e adolescentes, ponto já discutido no presente artigo, é um fenômeno complexo, que envolve a construção secular da hierarquia e poder. Em outros termos a violação constante desta minoria é a soma de concepções culturais, sociais e econômicas que permanecem no íntimo humano. Ressalta-se que, conforme Lamin e

Floriano (2023), a UNICEF (Fundo das Nações Unidas para a Infância) define que a prática de violência é realizada independente de contexto geográfico, classe social, da idade, bem como, infelizmente, é praticada por indivíduos próximos e de confiança das vítimas.

Durante séculos a violência contra essa faixa etária além de naturalizada, era estimulada nas relações sociais cotidianas, no século XIX, por exemplo, crianças (meninas) menores de 12 anos eram dadas ao casamento, sendo este um ato comum. Contudo, os estudos relacionados à infância, ao desenvolvimento humano, em concomitância às ondas feministas repercutiram no campo do tratamento direcionados à categoria, fragmentando a concepção arcaica de "criança é a miniatura do adulto" e pontuando os danos causados pela violência, bem como a necessidade de um cuidado e proteção nessa fase.

No Brasil, a mudança em relação à infância foi adotada pela Carta Magna de 1988 e pelo ECA, em 1990, legislações que além de reconhecerem a vulnerabilidade, plantaram a semente para a proteção e a modificação do tratamento dado à minoria em todos os âmbitos em prol do desenvolvimento pleno.

Nesse viés, a Constituição Federal estabelece a "dignidade da pessoa humana" no seu artigo 1º como parâmetro para fornecer aos cidadãos uma vida digna, livre, com direitos (saúde, educação e segurança) e deveres. Ademais, a Carta Magna elenca ainda, no artigo 227, assim como o Estatuto da Criança e do Adolescente (ECA) nos Art. 4º ao 6º, o dever não apenas familiar de zelar para que os menores de idade não sejam alvos de negligência, violência, exploração, mas também do Estado e sociedade garantir os direitos e a proteção dessa minoria.

Conforme Bussinger, Silva e Costa (2020), autores como Martins e Jorge denotam o ECA como uma legislação importante, pois inovou no tratamento jurídico dado aos menores e tornou-se instrumento para conscientização social e para propagação do bem-estar de crianças e adolescentes. Contudo, embora o ECA seja considerado relevante para a proteção, autores como Lamin e Floriano (2023), a vislumbram com um olhar crítico perante à persistência da violência:

Nota-se que a violência contra criança e adolescente é um problema crônico na sociedade, pois mesmo com a Constituição e o Estatuto da Criança e do Adolescente em vigor, a violência não teve fim e tão pouco viu seus índices diminuírem, muito pelo contrário, os índices aumentam a cada ano.[16]

Acentua-se, ainda que o ECA e a Constituição estabeleceram como função também do Estado e da comunidade garantir a proteção e a dignidade na infância, visto que fora do ordenamento, embora a família deva ser a maior fonte de proteção, é no seio familiar que os dados revelam o alto índice de atos lesivos às crianças e adolescentes. Fato que reafirma a crítica acima, pois embora tenha um ordenamento protetor, a violência é um impasse crônico, materializado em lares e, por tal, o escopo requer um amparo engajado da comunidade do Estado para ser ceifada.

Tem-se que com base nos indicativos persistentes de violência doméstica contra crianças justificada pela construção social "bater para ensinar", foram sancionadas leis para intensificar o combate à violência, utilizada como método de correção e educação. A Lei nº 13.010/2014 (Lei da palmada) advém com tal prerrogativa, pois incorporada ao ECA no Art. 18-A delimita a vedação ao castigo físico como ato educativo, bem como traçou no Art. 18-B uma rede de proteção e, aos que estão ao entorno das crianças e adolescentes a responsabilidade pela segurança destes.

Todavia, Pinto-Junior et.al (2015), apud Bussinge, Silva e Costa (2020), ressaltam a realidade brasileira horrenda, cuja transforma as legislações protecionistas em meras letras de lei sem aplicabilidade efetiva na prática:

---

[16] LAMIN, Ana Beatriz; FLORIANO, Lucas Carneiro. **ANÁLISE DA VIOLÊNCIA DOMÉSTICA E FAMILIAR INFANTO JUVENIL SOB A LEI HENRY BOREL Nº 14.344/22**. 2023. p.10. Disponível em: https://repositorio.animaeducacao.com.br/handle/ANIMA/35004. Acesso em: 20 jul. 2023.

Revista de Direito Magis | V. 2 | N. 1 | P. 259-282 | 2023
DOI: 10.5281/zenodo.8335570

"[...] embora com a criação de tais leis, estatísticas nacionais e internacionais indicam que a violência doméstica é, ainda, um grave problema em termos de incidência e de prevalência". Constata-se que mesmo após muitos anos desde a promulgação do ECA e da criação de outras leis, como a Lei da Palmada, de 2014, a violência doméstica contra a criança ainda é considerada um problema que persiste na contemporaneidade.[17]

Deste modo, apesar do avanço no tratamento das crianças e adolescentes, bem como na rede de proteção, cuidado e preocupação com a formação cognitiva, moral, física e psicológica parece um contrassenso as legislações supracitadas não atenuaram o índice alarmante de lesão à categoria.

4.1 Lei nº 13.344/2022 (Lei Henry Borel): a esperança

A permanência da violência doméstica contra a criança é um fato no Brasil, assim como que as legislações (ECA e Lei da Palmada) não conseguem atenuar o fenômeno. Deste modo, com o registro de mais um bárbaro caso de agressões que resultaram na morte de um menino de apenas 4 anos, surgiu uma nova lei, denominada Lei Henry Borel (Lei n 14344/2022), que detém como escopo atingir com rigor esses crimes, e conforme Lamin e Floriano (2023), a lei supracitada traz esperança de evitar e combater esse comportamento bestial humano:

> Desta forma, com a promulgação da Lei n. 14.344/2022 (Lei Henry Borel) a qual realizou diversas alterações em legislações no âmbito penal e no próprio Estatuto da Criança e do Adolescente, visando enrijecer às penas previstas aos agressores, as quais serão tratadas no tópico seguinte, fez

---

[17] BUSSINGER, R. V., SILVA, R. S. da, & COSTA, B. de A. (2021). **O PROCESSO DE (DES)NATURALIZAÇÃO DAS PRÁTICAS PUNITIVAS A PARTIR DA PROMULGAÇÃO DO ESTATUTO DA CRIANÇA E DO ADOLESCENTE E DA LEI 13.010/2014.** Revista Da Faculdade De Educação, 34(2), 243–263. p. 14. Disponível em: https://periodicos.unemat.br/index.php/ppgedu/article/view/5158. Acesso em: 20 jul. 2023.

reacender a chama da esperança de que os índices de violência contra esta classe venha a ruir.[18]

Assim, a Lei Henry Borel, para alguns teóricos, abre caminhos para atenuar efetivamente a violência, pois a legislação trata sobre as agressões realizadas no contexto intrafamiliar, bem como traz no Art. 2º a definição de violência doméstica contra a criança, como "(...) ação ou omissão que cause morte, lesão, sofrimento físico, sexual, psicológico ou dano patrimonial".[19]

Na prática, tal lei concebe uma série de modificações no ECA, no Código Penal, como também traz novos agentes e ações para romper com o ciclo da violência infantil. Neste sentido, no Estatuto das Criança e do Adolescente com a implementação da Lei Henry Borel determina que o Estado atue na prevenção através de campanhas educativas e na formação de profissionais capacitados para identificar e atender as vítimas; ademais, estipula que o protagonismo do conselho tutelar e policiais para que também atuem de modo ágil e efetivo na identificação e na ruptura das situação de violência.

Ressalta-se que a lei ainda acrescentou o inciso IX no art. 121 do Código Penal, classificando o homicídio contra menor de 14 anos como crime qualificado e hediondo. Nesse viés, trata-se de um crime inafiançável, sem a possibilidade de ser concedida anistia, indulto ou graça, ou seja, é vedada a extinção da punibilidade do agressor, o que resta nítido o rigor desta lei.

Conforme elencado pelos autores Lamin e Floriano (2023), outra medida importante implementada é em caso de risco à vítima, o agressor,

---

[18] LAMIN, Ana Beatriz; FLORIANO, Lucas Carneiro. **ANÁLISE DA VIOLÊNCIA DOMÉSTICA E FAMILIAR INFANTO JUVENIL SOB A LEI HENRY BOREL Nº 14.344/22**. 2023. p.10. Disponível em: https://repositorio.animaeducacao.com.br/handle/ANIMA/35004. Acesso em: 20 jul. 2023.

[19] BRASIL, **Lei nº 14. 344, de 24 de maio de 2022.** Cria mecanismos para a prevenção e o enfrentamento da violência doméstica e familiar contra a criança e o adolescente. Brasília, DF: Presidência da República, 2022. Disponível em: http://www.planalto.gov.br/ccivil_03/_ato2019-2022/2022/lei/L14344.htm. Acesso em: 13 jul. 2023.

por meio de decisão judicial, é afastado do convívio com a criança, isto é, o art. 16 da lei prevê tal medida a vários agentes, fato que permite a extensão da rede de proteção:

> Art. 16. As medidas protetivas de urgência poderão ser concedidas pelo juiz, a requerimento do Ministério Público, da autoridade policial, do Conselho Tutelar ou a pedido da pessoa que atue em favor da criança e do adolescente.[20]

Em sequência ao dever do tecido social atuar na prevenção e no combate à violência infantil, conforme Lamin e Floriano (2023), a Lei 14.344/2022 traz com relevância a obrigação de qualquer indivíduo denunciar casos presenciados de dano à criança. Assim, ninguém pode se isentar da obrigação de proteger crianças e adolescentes vítimas de violência independente se ocorra na esfera privada ou pública, pois configura crime de omissão penalizado com 6 meses a 3 anos de detenção com previsão de aumento de pena, conforme os artigos 23 e 26 da lei. Vale ressaltar, que a legislação supracitada ainda determina no dispositivo 24, estímulos e a proteção do indivíduo que relatar, através do disque 100, a ocorrência de violências aos órgãos responsáveis.

Logo, é cristalino que o rigor e a intensificação das obrigações do tecido social e dos órgãos que atuam na proteção dessa camada, trazida pela legislação em tela, torna-se a esperança para ceifar o histórico brasileiro de hostilidades e transformar livros como "Meu Pé de Laranja Lima" em ficção.

4.2 A atuação do Conselho Tutelar no combate a violência contra crianças e adolescentes

O Conselho Tutelar é um órgão socialmente conhecido como provedor da proteção das crianças em situação de vulnerabilidade e

---

[20] BRASIL, **Lei nº 14. 344, de 24 de maio de 2022**. Cria mecanismos para a prevenção e o enfrentamento da violência doméstica e familiar contra a criança e o adolescente. Brasília, DF: Presidência da República, 2022. Disponível em: http://www.planalto.gov.br/ccivil_03/_ato2019-2022/2022/lei/L14344.htm. Acesso em: 13 jul. 2023.

abandono. Todavia, esse instituto criado pelo Estatuto da Criança e do Adolescente detém um papel fundamental na ruptura da violência contra essa categoria, sobretudo, com a instauração da Lei Henry Borel.

Desta maneira, cumpre abordar o que é o Conselho Tutelar, sua estrutura e sua função nas comunidades brasileiras. O órgão está previsto no art. 131 do ECA que o define como: "órgão permanente e autônomo, não jurisdicional, encarregado pela sociedade de zelar pelo cumprimento dos direitos da criança e do adolescente, definidos nesta Lei"[21]. Neste sentido, conforme os autores Ferri e Ovando (2017) o Conselho Tutelar possui três características.

De acordo com os referidos autores, a primeira, como exposto na definição legal, é ser um órgão definitivo, pois após ser instalado no município, integra o Sistema de Garantia de Direitos da Criança e do Adolescente - SGRA, sendo obrigatória a manutenção do órgão por todas as gestões. Ademais, trata-se de um órgão autônomo que se vincula a uma secretaria do município, mas as deliberações apenas podem ser revistas por autoridade judiciária por impugnação de quem tem legítimo interesse, conforme disposto no art. 137 do ECA. Além disso, o termo "Não Jurisdicional" diz respeito à atuação do Conselho Tutelar ser apenas de ordem administrativa, não adentrando na seara judicial.

Por fim, a terceira característica disposta na definição do Conselho Tutelar é a função do órgão, cuja de acordo com o art. 136 do ECA, em se tratando do eixo criança e adolescente, deve o conselheiro atender essa categoria nos casos dos artigo 98 e 105 do Estatuto, os quais preconizam a atuação do profissional quando os direitos dos menores forem ameaçados, violados pela sociedade, Estado, pais ou responsáveis quando estes agirem ou omitirem lesionando as crianças e adolescentes.

Ademais, cabe ao órgão notificar o Ministério Público infrações administrativas ou penais que atinjam os direitos infantis, promover propostas orçamentárias para planos e programas de atendimento dos

---

[21] BRASIL. **Lei nº 8.069, de 13 de julho de 1990.** Estatuto da Criança e do Adolescente. Brasília, DF: Presidência da República, 1990. Disponível em: http://www.planalto.gov.br/ccivil_03/leis/l8069.htm. Acesso em: 13 jul. 2023.

direitos da criança e do adolescente. Em consonância, o inciso XI do artigo 136 do ECA determina "representar ao Ministério Público para efeito das ações de perda ou suspensão do poder familiar, após esgotadas as possibilidades de manutenção da criança ou do adolescente junto à família natural".[22]

O dispositivo legal estipula como dever também do conselheiro realizar ações de divulgação e treinamento para, com carácter de prevenção, reconhecer os sintomas de maus-tratos em crianças e adolescentes. Atuação de suma importância, visto que, como já discutido no tópico 1, a violência doméstica contra tais vítimas é complexa, haja vista que, por se tratar de uma pessoa de confiança, com poder de implantar o ideal da violência como educação ou necessária, bem como por criar na criança o sentimento de responsável pela punição do agressor membro da família, obstaculiza que a denúncia advenha da vítima, restando imprescindível uma sociedade e profissionais atentos e capacitados para visualizar e agir nesses casos.

Além disso, o Conselho Tutelar ainda pode realizar o afastamento do convívio familiar, conforme parágrafo único do dispositivo supracitado:

> Parágrafo único - Se, no exercício de suas atribuições, o Conselho Tutelar entender necessário o afastamento do convívio familiar, comunicará incontinenti o fato ao Ministério Público, prestando-lhe informações sobre os motivos de tal entendimento e as providências tomadas para a orientação, o apoio e a promoção social da família.[23]

Deste modo, compreende-se que a função do Conselho Tutelar não é meramente prestar apoio como no ideário popular, mas agir efetivamente frente a casos de violência e na prevenção, ao difundir como

---

[22] BRASIL. **Lei nº 8.069, de 13 de julho de 1990.** Estatuto da Criança e do Adolescente. Brasília, DF: Presidência da República, 1990. Disponível em: http://www.planalto.gov.br/ccivil_03/leis/l8069.htm. Acesso em: 13 jul. 2023.
[23] BRASIL. **Lei nº 8.069, de 13 de julho de 1990.** Estatuto da Criança e do Adolescente. Brasília, DF: Presidência da República, 1990. Disponível em: http://www.planalto.gov.br/ccivil_03/leis/l8069.htm. Acesso em: 13 jul. 2023.

dever de todos a proteção das crianças e adolescentes. Vislumbra-se ainda que a nova legislação de amparo a essa minoria vulnerável (Lei Henry Borel) intensifica a atuação e a responsabilidade deste órgão, haja vista o papel de desburocratizar/facilitar as medidas de proteção, tornando-as mais céleres e eficientes.

5   CONSIDERAÇÕES FINAIS

A violência infantil é um problema que perdura na sociedade desde os primórdios até os tempos atuais, considerar a criança e o adolescente como sujeitos de direitos é um fenômeno recente. A violência contra crianças pode acontecer de forma física, psicológica ou por negligência, sendo que qualquer uma das formas compromete a saúde, o desenvolvimento e a dignidade da vítima.

Na obra "O Meu Pé de Laranja Lima" através da figura de Zezé é possível observar a crueldade do tratamento dispensado às crianças, tendo em vista que o garoto sofria com a violência física, psicológica e ainda era negligenciado pela família. Ao expor sua própria infância, o autor consegue causar no leitor um choque de realidade, mas também mostra como a atenção e afeto tem um poder transformador na vida das crianças vítimas de violências.

Ainda na contemporaneidade muitos são inferiorizados e considerados propriedade dos adultos, desse modo, a violência é utilizada sob a justificativa de educar e punir as crianças, no entanto, os atos de violência podem gerar consequências negativas durante toda a vida da vítima. Infelizmente, a maior parte dos casos de violações acontecem no ambiente familiar da criança e é praticada por pessoas próximas da vítima.

No Brasil, os dados mostram que a violência contra crianças é uma constante, além disso, frequentemente casos de maus tratos a este grupo vulnerável tomam o noticiário, gerando grande comoção social. Em vista disso, criou-se no ordenamento jurídico do país um arcabouço de legislações voltadas à proteção das crianças e adolescentes, tais como o ECA, a Lei da Palmada e a Lei Henry Borel.

Revista de Direito Magis | V. 2 | N. 1 | P. 259-282 | 2023
DOI: 10.5281/zenodo.8335570

Os dispositivos legais reconhecem a vulnerabilidade das crianças e adolescentes e estabelecem medidas para assegurar o desenvolvimento sadio deste grupo. Nesta perspectiva, o ECA determina como dever do Estado, da família bem como de toda a sociedade cuidar das crianças e adolescentes para que não sejam vítimas de violência. Já a Lei da Palmada trata do direito dos infantes serem educados sem uso de castigos físicos, bem como tratamento cruel ou degradante. A Lei Henry Borel, por sua vez, cuida da prevenção e enfrentamento da violência infantil no ambiente familiar.

Em suma, a análise da obra "Meu pé de laranja lima", produzida na década de 70, às lentes da realidade brasileira atual, bem como da legislação hodierna do país, evidencia um antagonismo. Por um lado, o ordenamento progrediu em torno dos direitos e da proteção dessa minoria, por outro lado, a sociedade mantêm-se condizente às agressões em prol da educação, e omissa em cenários mais críticos, como crianças que necessitam de uma rede de apoio, como denúncias, para se afastar da violência.

Ademais, como exposto pelos dados, pelas novas leis rígidas e no tocante a triste história do pequeno Zezé, a violência ocorre mormente na esfera familiar, e nesse âmbito permanece invisibilizada. Fato que explicita a vulnerabilidade da criança no Brasil e os entraves para assegurar a proteção e a dignidade na infância.

Deste modo, a violência contra crianças possui raízes sólidas, o que se percebe ao relacionar a obra "O Meu Pé de Laranja Lima" com o cenário hodierno.No entanto, tais raízes podem ser atingidas e ceifadas por meio da educação, bem como da atuação de órgãos fiscalizadores, como o Conselho Tutelar para a efetiva responsabilização e cumprimento das penalidades previstas no Código Penal e nas leis de proteção. Portanto, é necessário um olhar mais atento para medidas de prevenção e combate aos atos de violência praticados contra crianças e adolescentes, haja vista que estes precisam ter protegidas sua integridade, bem como garantidas condições para o seu desenvolvimento.

REFERÊNCIAS

AZAMBUJA, Maria Regina Fay de. **Violência sexual intrafamiliar: é possível proteger a criança?**. Textos & Contextos (Porto Alegre), [S. l.], v. 5, n. 1, p. 1–19, 2006. Disponível em: https://revistaseletronicas.pucrs.br/ojs/index.php/fass/article/view/1022. Acesso em: 20 jul. 2023.

AZEVEDO, Maria Amélia Nogueira de (Org.); GUERRA, Viviane Nogueira de Azevedo (Org.). **CRIANÇAS VITIMIZADAS: A SÍNDROME DO PEQUENO PODER**. São Paulo: Iglu, 1989.

BRASIL. **Constituição da República Federativa do Brasil**. Brasília, DF: Presidência da República,1988. Disponível em: http://www.planalto.gov.br/cvil_ 03/constituição/constituicao.htm. Acesso em: 10 jul. 2023.

BRASIL. **Lei n° 13.010, de 26 de junho de 2014**. Estabelece o direito da criança e do adolescente de serem educados e cuidados sem o uso de castigos físicos ou de tratamento cruel ou degradante. Brasília, DF: Presidência da República, 2014. Disponível em: http://www.planalto.gov.br/cvil_03/_ato2011-2014/2014/lei/l13010.htm. Acesso em: 13 jul. 2023.

BRASIL. **Lei nº 14. 344, de 24 de maio de 2022**. Cria mecanismos para a prevenção e o enfrentamento da violência doméstica e familiar contra a criança e o adolescente. Brasília, DF: Presidência da República, 2022. Disponível em: http://www.planalto.gov.br/cvil_03/_ato2019-2022/2022/lei/L14344.htm. Acesso em: 13 jul. 2023.

BRASIL. **Lei nº 8.069, de 13 de julho de 1990**. Estatuto da Criança e do Adolescente. Brasília, DF: Presidência da República, 1990. Disponível em: http://www.planalto.gov.br/cvil_03/leis/l8069.htm. Acesso em: 13 jul. 2023.

BUSSINGER, R. V., SILVA, R. S. da, & COSTA, B. de A. (2021). **O PROCESSO DE (DES)NATURALIZAÇÃO DAS PRÁTICAS PUNITIVAS A PARTIR DA PROMULGAÇÃO DO ESTATUTO DA CRIANÇA E DO ADOLESCENTE E DA LEI 13.010/2014**. Revista Da Faculdade De Educação, 34(2), 243–263. Disponível em:

https://periodicos.unemat.br/index.php/ppgedu/article/view/5158. Acesso em: 20 jul. 2023.

Comitê Científico do Núcleo Ciência Pela Infância. **Prevenção de violência contra crianças** [livro eletrônico] / Comitê Científico do Núcleo Ciência Pela Infância. – São Paulo : Fundação Maria Cecilia Souto Vidigal, 2023. Estudo 10. ISBN 978-65-85375-00-9 (e-book). Disponível em: https://ncpi.org.br/wp-content/uploads/2023/03/NCPI_WP10_Prevencao-de-violencia-contra-criancas.pdf. Acesso em: 17 jul. 2023.

FERREIRA, Ana; SCHAMMB, Fermin R. **IMPLICAÇÕES ÉTICAS DA VIOLÊNCIA DOMÉSTICA CONTRA A CRIANÇA PARA PROFISSIONAIS DE SAÚDE** Rev. Saúde Pública, 2000. Disponível em: https://www.scielo.br/j/rsp/a/3rsvQ9hYBGVYrwdpLVhYrgv/abstract/?lang=pt# . Acesso em: 20 jul. 2023.

FERRI, Maria Eduarda Costa; OVANDO, Raquel Alfaro. **AS FORMAS DE VIOLÊNCIA CONTRA A CRIANÇA E O ADOLESCENTE: UMA ABORDAGEM SOBRE A ATUAÇÃO DO CONSELHO TUTELAR.** 2017. Disponível em: http://intertemas.toledoprudente.edu.br/index.php/ETIC/article/view/6228. Acesso em: 20 jul. 2023.

FÓRUM BRASILEIRO DE SEGURANÇA PÚBLICA. **VIOLÊNCIA CONTRA CRIANÇAS E ADOLESCENTES (2019-2021).** São Paulo, 2021. Disponível em: https://forumseguranca.org.br/wp-content/uploads/2021/12/violencia-contra-criancas-e-adolescentes-2019-2021.pdf. Acesso em: 13 jul. 2023.

HARDT, Caroline. **Caso Henry Borel: Relembre outros crimes de violência infantil que chocaram o Brasil.** JOVEM PAN, 2021. Disponível em: https://jovempan.com.br/noticias/brasil/caso-henry-borel-relembre-outros-crimes-de-violencia-infantil-que-chocaram-o-brasil.html. Acesso em: 17 jul. 2023.

KRUG, E. G. et al. **Relatório mundial sobre violência e saúde.** Geneva: Organização Mundial da Saúde, 2002.

LAMIN, Ana Beatriz; FLORIANO, Lucas Carneiro. **ANÁLISE DA VIOLÊNCIA DOMÉSTICA E FAMILIAR INFANTO JUVENIL SOB A LEI HENRY BOREL Nº 14.344/22.2023.** Disponível em: https://repositorio.animaeducacao.com.br/handle/ANIMA/35004. Acesso em: 20 jul. 2023.

MALLMANN, Daniela; CARVALHO, Júlia. **Violências contra crianças e adolescentes são as principais denúncias do Disque 100.** CNN Brasil, 2023. Disponível em: https://www.cnnbrasil.com.br/nacional/violencias-contra-criancas-e-adolescentes-sao-as-principais-denuncias-do-disque-100/. Acesso em: 17 jul. 2023.

MARTINS, Christine Baccarat de Godoy Martins; MELLO JORGE, Maria Helena Prado de. **Maus-tratos infantis: um resgate da história e das políticas de proteção.** Acta Paulista de Enfermagem, vol. 23, 2010. Disponível em: https://www.scielo.br/j/ape/a/nchdTGmYGVgJJSKhvkJWMyq. Acesso em: 22 out. 2022.

MINISTÉRIO DA SAÚDE. **IMPACTO DA VIOLÊNCIA NA SAÚDE DAS CRIANÇAS E ADOLESCENTES.** 1ª edição. Brasília – DF, 2010. Disponível em: https://bvsms.saude.gov.br/bvs/publicacoes/impacto_violencia_saude_c riancas_adolescentes.pdf. Acesso em: 13 jul. 2023.

VASCONCELOS, José Mauro de. **O Meu Pé de Laranja Lima.** 2 ed. Melhoramentos, 1975.

Revista de
Direito Magis

VAZAMENTO DE DADOS PESSOAIS SENSÍVEIS DE PACIENTES ATENDIDOS POR INSTITUIÇÕES DE SAÚDE COMO FORMA DE VIOLÊNCIA HOSPITALAR: UMA ANÁLISE GLOBAL SOB O VIÉS DA BIOÉTICA E DO BIODIREITO

LEAKAGE OF SENSITIVE PERSONAL DATA OF PATIENTS TREATED BY HEALTHCARE INSTITUTIONS AS A FORM OF HOSPITAL VIOLENCE: A GLOBAL ANALYSIS THROUGH THE LENS OF BIOETHICS AND BIOMEDICAL LAW

Bianca Amaral Sobroza[1]
Juliana Gonçalves de Arruda[2]
Bruno Marini[3]

Resumo: Este artigo é resultado de pesquisa bibliográfica realizada sobretudo no que tange ao vazamento de dados pessoais sensíveis de pacientes atendidos em Instituições de saúde, considerando-o como forma de violência hospitalar. A metodologia aplicada foi a bibliográfica, com diferentes doutrinas e periódicos que tratam acerca do tema, bem como legislações específicas como Constituição Federal e Lei Geral de Proteção de dados (Lei 13.709/18). Imprescindível destacar que a violência constitui problema mundial, face às preocupantes consequências que traz desde o início do século XX à população de forma geral. Pode ser definida como ato físico ou intimidações realizadas na prática ou de forma ameaçada, contra si próprio ou outra pessoa e grupos, no qual pode gerar danos físicos, psicológicos e traumáticos. Entre os seus mais variados tipos de violência, aborda-se sobretudo neste trabalho, a violência ocorrida dentro do

---

[1] Graduada em Direito pela Universidade Católica Dom Bosco (UCDB). Especialista em Gestão Pública em Serviços de Saúde, pela Universidade Internacional Signorelli e em Saúde Pública, pela Faculdade Única de Ipatinga-MG. E-mail: bisobroza@hotmail.com.

[2] Advogada e graduada em Direito pela Universidade Federal de Mato Grosso do Sul. E-mail: julianatravailarruda@gmail.com. Endereço do currículo lattes: http://lattes.cnpq.br/6447852312992417

[3] Professor de Direito e Biodireito na Universidade Federal de Mato Grosso do Sul, mestre em Desenvolvimento Local pela UCDB e Especialista em Direito Constitucional pela UNIDERP. E-mail: brunomarini81@gmail.com. Endereço do currículo lattes: http://lattes.cnpq.br/6574884465123441

âmbito hospitalar como é o vazamento de dados pessoais sensíveis coletados dentro das instituições de saúde. Neste sentido, destaca-se a aplicação da Lei Geral de Proteção de Dados (Lei 13.709/18), bem como a prática dos princípios da Bioética e do Biodireito, como proteção do vazamento desses dados e preservação da dignidade e igualdade dos indivíduos é um dos caminhos para assegurar que informações pessoais de pacientes não sejam utilizadas para estigmatização e fomento de qualquer injustiça ou para exposições vexatórias e desnecessárias.

Palavras-chave: Violência Hospitalar; Bioética; Biodireito; Vazamento de Dados Pessoais Sensíveis como Violência Hospitalar; LGPD.

Abstract: This article presents the findings of an extensive bibliographic research concerning the leakage of sensitive personal data of patients within healthcare institutions, reckoning it as a form of hospital violence. The utilized methodology is primarily bibliographic, drawing on various doctrines, periodicals, and pertinent legislations like the Brazilian Federal Constitution and the Brazilian General Data Protection Law. Thus, it is crucial to underscore that violence represents a pervasive global issue, bearing worrisome consequences for the population since the early 20th century. Violence can be defined as physical acts or intimidation, both perpetrated and threatened, against individuals, groups, or oneself, causing physical, psychological, and traumatic harm. Among its diverse manifestations, this study focuses on the violence occurring within healthcare institutions,especially the leakage of sensitive personal data collected by it. Accordingly, the study highlights the importance of adhering to the General Data Protection Law (Law 13.709/18) and the principles of Bioethics and Biomedical Law, as they serve to protect against data leakage, preserving the dignity and equality of individuals. This approach ensures that patients' personal information is not utilized to stigmatize, foster injustice, or subject them to unnecessary and humiliating exposures.

Keywords: Hospital Violence; Bioethics; Biomedical Law; Leakage of Sensitive Personal Data as Hospital Violence; General Data Protection Law (LGPD).

1   CONSIDERAÇÕES INICIAIS

O presente estudo busca formalizar reflexões acerca da violência praticada dentro das Instituições de saúde, com foco sobretudo, no que tange ao vazamento de dados pessoais sensíveis de pacientes. Além de discorrer acerca da violência de uma forma geral, será feita uma análise global da violência intra-hospitalar, ainda sob a ótica da aplicação dos preceitos da Bioética e do Biodireito, bem como a Lei Geral de Proteção de Dados pode proteger esses indivíduos.

A relevância social da temática se justifica pelo aumento significativo da violência nas últimas duas décadas em seus mais variados tipos e natureza, sendo um deles, ainda pouco abordado e sequer como forma de violência, que é o vazamento de dados pessoais sensíveis dentro do ambiente hospitalar, pois afeta não apenas a privacidade dos indivíduos, como também coloca em risco sua segurança e bem-estar, sujeitando-os a potenciais danos emocionais, sociais e psicológicos.

Ainda, destaca-se a importância da Lei Geral de Proteção de Dados, com ênfase no princípio da não discriminação presente no seu texto legal, já que busca proteger os cidadãos de tratamentos discriminatórios e preconceituosos, assegurando que suas informações pessoais não sejam utilizadas para estigmatização ou fomento de qualquer tipo de exclusão social ou injustiças.

Por fim, foi abordado também e de suma notoriedade, que é a prática dos preceitos da Bioética e do Biodireito, visto que têm a finalidade de proteger a saúde e a vida, quando essas são colocadas em risco pela Medicina ou pelas ciências.

2 ASPECTOS HISTÓRICOS E OBJETIVOS DA BIOÉTICA E DO BIODIREITO

Em princípio será analisado o surgimento da Bioética e do Biodireito em seus aspectos históricos e sociológicos, de forma que com a maior abrangência e publicidade da Bioética em um primeiro momento, ao direcionar esse contexto para um conteúdo mais global, a examinar a conduta humana à luz dos valores e princípios, aquela passou para um modelo de ética aplicada, o que levou a ser conhecida exclusivamente como "princípios éticos". Assim, nasciam os princípios basilares da Bioética e do Biodireito que são os princípios da não maleficência e beneficência; princípio da autonomia, princípio do consentimento informado e da justiça, como serão vistos a seguir.

2.1 Do surgimento da Bioética e do Biodireito

Bioética é a disciplina que surge na segunda metade do século XX, que estuda as condutas relacionadas à vida, envolvendo a Ética e a Biologia, uma vez que: "bios", quer dizer vida (em grego) e "éthicos", comportamento conforme o bom costume. Daniel Romero Muños, define como: "um conjunto de normas morais que tem o intuito de proteger a saúde e a vida frente a condutas que possam agredir esses bens jurídicos."[4]

Na década de 60, nos Estados Unidos,[5] que a população de uma forma geral passou a ter mais contato com casos de enfermidade, bem como acompanhou discussões jurídicas acerca de casos polêmicos que envolviam pacientes com morte cerebral, abusos em tratamentos clínicos e pesquisas em pacientes terminais. Tais fatos estimularam o senso ético dos órgãos governamentais, gerando polêmicas com relação aos direitos dos enfermos.

Com a criação da "Carta dos direitos do enfermo", ratificada pelos hospitais dos EUA, iniciava-se um novo tipo de relação entre os médicos e os doentes, pois veio para inserir a necessidade do "consentimento informado" do enfermo e a autonomia de sua decisão em escolher sua preferência, já que até então, o paternalismo da Ética médica reconhecia o profissional da saúde como um senhor absoluto, superior e único, pouco importando a vontade do enfermo.

Assim, foram surgindo diversas instigações e liberalidades que desencadearam no termo "Bioética", o qual passou a ser público em 1971, na obra *Bioethics: bridge to the future,*[6] do professor, oncólogo e criador do termo Bioética, Van Rensealer Potter. Nesta época, bioética era classificada como a ciência da sobrevivência defronte as diversas ameaças contra vida, de forma que era tratada como um prolongamento

---

[4] MUÑOS, Daniel Romero. **Bioética: a mudança da postura ética.** In Revista Brasileira de Otorrinolaringologia, n. 70, ano 5, parte 1, set./out. 2004. p. 578.
[5] JUNGES, José Roque. **Bioetica- perspectivas e desafios.** São Leopoldo: Editora Unisinos, Coleção Focus, 2006. p.15
[6] JUNGES, José Roque. **Bioetica- perspectivas e desafios.** São Leopoldo: Editora Unisinos, Coleção Focus, 2006. p.16

Revista de Direito Magis | V. 2 | N. 1 | P. 283-311 | 2023
DOI: 10.5281/zenodo.8335572

da ética médica, sendo notável que a preocupação era somente com relação aos problemas médicos, fazendo-se esquecer da sua ideia originária, ou seja, tratar dos problemas que estavam relacionados a valores, nascidos da relação entre o médico e o paciente.

E diante da sua maior abrangência, a bioética passava a constituir alguns aspectos importantes como:

> Compreender os problemas relacionados a valores que surgem em todas as profissões de saúde, inclusive nas profissões afins e nas vinculadas à saúde mental;
> [...]Abordar uma ampla gama de questões sociais, como as que relacionam com a saúde ocupacional e internacional e com a ética do controle de natalidade, entre outras.[7]

Assim, ao direcionar esse contexto para um conteúdo mais global, a examinar a conduta humana à luz dos valores e princípios, a Bioética passou para um modelo de ética aplicada, o que levou a ser conhecida exclusivamente como "princípios éticos".

E com a proporção com que essas normas vieram ganhando espaço consequentemente, crescendo a necessidade de proteger a vida, essas normas morais passam a garantir um caráter positivo, tuteladas pelo sistema jurídico, o que originou um novo subsistema conhecido como Biodireito. Heloísa Gomes Barbosa define Biodireito como: "(…) ramo do Direito que trata da teoria, da legislação e da jurisprudência relativas às normas reguladoras da conduta humana em face dos avanços da Biologia, da Biotecnologia e da Medicina".[8]

O Biodireito é, portanto, a tentativa de positivar as normas bioéticas; "o conjunto de leis positivas que visam estabelecer a obrigatoriedade de observância dos mandamentos bioéticos, e, ao mesmo

---

[7] Encyclopedia of Bioethics, vol I. New York: Macmillan, 1978, Introdução, p.19.

[8] BARBOZA, Heloisa Helena. **Princípios da Bioética e do Biodireito. Revista Bioética**, v. 8, n. 2, 2000. Disponível em: http://revistabioetica.cfm.org.br/index.php/revista_bioetica/article/view/276/27 5. Acesso em 08 jul. 2023.

tempo, é a discussão sobre a adequação sobre a necessidade de ampliação ou restrição desta legislação."[9]

2.2   Princípios basilares da Bioética e do Biodireito

O princípio da não maleficência se pauta na habilidade de fazer o mal, que efeito da ação moral, estando ligado tanto ao dano quanto à reputação, mas de uma maneira geral, abrange o dano físico, estando necessariamente ligada ao profissional da saúde.

Este princípio está contido no juramento hipocrático, relacionado com a máxima: *"Primum non nocere"*, ou seja, acima de tudo não causar dano. Assevera o encargo de não gerar o dano propositadamente, sendo que "dano" neste caso, deve ser entendido como dor, morte ou incapacidade, devendo considerar-se também, os danos morais ou aqueles que obstruem a vontade do paciente. Assim, tal princípio visa basicamente: "não ofender", "não matar" e "não causar dor". Inclui outrossim, o dever de não imputar danos, riscos e agravos futuros. O que significa dizer em síntese, que o profissional da saúde tem o dever de atuar com consciência e precaução.

Já o Princípio da beneficência, é o hábito de fazer o bem, dever fundamental do médico, devendo reduzir o sofrimento e a dor do paciente, bem como demonstrar bondade, caridade e acima de tudo, humanidade no trato daquele. É a finalidade básica e essencial de toda profissão que cuida da vida e da saúde do ser humano.

Era crucial que passasse a existir um equilíbrio entre o paternalismo médico e a vontade do paciente. Esta autonomia não era uma alternativa para a beneficência, essas deveriam ser complementares, uma vez que o princípio em questão não existe apenas para impedir que danos sejam causados e o bem promovido, mas sim, para equilibrar os possíveis e prováveis danos de uma ação.

---

[9] CHIARINI Jr., Eneas Castilho. **Noções introdutórias sobre o Biodireito**. Disponível em: http://jus.com.br/revista/texto/5664/nocoes-introdutorias-sobre-biodireito, Acesso em: 12 jul. 23.

E assim, face à complexidade e dificuldade em ponderar e equilibrar os custos e benefícios, preconizou-se que se fizesse o bem em maior proporção em relação ao mal, obedecendo duas regras da beneficência: "não causar dano e maximizar os benefícios, minimizando os possíveis riscos"[10]

O princípio da autonomia se reporta ao direito do próprio paciente em controlar o seu corpo. Está ligado ao direito de autodeterminação, ao direito de escolher dentre tantos tratamentos oferecidos o que se acha mais benéfico para si. Autonomia neste caso, é também a confiança a que se dá ao paciente, o tratando como capacitado ou adulto o suficiente para poder optar pelo tratamento que lhe convier.

Deste Princípio, decorre um outro princípio Bioético e do Biodireito que é o do Consentimento Informado, o qual visa promover e proteger a autonomia, ou seja, a informação e o esclarecimento do médico ao enfermo devem acautelar a ignorância que resulte em uma escolha constrangida, além de complementar a ausência de conhecimento sobre o assunto, bem como a compreensão.

Importante mencionar que o Princípio da Autonomia não se aplica de uma maneira absoluta, pois não alcança àqueles que não possuem condições para agirem autonomamente, como os incapazes, as crianças, os suicidas, os dependentes químicos e os excepcionais.

Neste ponto, decidirá primeiramente pelo melhor que a medicina poderia proporcionar ao paciente, reabilitando uma função ou aliviando a dor; quando isso não ocorrer deverão se remeter à opção a qual o paciente, em plena consciência escolheria, caso impossível, escolher de forma análoga, como uma pessoa racional pensaria e por fim, sem dúvida nenhuma, a melhor decisão seria aquela proveniente em conjunto, da família, juntamente com a do médico. Caso haja uma diretiva médica antecipada de vontade, a mesma deverá ser levada em consideração na hipótese de pessoas em coma.

Quanto ao Princípio da Justiça, este é o terceiro elemento da sociedade. Está ligado às condições éticas das instituições sanitárias e ao

---

[10] FIORILLO, Celso Antonio Pacheco; DIAFÉRIA, Adriana. **Biodiversidade, patrimônio genético e biotecnologia.** São Paulo: Editora Saraiva, 2012, p.97.

orçamento público da saúde. Esta individualidade ético-jurídica é formada pela associação de cidadãos que incorrem por respeito e consideração no ato de reivindicar o direito à vida ou à saúde. Assim, com o progresso da medicina, o Princípio da justiça é expresso e decisivo em dois sentidos: devido ao direito fundamental de igualdades e à necessária equidade na distribuição dos recursos.

Bem como o Princípio da beneficência deve caminhar juntamente com o Princípio da autonomia, complementando-se para que haja o real significado de cada um desses princípios, o da justiça também deve ser completado pelo da não-maleficência, uma vez que este não pode se limitar somente ao indivíduo, devendo incluir a dimensão social como um todo. O que significa dizer que ninguém pode ser prejudicado na sua saúde, em razão da discriminação no atendimento, deixando de ser tratado com igualdade e imparcialidade.

No que se refere ao direito fundamental de igualdade, trata-se de circunstâncias relacionadas à discriminação e à seleção dentro do âmbito daqueles que devem receber consideração e respeito em seu atendimento. Como é corriqueiramente verificado nos casos de pessoas mais humildes e pobres que sofrem discriminação para serem atendidos com rapidez, agilidade e eficiência, sendo que é o princípio da justiça que fará jus a essa ausência de equidade.

Assim, este princípio requer nada mais que a imparcialidade na distribuição dos riscos e benefícios, com relação aos profissionais da saúde, uma vez que os iguais deverão receber tratamento igualitário. Exige-se uma relação justiceira nos benefícios, riscos e encargos decorrentes dos serviços de saúde ao paciente.

3   DA VIOLÊNCIA HOSPITALAR

A violência pode ser definida como "qualquer ação intencional, perpetrada por indivíduo, grupo, instituição, classes ou nações dirigida a outrem, que cause prejuízos, danos físicos, sociais, psicológicos e (ou) espirituais"[11]

---

[11] MINAYO, M. C. S. Violência e saúde. Rio de Janeiro: Editora Fiocruz, 2006.

A Organização Mundial da Saúde (OMS) define a violência como o "uso de força física ou poder, em ameaça ou na prática, contra si próprio, outra pessoa ou contra um grupo ou comunidade que resulte ou possa resultar em sofrimento, morte, dano psicológico, desenvolvimento prejudicado ou privação"[12]

De acordo com a definição dada pelo OMS, a realização do ato em si está diretamente ligada à intencionalidade, não obstante o resultado gerado. Assim, eliminam-se da significação, os incidentes não intencionais.

Ressalta-se que a utilização e inclusão da palavra "poder" expande a natureza de um ato violento e aumenta o conceito costumeiro de violência para abranger também, os dinamismos resultantes de uma relação de poder, podendo incluir intimidações, ameaças e assédio moral. Desse modo, os termos "uso de força física ou poder" devem incluir negligência e todos os tipos de abuso físico, sexual e psicológico.

O novo conceito de violência passa a abarcar, portanto, diversos tipos de resultado, não só aqueles que geram danos físicos, sofrimento ou morte, passa-se a admitir também, o constrangimento, os danos psicológicos, sociais, políticos, econômicos e morais, oriundos dos mais variados tipos de violência, como os praticados contra a honra, idosos, crianças e mulheres.

Todavia, uma das questões mais profundas acerca da definição é o ponto da intencionalidade. Isto é, mesmo que se diferencie violência de ações não intencionais, mas que produzem marcas, a atitude de utilizar de força não necessariamente quer dizer que houve intenção de gerar algum dano.

Isso porque, pode haver grande inconformidade ente o comportamento intencional e a consequência intencional em si. Ou seja, a pessoa pode cometer um ato, o qual pode fazer com que seja considerado temerário, perigoso e violento, mas ele mesmo não enxergue

---

[12] OMS; 2002. Version of the Introduction to the World Report on Violence and Health (WHO)

assim, por questões culturais ou educacionais, como assim defende Walters e Parke.[13]

Frisa-se ainda, que há as definições implícitas de violência, as quais abrangem todos os atos violentos, sejam eles públicos ou privados, reativos ou antecipatórios, criminosos e não criminosos, sendo todas essas definições de suma importância para a compreensão da violência, e para planeamento e prevenção.[14]

Destaca-se que em 1996, a Quadragésima Nona Assembleia Mundial de Saúde argumentou que a violência trata de um problema importante e crescente de saúde pública, motivo pelo qual acabaram adotando a Resolução WHA49.25, como forma de trazerem à tona acerca do tema, bem como alertarem sobre as consequências tanto a curto, quanto a médio prazo que a violência pode trazer para famílias, sociedade, comunidades, países e o que pode causar no setor de serviços de saúde.

Assim, nascia o primeiro Relatório de violência e saúde do mundo, o qual foi resultado da interferência provocada da OMS com relação à Resolução WHA49.25, visando sobretudo, atender os pesquisadores, profissionais da área da saúde, assistentes sociais e demais profissionais como policiais e educadores, envolvidos na efetivação de programas e serviços de prevenção.[15]

Em sequência, a Resolução WHA49.25 solicitou à Organização Mundial da Saúde para que desenvolvesse e especificasse os diferentes tipos de violência, já que se trata de grave problema de saúde pública. Assim, neste primeiro momento, a OMS dividiu a violência em três tipos,

---

[13] WALTERS RH, Parke RD. **Social motivation, dependency, and susceptibility to social influence. In: Berkowitz L. Advanceds in experimental social psychology**. v. 1. New York, NY: Academic Press; 1964. p. 231-76

[14] *DALLBERG*, Linda *L.*; *KRUG*, Etienne G. *Violência: um problema global de saúde pública*. Rio de Janeiro: Ciência & Saúde Coletiva, vol. 11, 2006, pág. 1163-1178.

[15] KRUG EG et al., eds. **World report on violence and health**. Geneva, World Health Organization, 2002. Disponível em: https://opas.org.br/wp-content/uploads/2015/09/relatorio-mundial-violencia-saude-1.pdf. Acesso em: 29 jun.2023.

quais sejam, violência autoinfligida; violência interpessoal e violência coletiva.

A violência autoinfligida pode ser subdividida em atos suicidas, que podem ser tanto os pensamentos, quanto as tentativas de suicídio ou em atos de automutilação. A violência interpessoal pode ocorrer no âmbito da família e entre parceiros íntimos, ou seja, dentro do lar e/ou na comunidade, entre pessoas sem qualquer relação pessoal, dentre elas, conhecidas ou não, mas comumente entre pessoas que não vivem no mesmo lar.

Já violência coletiva subdivide-se em violência política, econômica e social. Importante salientar de plano, que ao contrário dos outros grandes tipos de violência denominados, neste caso, essas subcategorias da violência coletiva apresentam possíveis motivos para o cometimento dos atos violentos. Isto é, nessas três subcategorias, tratam-se de grupos organizados que cometem atos terroristas, promovem guerras e conflitos violentos quando motivados por questões sociais, políticas ou econômicas, visando fragmentações e dissociação da atividade econômica.

3.1   Casos de violência hospitalar

A violência obstétrica atinge todas as mulheres de forma direta, de forma a desrespeitar a autonomia de suas decisões, seu corpo físico e os seus processos reprodutivos como um todo, seja durante a gestação, no parto ou no pós-parto. Essa violência pode se dar seja por meio de violência verbal, física ou sexual, bem como através do uso de qualquer procedimento ou intervenção que não sejam necessários ou que não possuam evidências científicas.

É praticada por qualquer pessoa que realiza todo o amparo obstétrico, como médicos, técnico em enfermagem, obstetrizes e demais assistentes que estejam prestando algum auxílio no momento.

Importante destacar que o cometimento deste tipo de violência pode afetar de forma absolutamente negativa na vida dessas mulheres gerando traumas, depressão, abalos emocionais, transtornos e até ocasionar problemas na sua vida sexual.

De acordo com a Secretaria do Estado de Saúde de Mato Grosso do Sul, podem ser exemplos de violência obstétrica: xingamentos, humilhações, comentários constrangedores; amarrar a mulher durante o parto ou impedi-la de se movimentar, obriga-la ou persuadi-la a fazer parto diferente do escolhido por ela – mesmo dentro das condições de realizar a sua escolha; negar anestesia; proibir entrada de acompanhante; dificultar o aleitamento materno nas primeiras horas ou impedir a mãe de ter contato pele a pele com o filho logo após o nascimento.[16]

E assim, como forma de melhoria da qualidade da atenção obstétrica e neonatal no país, bem como considerando a necessidade de estimular o aprimoramento do sistema de atenção à saúde da mulher e do recém-nascido, integrando e regulando o atendimento à gestação, ao parto e ao nascimento, além de estabelecer acerca do direito do acompanhante, com base já na Lei 11.108/05 foi editada a Portaria n. 1.067/2005, pelo Ministério da Saúde, a qual instituiu a Política Nacional de Atenção Obstétrica e Neonatal, e dá outra providências.

Ainda, com o intuito de proteger e resguardar a mulher de qualquer violência obstétrica quando da realização de parto normal, de acordo com as Diretrizes Nacionais de Assistência ao Parto Normal, de 2017, os Estados-parte deverão adotar todas as medidas adequadas para banir a discriminação contra a mulher no que tange aos cuidados médicos, com o intuito de assegurar, em condições de igualdade entre todos, o acesso aos serviços médicos e até aqueles que dizem respeito ao planejamento familiar.

Além disso, ainda com bases nesses atos normativos, os Estados-parte deverão garantir à mulher, assistência durante a gravidez, parto e ao pós-parto, proporcionando assistência gratuita quando necessário, garantindo também, nutrição adequada durante a gravidez e a lactância.

---

[16] Secretaria de Estado de Saúde- SES/MS. Violência Obstétrica. Disponível em: https://www.as.saude.ms.gov.br/wp-ontent/uploads/2021/06/livreto_violencia_obstetrica-2-1.pdf. Acesso em 12 jul. 2023

3.2   Da violência intra-hospitalar

Além da preocupação e tensão com os pacientes doentes que chegam nas unidades hospitalares com os mais variados quadros, os profissionais da saúde de um modo geral têm enfrentado outros problemas e intercorrências dentro do ambiente em que trabalham, que é lidar com as ameaças, agressões verbais e até físicas de pacientes e familiares ou acompanhantes desses, sobretudo quando há superlotação nos Hospitais de atendimento.

Segundo os profissionais da saúde, as agressões sempre ocorreram, mas em uma escala menor, todavia, com a pandemia, é indubitável que os casos aumentaram, em razão dos nervos aflorados, da falta de respostas, da quantidade de óbitos, falta de leitos e materiais e assim por diante, o que fazia com que a linha de frente sofresse diretamente essa violência.

Em 2021, o Conselho Regional de Enfermagem do Ceará recebeu 49 denúncias de violência contra profissionais de enfermagem – o que, se estima, que corresponde a cerca de 30% dos casos reais, além de informar que a maioria das reclamações são dos profissionais que atuam nos atendimentos que são classificados como de alto risco, o que geralmente gera mais violência.[17]

Acredita-se que como é o profissional da saúde da linha de frente é quem conversam com os pacientes ou familiares, muitas das vezes dizendo para esperar, até por imposição do sistema, ou informando o procedimento/tratamento a ser adotado e que muitas vezes não há concordância, são eles que acabam recebendo reclamações, xingamentos e até agressões físicas.

Em contrapartida, há ainda a violência praticada pelo outro lado, pelo setor da saúde, por aqueles que deveriam responder, proteger e

---

[17] FALCONERY, Lucas; VIANA, Theyse. **Ameaças, xingamentos e violência física: profissionais da saúde relatam rotina de atendimento em Fortaleza.** Disponível em: https://diariodonordeste.verdesmares.com.br/ceara/ameacas-xingamentos-e-violencia-fisica-profissionais-da-saude-relatam-rotina-de-atendimento-em-fortaleza-1.3242416. Acesso em: 11 jul.2023.

resguardar a saúde da população, os quais paradoxalmente acabam atuando como agente da violência institucional.

De acordo com a Lei nº 14.321/2022, violência institucional ocorre quando o agente público submete uma vítima de infração penal ou a testemunha de crimes violentos a "procedimentos desnecessários, repetitivos ou invasivos, que a leve a reviver, sem estrita necessidade, a situação de violência ou outras situações potencialmente geradoras de sofrimento ou estigmatização".

Todavia, há de se ressaltar que a violência pode ocorrer em suas mais diversas formas, sendo que muitas vezes, aquelas que não geram dano físico, por serem silenciosas, tendem a não serem compreendidas pela sua gravidade. Souza defende que: "exatamente por ser exercitada nas ações diárias de instituições consagradas por sua tradição e poder, essa forma de violência costuma ser considerada como algo natural que, na maioria das vezes, não é contestada". [18]

Assim, inobstante a gravidade de omissões ou ações que corriqueiramente ocorrem dentro dos Hospitais, a violência institucional ainda é pouco abordada e comentada, o que favorece sua continuação e constância, sendo que nos mais extremos casos, tentam ser combatidas através dos xingamentos e embates de familiares, como já mencionado anteriormente.

4   DADOS PESSOAIS SENSÍVEIS À LUZ DA LGPD

A princípio, para compreender como ocorre a proteção dos dados sensíveis no ordenamento jurídico brasileiro, assim como a aplicação da Lei Geral de Proteção de Dados (LGPD - Lei 13.709/18) no território nacional, é necessário inicialmente remontar ao art. 5º, inciso X da Constituição Federal[19]. Neste, constata-se que a Carta Magna assegura o

---

[18] Souza AS, Meira EC, Menezes MR. **Violência contra pessoas idosas promovidas em instituições de saúde**. Londrina: Mediações. 2012, pág 17.
[19] BRASIL. Presidência da República. Constituição da República Federativa do Brasil de 1988. Diário Oficial da União: seção 1, Brasília, DF, 5 out. 1988. Disponível   em:

direito inviolável à privacidade, que engloba garantias relacionadas à honra, à intimidade e à vida privada, além de impor responsabilidades no caso de sua violação[20].

A partir disso e ainda no contexto histórico, em 2016 foi publicado pela Comissão Europeia o que seria a grande e maior inspiração para a regulação específica dos dados no território nacional, qual seja o Regulamento Geral sobre a Proteção de Dados. Esse documento foi um grande marco na regulamentação da matéria no continente europeu, tendo em vista o seu escopo de trazer maiores garantias e ditar como seriam trabalhados os dados pessoais em relação aos seus cidadãos integrantes da União Europeia, bem como acerca da circulação realizada dentro dos países membros[21].

Após, conforme seguiam os países e as organizações internacionais, em agosto de 2018, o Brasil sancionou e publicou a Lei Geral de Proteção de Dados (LGPD - Lei 13.709/18), que entraria em vigor 18 (dezoito) meses após a sua publicação. Logo, em fevereiro de 2020, consolidou-se o novo sistema de tratamento de dados no país, de forma que as empresas e o governo, englobando as instituições médicas privadas e públicas, passaram a precisar obedecer uma série de critérios determinados na inovação legal em tela no tocante à utilização dos dados dos cidadãos brasileiros[22].

Sobre a sua importância e aplicabilidade:

---

http://www.planalto.gov.br/ccivil_03/constituicao/constituicao.htm. Acesso em: 25 jun. 2023.

[20] ROCHA, Thauane Prieto; PIVETO, Lucas Colombera Vaiano. **Um diálogo sobre a relevância da proteção de dados pessoais e sensíveis nos estabelecimentos de saúde**. Disponível em: http://hdl.handle.net/11077/2122. Acesso em: 16 jul. 2023.

[21] GUANAES, Paulo (Org.). **Marcos legais nacionais em face da abertura de dados para pesquisa em saúde: dados pessoais, sensíveis ou sigilosos e propriedade intelectual**. Rio de Janeiro: Fiocruz, 2018. Disponível em: https://www.arca.fiocruz.br/handle/icict/28838. Acesso em: 16 jul. 2023.

[22] GUANAES, Paulo (Org.). **Marcos legais nacionais em face da abertura de dados para pesquisa em saúde: dados pessoais, sensíveis ou sigilosos e propriedade intelectual**. Rio de Janeiro: Fiocruz, 2018. Disponível em: https://www.arca.fiocruz.br/handle/icict/28838. Acesso em: 16 jul. 2023.

Não se trata de somente uma lei sobre a Internet ou sobre tecnologia, pois é um verdadeiro novo pacto que vai definir as bases do tratamento de dados pessoais, cada vez mais importante em nossa sociedade, procurando garantir tanto a preservação dos direitos e liberdades dos cidadãos quanto proporcionar segurança para os que realizam o tratamento de dados de forma legítima e transparente.[23]

Dentre alguns dos novos conceitos mais relevantes, o art. 5º, inciso I da Lei 13.709 traz a definição do dado pessoal, como sendo aquele que veicula informações inerentes às pessoas naturais, como por exemplo: nome, número de documento de identificação, endereço e entre outros[24].

Outra definição disposta no inciso II do mesmo artigo é a de dado pessoal sensível, destaque do presente trabalho. Segundo a LGPD:

> Art. 5º Para os fins desta Lei, considera-se:(...)
> (...) II - dado pessoal sensível: dado pessoal sobre origem racial ou étnica, convicção religiosa, opinião política, filiação a sindicato ou a organização de caráter religioso, filosófico ou político, dado referente à saúde ou à vida sexual, dado genético ou biométrico, quando vinculado a uma pessoa natural;[25]

Assim, estas duas classificações de dados pessoais possuem tutela jurídica distintas, uma vez que os dados pessoais sensíveis estão intimamente ligados com o fundamento da dignidade humana, presente no art. 2º da LGPD, e o princípio da não discriminação, constante no art.

---

[23] GUANAES, Paulo (Org.). **Marcos legais nacionais em face da abertura de dados para pesquisa em saúde: dados pessoais, sensíveis ou sigilosos e propriedade intelectual**. Rio de Janeiro: Fiocruz, 2018. Disponível em: https://www.arca.fiocruz.br/handle/icict/28838. Acesso em: 16 jul. 2023.
[24] WALCZUK, Mathias Ewert. **LGPD e os dados sensíveis na área da saúde**. Curitiba: Unicuritiba, 2023. Disponível em: https://repositorio.animaeducacao.com.br/handle/ANIMA/33083. Acesso em: 25 jun. 2023.
[25] BRASIL. Presidência da República. Lei nº 13.709, de 14 de agosto de 2018. Lei Geral de Proteção de Dados Pessoais (LGPD). Diário Oficial da União: seção 1, Brasília, DF, 15 ago. 2018. Disponível em: https://www.planalto.gov.br/ccivil_03/_ato2015-2018/2018/lei/l13709.htm. Acesso em: 25 jun. 2023.

6º do mesmo documento legal. Desta maneira, violações a dados que carreguem este tipo de informações podem ser mais danosos tendo em vista o seu caráter discriminatório e pessoal, de modo que podem levar a consequências nos ramos privados e públicos.[26]

Nesse contexto, merece atenção os princípios da segurança, da prevenção e da responsabilização, também presentes no art. 6º do mesmo documento legal. Estes, em uma análise conjunta, buscam garantir proteção em precaução a eventuais vazamentos de dados, haja vista as lesões, possivelmente discriminatórias, que tais vazamentos poderão causar na vida dos titulares[27].

Para ilustrar, Cohen aponta algumas situações em que os dados de consumidores, se revelados ilegalmente e prejudicialmente aos titulares, podem impactar negativamente na vida dos cidadãos. Dentre elas, a autora cita problemas como na vida profissional, na qual os patrões poderão se basear nos riscos que a personalidade de seus empregados apresentam, ou até mesmo conforme a sua orientação sexual ou preferência religiosa. Outrossim, menciona-se a situação fática de que empresas que prestam o serviço de seguro-médico poderiam utilizar esses dados violados para excluir previamente pessoas com deficiência genética ou médica.[28]

---

[26] MULHOLLAND, C. S. **Dados pessoais sensíveis e a tutela de direitos fundamentais: uma análise à luz da lei geral de proteção de dados (Lei 13.709/18)**. Revista de Direitos e Garantias Fundamentais, [S. l.], v. 19, n. 3, p. 159–180, 2018. DOI: 10.18759/rdgf.v19i3.1603. Disponível em: https://sisbib.emnuvens.com.br/direitosegarantias/article/view/1603. Acesso em: 25 de junho de 2023.

[27] BRASIL. Presidência da República. Lei nº 13.709, de 14 de agosto de 2018. **Lei Geral de Proteção de Dados Pessoais (LGPD)**. Diário Oficial da União: seção 1, Brasília, DF, 15 ago. 2018. Disponível em: https://www.planalto.gov.br/ccivil_03/_ato2015-2018/2018/lei/l13709.htm. Acesso em: 25 jun. 2023.

[28] MULHOLLAND, C. S. **Dados pessoais sensíveis e a tutela de direitos fundamentais: uma análise à luz da lei geral de proteção de dados (Lei 13.709/18)**. Revista de Direitos e Garantias Fundamentais, [S. l.], v. 19, n. 3, p. 159–180, 2018. DOI: 10.18759/rdgf.v19i3.1603. Disponível em: https://sisbib.emnuvens.com.br/direitosegarantias/article/view/1603. Acesso em: 25 de junho de 2023 apud COHEN, Julie. Examined lives: Informational

Em virtude do exposto, a proteção especial concedida às informações sensíveis abrange explicitamente as que concernem a saúde, visto que o texto legal salvaguardou essas classificação de dados no rol do art. 6º da LGPD, conforme supracolacionado. Ademais, a lei traz obstáculos e impedimentos ao vazamento desses dados, uma vez que podem ser até mesmo comercializados ou usados com o escopo de promover preconceitos ou discriminações ilícitas.[29]

Nesse diapasão, a LGPD traz em seu art. 11 a imprescindibilidade de que os titulares sejam informados sobre qual será o tratamento a ser efetuado com os seus dados pessoais sensíveis pelas instituições de saúde. No entanto, cabe destacar que o texto legal possui uma exceção, que ocorre em circunstâncias de contraposição de direitos fundamentais, no qual o direito à integridade física poderá ceder espaço ao direito à vida, por exemplo. Ainda sobre o assunto:

> A redação final deixa claro que não são todos os casos que estão excluídos da necessidade de consentimento, quando traz que é "exclusivamente, em procedimento realizado por profissionais de saúde, serviços de saúde ou autoridade sanitária". Dessa forma, em momentos onde se é coletado dados em que seja utilizado o compartilhamento entre parceiros (instituições, hospitais, consultórios, etc), por exemplo, será necessário obter a manifestação de consentimento. Além disso, mesmo considerando a exceção há muitas formas em que esses dados necessitam de tratamento que não estaria abrangido, como por exemplo se contratado uma empresa de tecnologia para cuidar desses dados, e muitas vezes necessitam acesso a dados sensíveis, por isso mesmo na área da saúde o consentimento é primordial.[30]

Privacy and the Subject as Object. 52 Stan. L. Rev. 1373-1438 (2000). Disponível em: https://example.com/examined-lives. Acesso em: 16 jul. 2023.
[29] TEFFÉ, C. S. DE; VIOLA, M. **Tratamento de dados pessoais na LGPD: estudo sobre as bases legais**. civilistica.com, v. 9, n. 1, p. 1-38, 9 maio 2020. Disponível em: https://civilistica.emnuvens.com.br/redc/article/view/510. Acesso em: 25 jul. 2023.
[30] WALCZUK, Mathias Ewert. **LGPD e os dados sensíveis na área da saúde**. Curitiba: Unicuritiba, 2023. Disponível em: https://repositorio.animaeducacao.com.br/handle/ANIMA/33083. Acesso em: 25 jun. 2023.

Em conclusão, o consentimento é a regra quando os dados pessoais forem considerados como sensíveis.

5 O VAZAMENTO DE DADOS SENSÍVEIS NA SAÚDE COMO FORMA DE VIO-LÊNCIA HOSPITALAR

No contexto atual da sociedade digital, em que a tecnologia desempenha um papel fundamental na área da saúde, a proteção das informações sensíveis torna-se uma preocupação cada vez mais discutida. Especialmente neste domínio, no qual as informações pessoais e confidenciais são compartilhadas entre pacientes e profissionais de saúde, a segurança desses dados é crucial para garantir a privacidade dos titulares bem como para evitar possíveis violações que possam ocorrer por meio de vazamentos de conteúdo sensível.

Nesse sentido, é necessário compreender as implicações e as situações decorrentes de tais vazamentos no contexto hospitalar no Brasil e como elas podem se configurar como exemplos de violência hospitalar.

5.1 Dados médicos hospitalares sensíveis e casos de vazamentos no Brasil

Durante os atendimentos em saúde, é inquestionável que o profissional da saúde deve registrar o tratamento realizado a cada paciente por meio do prontuário médico. Logo, tais dados são necessários tanto ao paciente que necessita ser devidamente informado sobre o procedimento hospitalar adotado, tanto às próprias instituições de saúde. Para estas, é importante que tais informações sejam coletadas de forma fidedigna e que reflitam exatamente os procedimentos, diagnósticos, exames pretéritos, entre outros aspectos relacionados[31].

---

[31] ROCHA, Thauane Prieto; PIVETO, Lucas Colombera Vaiano. **Um diálogo sobre a relevância da proteção de dados pessoais e sensíveis nos estabelecimentos de saúde**. Disponível em: http://hdl.handle.net/11077/2122. Acesso em: 16 jul. 2023.

Desse modo, a análise desses dados é indispensável para proporcionar o devido apoio à equipe médica, de forma a garantir a devida tutela de saúde, evitando, dentre alguns exemplos, possíveis transtornos como repetições de exames já realizados. Assim, pode-se nomear este conjunto de dados na área da saúde pelo termo cadeia hospitalar[32].

Portanto, dados hospitalares são gerados a todo momento e são incluídos na cadeia hospitalar a cada minuto. Outrossim, as informações concernentes ao tratamento de cada paciente são, em sua maioria, integrantes do rol de dados sensíveis, conforme abordado anteriormente, de sorte que necessitam de ampla proteção para que não atente aos princípios que regem a LGPD e que permitam a proteção à privacidade dos dados.

No entanto, embora todo o arcabouço legal da Lei 13.709/18 venha justamente para prevenir vazamentos de informações, considerando os efeitos negativos que a exposição de dados sensíveis possa causar na vida dos titulares, cabe citar alguns casos em que houve a violação e a divulgação de dados de pessoas identificáveis da cadeia hospitalar.

Durante o primeiro ano da pandemia Covid-19, é evidente afirmar que o número de pessoas ocupando leitos hospitalares aumentou consideravelmente, devido à grave crise hospitalar tanto em âmbito mundial quanto nacional. Nesse cenário, ocorreu o grave vazamento dos dados de cerca de 16 milhões de brasileiros que foram acometidos pelo vírus em questão. Para resumir:

> Em breve síntese, um funcionário do Hospital Albert Einstein publicou senhas do Ministério da Saúde em uma plataforma aberta o que permitia acesso a dados como CPF, endereço, telefone e doenças pré-existentes de milhares de pessoas, de

---

[32] ROCHA, Thauane Prieto; PIVETO, Lucas Colombera Vaiano. **Um diálogo sobre a relevância da proteção de dados pessoais e sensíveis nos estabelecimentos de saúde**. Disponível em: http://hdl.handle.net/11077/2122. Acesso em: 16 jul. 2023.

forma mais específica, houve o vazamento de dados de 16 milhões de pessoas[33].

Após essa situação de vazamento de dados, é relevante destacar como essa violação afetou os direitos à privacidade e abriu caminho para possíveis situações de discriminação que se correlacionavam ao evento em tela.

Durante a pandemia Covid-19, várias formas de discriminação ganharam destaque na sociedade. Dentre elas, a xenofobia contra os chineses foi amplamente repercutida – ou "sinofobia", termo o qual se refere especificamente ao preconceito contra pessoas de tal nacionalidade. Segundo a percepção difundida pelas mídias responsáveis pela disseminação do preconceito, esse grupo de pessoas seriam os culpados pela propagação do vírus em escala global e pelas mortes decorrentes da Covid-19, o que apenas disseminou o ódio xenofóbico no mundo e no Brasil[34].

Em segundo lugar, a discriminação por idade, igualmente chamada de "ageismo" pela comunidade científica, também foi uma preocupação significativa. De acordo com Penteado, Nunes e Blanco[35], o número de pessoas com mais de 60 anos que relataram ter sido vítima de discriminação em situações cotidianas foi considerável e alarmante.

---

[33] ROCHA, Thauane Prieto; PIVETO, Lucas Colombera Vaiano. **Um diálogo sobre a relevância da proteção de dados pessoais e sensíveis nos estabelecimentos de saúde**. Disponível em: http://hdl.handle.net/11077/2122. Acesso em: 16 jul. 2023.

[34] KHALIL, O. A. K.; DA SILVA KHALIL, S.; CAETANO JUNIOR, E. **Xenofobia: um velho sintoma de um novo Coronavírus**. Revista Thema, Pelotas, v. 20, p. 132–142, 2021. DOI: 10.15536/thema.V20.Especial.2021.132-142.1855. Disponível em: https://periodicos.ifsul.edu.br/index.php/thema/article/view/1855. Acesso em: 2 jul. 2023.

[35] PENTEADO, L. de P.; NUNES, D. P.; BLANCO, A. L. **Discriminação por idade no contexto da pandemia da COVID-19**. Congresso Científico da Faculdade de Enfermagem da UNICAMP, Campinas, SP, n. 2, p. e20224759, 2022. DOI: 10.20396/ccfenf220224759. Disponível em: https://econtents.bc.unicamp.br/eventos/index.php/ccfenf/article/view/4759. Acesso em: 2 jul. 2023.

Embora os exemplos mencionados não representem a totalidade do comportamento social durante a pandemia, é importante ressaltar que as informações divulgadas no vazamento poderiam ser utilizadas para propagar desinformação e alimentar ataques contra pessoas idosas e de origem chinesa que foram afetadas pelo vírus. Isso ilustra os efeitos negativos que esse vazamento pôde ter na vida dos indivíduos cujos dados foram expostos.

Logo, além da necessidade de responsabilização por parte do Hospital Albert Einstein pelo vazamento de dados, é evidente que essa violação prejudicou os direitos à privacidade de diversos cidadãos e os expôs a possíveis situações de discriminação, o que está em desconformidade com a proteção prevista pela LGPD.

Outro exemplo emblemático de vazamento de dados médicos é o caso da atriz Klara Castanho. A artista, ao dar à luz a uma criança fruto de um estupro, optou por seguir o procedimento legal de adoção. No entanto, essa informação foi indevidamente acessada e vendida por uma enfermeira da instituição hospitalar onde ocorreu o parto[36].

A divulgação desautorizada dessas informações pessoais expôs a atriz a uma série de comentários, julgamentos e questionamentos na internet, causando um grave impacto negativo na sua vida. Além disso, ela se viu obrigada a explicar publicamente o ocorrido devido à exposição indevida, mesmo não tendo revelado anteriormente que havia sido vítima de estupro. Logo, esse vazamento de dados não apenas a expôs, mas também a submeteu a diferentes formas de discriminação nas plataformas online[37].

---

[36] BARRETO, Iris Vitória Soares; SANTOS, Thayna Beatriz Oliveira dos. **Proteção à dignidade sexual e à aplicação do direito penal em casos que envolvam celebridades: o impacto da exposição midiática sofrido por Klara Castanho.** Disponível em: https://repositorio.animaeducacao.com.br/handle/ANIMA/34308. Acesso em: 2 jul. 2023.

[37] BARRETO, Iris Vitória Soares; SANTOS, Thayna Beatriz Oliveira dos. **Proteção à dignidade sexual e à aplicação do direito penal em casos que envolvam celebridades: o impacto da exposição midiática sofrido por Klara Castanho.** Disponível em:

Nesse sentido, o caso de Klara Castanho evidencia as graves consequências que um vazamento de dados sensíveis pode ter na vida de uma pessoa, especialmente quando ocorre no contexto de violência hospitalar, tendo em vista que, além da divulgação ilegal, ela já relatava situações de preconceito e humilhação na qual os profissionais de saúde que a atendiam a submetiam. Em suma, a exposição indevida dessas informações pessoais não apenas viola a privacidade do indivíduo, mas também o expõe a diversos tipos de discriminação e preconceito online[38].

5.2 Vazamentos de dados de saúde sensíveis como forma de violência hospitalar e afronta aos princípios da Bioética e do Biodireito

Diante de todas as considerações apresentadas, fica claro que o conceito de violência é abrangente, conforme adotado pela comunidade científica e organizações mundiais. Nesse sentido, é importante ressaltar que assa definição não se limita apenas a atos físicos ou verbais, individuais ou coletivos, mas também inclui o vazamento de dados sensíveis de brasileiros, configurando-se como um dos subtipos existentes.

Logo, ao ocorrer a violação da privacidade dos titulares por meio da divulgação de informações capazes de identificar os indivíduos envolvidos, consequentemente coloca-se em risco a segurança destes. Além disso, a principal preocupação reside na vulnerabilidade decorrente da possibilidade de discriminação contra essas pessoas. Destarte, é essencial destacar que esses tipos de dados possuem proteção especial

---

https://repositorio.animaeducacao.com.br/handle/ANIMA/34308. Acesso em: 2 jul. 2023.

[38] BARRETO, Iris Vitória Soares; SANTOS, Thayna Beatriz Oliveira dos. **Proteção à dignidade sexual e à aplicação do direito penal em casos que envolvam celebridades: o impacto da exposição midiática sofrido por Klara Castanho.** Disponível em: https://repositorio.animaeducacao.com.br/handle/ANIMA/34308. Acesso em: 2 jul. 2023.

pela LGPD justamente tendo em vista os danos que podem causar às eventuais vítimas de vazamentos de dados[39].

No mais, à respeito da violência hospitalar, sabe-se que ela pode ocorrer de várias formas dentro das instituições de saúde, seja em virtude do sofrimento percebido por parte dos pacientes como pelos próprios profissionais de saúde.

Portanto, considerando as informações da cadeia hospitalar são classificadas como material sensível, é imprescindível reconhecer que o vazamento de dados sensíveis relacionados à saúde dos titulares também constitui uma das formas de violência hospitalar, pois afeta não apenas a privacidade dos indivíduos, como também coloca em risco sua segurança e bem-estar, sujeitando-os a potenciais danos emocionais, sociais e psicológicos.

Por fim, ao considerar o princípio da não discriminação presente na LGPD, é fundamental refletir sobre a conexão direta entre a violência hospitalar decorrente do vazamento de dados sensíveis e a preservação da dignidade e igualdade dos indivíduos. Através deste preceito, a LGPD busca proteger os cidadãos de tratamentos discriminatórios e preconceituosos, assegurando que suas informações pessoais não sejam utilizadas para estigmatização ou fomento de qualquer tipo de exclusão social ou injustiças.

No contexto da saúde, esse princípio assume um papel crucial, pois o vazamento de dados sensíveis pode levar a situações de estigmatização, como o fomento ao preconceito com base em histórico médico, dados genéticos, entre outros. Em adição, a disseminação inadequada de informações pessoais pode prejudicar a vida das vítimas e submetê-las a situações de constrangimento psicológico excessivo, em virtude de

---

[39] MULHOLLAND, C. S. **Dados pessoais sensíveis e a tutela de direitos fundamentais: uma análise à luz da lei geral de proteção de dados (Lei 13.709/18)**. Revista de Direitos e Garantias Fundamentais, [S. l.], v. 19, n. 3, p. 159–180, 2018. DOI: 10.18759/rdgf.v19i3.1603. Disponível em: https://sisbib.emnuvens.com.br/direitosegarantias/article/view/1603. Acesso em: 25 de junho de 2023 apud COHEN, Julie. Examined lives: Informational Privacy and the Subject as Object. 52 Stan. L. Rev. 1373-1438 (2000). Disponível em: https://example.com/examined-lives. Acesso em: 16 jul. 2023.

conteúdo que nunca deveria ter caído em conhecimento geral, o que a LGPD direta e explicitamente visa proteger.

Posto isto, juntamente com a LGPD, visando a preservação do indivíduo frente à violência hospitalar em razão dos vazamento de dados sensíveis, frisa-se também, a imprescindibilidade da prática dos preceitos da Bioética e Biodireito, trazendo à lume nesses casos, sobretudo, os princípios da não maleficência e beneficência, o princípio da justiça, da autonomia e do consentimento informado, de forma que não seja feito nenhum mal ao paciente, praticando-se o bem sempre, respeitando suas decisões e acima tudo, repassando informações com seriedade e clareza e protegendo o compartilhamento de dados entre paciente e Instituição Hospitalar.

6   CONSIDERAÇÕES FINAIS

A questão em tela abrange uma variedade de comportamentos problemáticos, desde a negligência e erros médicos até casos mais graves de agressões físicas e verbais. Logo, e embora existam várias formas que este tipo de comportamento abusivo possa se concretizar nas entidades de assistência médica, é evidente a relação entre o vazamento de dados pessoais sensíveis de pacientes atendidos por instituições de saúde e a violência hospitalar, uma vez que se pode expor os pacientes a danos emocionais e, porventura, colocá-los sob risco de graves ataques discriminatórios.

Contudo, não se nega a importância da atualização de dados da cadeia hospitalar, pois ela é imprescindível para que profissionais de saúde possam oferecer diagnósticos e tratamento adequado. No entanto, a dualidade entre a divulgação ilícita de informações sensíveis de saúde se trata de uma ameaça crescente representa uma grave violação à privacidade dos pacientes.

Outrossim, a falta de regulamentação específica sobre a proteção desses dados agrava essa situação. A ausência de normas claras e efetivas para garantir a segurança das informações dos pacientes permite que vazamentos ocorram sem que haja responsabilização adequada. Logo, esse cenário coloca em xeque a confiança dos pacientes nas instituições e no sistema de saúde como um todo.

Neste contexto, é fundamental que as instituições de saúde adotem medidas rigorosas para proteger os dados de seus pacientes e garantir a privacidade e a confidencialidade das informações. Além disso, é essencial que haja uma legislação específica que estabeleça diretrizes claras sobre a coleta, armazenamento e compartilhamento de dados de saúde, bem como as penalidades para casos de vazamento.

A proteção dos dados pessoais de pacientes é um direito fundamental e sua violação deve ser tratada como uma forma de violência hospitalar. Os pacientes confiam nas instituições de saúde para proteger suas informações e garantir sua segurança e bem-estar. Portanto, é de responsabilidade dos hospitais bem como dos profissionais destes estabelecimentos agir de forma ética e responsável na gestão dos dados de seus pacientes.

Em suma, o vazamento de dados pessoais sensíveis de pacientes em instituições de saúde é um problema sério que requer atenção da comunidade científica. Ademais, é essencial reconhecer sua relação com a violência hospitalar, para alcançar medidas proativas em busca da proteção dos direitos dos pacientes e um sistema de saúde mais seguro, ético e humano, como também em conformidade com a legislação e os princípios éticos da prática médica.

REFERÊNCIAS

BARBOZA, Heloisa Helena. **Princípios da Bioética e do Biodireito. Revista Bioética**, v. 8, n. 2, 2000. Disponível em: http://revistabioetica.cfm.org.br/index.php/revista_bioetica/article/view/276/275. Acesso em 08 jul. 2023.

BARRETO, Iris Vitória Soares; SANTOS, Thayna Beatriz Oliveira dos. **Proteção à dignidade sexual e à aplicação do direito penal em casos que envolvam celebridades: o impacto da exposição midiática sofrido por Klara Castanho.** Disponível em: https://repositorio.animaeducacao.com.br/handle/ANIMA/34308. Acesso em: 2 jul. 2023.

BRASIL. Presidência da República. Constituição da República Federativa do Brasil de 1988. Diário Oficial da União: seção 1, Brasília, DF, 5 out. 1988. Disponível em: http://www.planalto.gov.br/ccivil_03/constituicao/constituicao.htm. Acesso em: 25 jun. 2023.

BRASIL. Presidência da República. Lei nº 13.709, de 14 de agosto de 2018. **Lei Geral de Proteção de Dados Pessoais (LGPD)**. Diário Oficial da União: seção 1, Brasília, DF, 15 ago. 2018. Disponível em: https://www.planalto.gov.br/ccivil_03/_ato2015-2018/2018/lei/l13709.htm. Acesso em: 25 jun. 2023.

CHIARINI Jr., Eneas Castilho. **Noções introdutórias sobre o Biodireito**. Disponível em: http://jus.com.br/revista/texto/5664/nocoes-introdutorias-sobre-biodireito, Acesso em: 12 jul. 23.

DALLBERG, *Linda L.; KRUG, Etienne G.* **Violência: um problema global de saúde pública**. *Rio de Janeiro: Ciência & Saúde Coletiva, vol. 11, 2006, pág. 1163-1178.*

Encyclopedia of Bioethics, vol I. New York: Macmillan, 1978, Introdução, p.19.

FALCONERY, Lucas; VIANA, Theyse. **Ameaças, xingamentos e violência física: profissionais da saúde relatam rotina de atendimento em Fortaleza.** Disponível em: https://diariodonordeste.verdesmares.com.br/ceara/ameacas-xingamentos-e-violencia-fisica-profissionais-da-saude-relatam-rotina-de-atendimento-em-fortaleza-1.3242416. Acesso em: 11 jul.2023.

FIORILLO, Celso Antonio Pacheco; DIAFÉRIA, Adriana. **Biodiversidade, patrimônio genético e biotecnologia.** São Paulo: Editora Saraiva, 2012, p.97.

GUANAES, Paulo (Org.). **Marcos legais nacionais em face da abertura de dados para pesquisa em saúde: dados pessoais, sensíveis ou sigilosos e propriedade intelectual.** Rio de Janeiro: Fiocruz, 2018. Disponível em: https://www.arca.fiocruz.br/handle/icict/28838. Acesso em: 16 jul. 2023.

JUNGES, José Roque. **Bioetica-perspectivas e desafios.** São Leopoldo: Editora Unisinos, Coleção Focus, 2006. p.15

KHALIL, O. A. K.; DA SILVA KHALIL, S.; CAETANO JUNIOR, E. **Xenofobia: um velho sintoma de um novo Coronavírus.** Revista Thema, Pelotas, v. 20, p. 132–142, 2021. DOI: 10.15536/thema.V20.Especial.2021.132-142.1855. Disponível em: https://periodicos.ifsul.edu.br/index.php/thema/article/view/1855. Acesso em: 2 jul. 2023.

KRUG EG et al., eds. **World report on violence and health.** Geneva, World Health Organization, 2002. Disponível em: https://opas.org.br/wp-content/uploads/2015/09/relatorio-mundial-violencia-saude-1.pdf. Acesso em: 29 jun.2023.

MINAYO, M. C. S. Violência e saúde. Rio de Janeiro: Editora Fiocruz, 2006.

MULHOLLAND, C. S. **Dados pessoais sensíveis e a tutela de direitos fundamentais: uma análise à luz da lei geral de proteção de dados (Lei 13.709/18).** Revista de Direitos e Garantias Fundamentais, [S. l.], v. 19, n. 3, p. 159–180, 2018. DOI: 10.18759/rdgf.v19i3.1603. Disponível em: https://sisbib.emnuvens.com.br/direitosegarantias/article/view/1603. Acesso em: 25 de junho de 2023.

MUÑOS, Daniel Romero. **Bioética: a mudança da postura ética.** In Revista Brasileira de Otorrinolaringologia, n. 70, ano 5, parte 1, set./out. 2004. p. 578.

OMS; 2002. Version of the Introduction to the World Report on Violence and Health (WHO)

PENTEADO, L. de P.; NUNES, D. P.; BLANCO, A. L. **Discriminação por idade no contexto da pandemia da COVID-19.** Congresso Científico da Faculdade de Enfermagem da UNICAMP, Campinas, SP, n. 2, p. e20224759, 2022. DOI: 10.20396/ccfenf220224759. Disponível em:

https://econtents.bc.unicamp.br/eventos/index.php/ccfcnf/article/view/4759. Acesso em: 2 jul. 2023.

ROCHA, Thauane Prieto; PIVETO, Lucas Colombera Vaiano. **Um diálogo sobre a relevância da proteção de dados pessoais e sensíveis nos estabelecimentos de saúde.** Disponível em: http://hdl.handle.net/11077/2122. Acesso em: 16 jul. 2023.

Secretaria de Estado de Saúde-SES/MS. Violência Obstétrica. Disponível em: https://www.as.saude.ms.gov.br/wp-ontent/uploads/2021/06/livreto_violencia_obstetrica-2-1.pdf. Acesso em 12 jul. 2023

Souza AS, Meira EC, Menezes MR. **Violência contra pessoas idosas promovidas em instituições de saúde.** Londrina: Mediações. 2012, pág 17.

TEFFÉ, C. S. DE; VIOLA, M. **Tratamento de dados pessoais na LGPD: estudo sobre as bases legais.** civilistica.com, v. 9, n. 1, p. 1-38, 9 maio 2020. Disponível em: https://civilistica.emnuvens.com.br/redc/article/view/510. Acesso em: 25 jul. 2023.

WALCZUK, Mathias Ewert. **LGPD e os dados sensíveis na área da saúde.** Curitiba: Unicuritiba, 2023. Disponível em: https://repositorio.animaeducacao.com.br/handle/ANIMA/33083. Acesso em: 25 jun. 2023.

WALTERS RH, Parke RD. **Social motivation, dependency, and susceptibility to social influence. In: Berkowitz L. Advanceds in experimental social psycholog**y. v. 1. New York, NY: Academic Press; 1964. p. 231-76.

Revista de
Direito Magis

A HIPERSEXUALIZAÇÃO DE CRIANÇAS E ADOLESCENTES INFLUENCIADORES DIGITAIS NAS REDES SOCIAIS

THE HYPERSEXUALIZATION OF CHILDREN AND ADOLESCENTS DIGITAL INFLUENCERS ON SOCIAL NETWORKS

LA HIPERSEXUALIZACIÓN DE NIÑOS Y ADOLESCENTES INFLUENCIADORES DIGITALES EN REDES SOCIALES

Glayder Daywerth Pereira Guimarães[1]

Resumo: Por intermédio de uma pesquisa eminentemente teórica, de vertente metodológica jurídico-sociológica e de investigação de tipo jurídico-projetivo realizada por meio da análise da doutrina e da legislação pertinente, objetivou-se traçar um panorama geral relativamente à questão da hipersexualização de crianças e adolescentes influenciadores nas redes socias, notadamente em um contexto de hiperconexão e elevada utilização das redes sociais por crianças e adolescentes. Nesse ínterim procedeu-se a uma análise a respeito dos influenciadores digitais mirins, os direitos dos infantes no Brasil e sua tutela, bem como à autoridade parental e sua correlação com a proteção integral das crianças e adolescentes. Deste modo o estudo propõe lançar luzes sobre a temática proposta com a finalidade de apresentar soluções adequadas no tocante a hipersexualização de influenciadores mirins, no âmbito do direito pátrio.
Palavras-chave: Direitos das Crianças e Adolescentes; Direitos Humanos; Autoridade Parental.

Abstract: Through eminently theoretical research, with a juridical-sociological methodological aspect and a juridical-projective investigation carried out through the analysis of the doctrine and the pertinent legislation, the aim was to outline an overview regarding the issue of hypersexualization of children and adolescents. Influencers on social networks, notably in a context of hyperconnection and high use of social networks by children and adolescents. In

---

[1] Especialista em Direito Digital e Proteção de Dados pelo Centro Universitário UniAmérica. Bacharel em Direito - modalidade Integral - pela Escola Superior Dom Helder Câmara. Pesquisador no âmbito do Direito Digital, Direito do Consumidor e Responsabilidade Civil. Copresidente da Associação Guimarães de Estudos Jurídicos - AGEJ. Diretor Executivo e membro do Conselho Editorial do Portal Jurídico Magis. Advogado.

---

the meantime, an analysis was carried out regarding child digital influencers, the rights of infants in Brazil and their guardianship, as well as parental authority and its correlation with the full protection of children and adolescents. In this way, the study proposes to shed light on the proposed theme in order to present adequate solutions regarding the hypersexualization of child influencers, within the scope of national law.

Keywords: Children and Adolescents Rights; Human Rights; Parental Authority.

Resumen: A través de una investigación eminentemente teórica, con un aspecto metodológico jurídico-sociológico y una investigación jurídico-proyectiva realizada a través del análisis de la doctrina y la legislación pertinente, se buscó esbozar un panorama en torno al tema de la hipersexualización de niños y adolescentes. influencers en las redes sociales, sobre todo en un contexto de hiperconexión y alto uso de las redes sociales por parte de niños y adolescentes. Mientras tanto, se realizó un análisis sobre los niños influenciadores digitales, los derechos de los infantes en Brasil y su tutela, así como la patria potestad y su correlación con la protección integral de los niños y adolescentes. De esta forma, el estudio se propone arrojar luz sobre el tema propuesto para presentar soluciones adecuadas respecto a la hipersexualización de los niños influencers, en el ámbito de la legislación nacional.

Palabras Claves: Derechos de la Niñez y la Adolescencia; Derechos Humanos; Autoridad de los Padres.

1 CONSIDERAÇÕES INICIAIS

A sociedade contemporânea é fruto de numerosas transformações, as quais influenciaram de modo significativo a vida em sociedade e, por consequência os paradigmas do Direito.

Com o advento das novas tecnologias informacionais a sociedade perpassou céleres mudanças em sua estrutura. Do surgimento dos computadores até os dias de hoje poucas décadas se passaram, todavia, as alterações decorrentes desses avanços tecnológicos impulsionaram mudanças determinantes na sociedade.

Indubitavelmente, a Internet e as redes sociais já se inseriram no cotidiano das pessoas de modo irrefreável, de modo que a primeira e última coisa que muitos fazem ao acordar e dormir é atualizar seu *feed* da rede social e buscar por novidades.

Nesse sentido, a presença online de pessoas das mais diversas idades é constante nas redes sociais, exsurgindo um fenômeno de hiperconexão, no qual a vida digital assume novos patamares.

No contexto posto, emergem nas plataformas sociais os chamados influenciadores digitais, figuras proeminentes e de grande renome, capazes de alterar e induzir hábitos de vida e de consumo em seus seguidores.

As crianças e adolescentes se estabelecem como grupo com presença de destaque nas redes sociais, seja como consumidores ou criadores de conteúdo, os chamados influenciadores mirins.

Os influenciadores mirins criam conteúdo nas redes sociais voltado para o público infantojuvenil, especialmente a abertura de apresentação de brinquedos e a exposição de sua rotina.

A despeito de grande parte do conteúdo criado por esse grupo de influenciadores aparentar ser inofensivo, cada vez mais verifica-se um fenômeno de hipersexualização desses infantes, os quais se portam como adultos, usam roupas e acessórios inadequadas para sua faixa etária, utilizam expressões e gestos adultizados e, em muitos casos expõem seus corpos na internet em fotos em biquínis de forma claramente erotizada.

A temática da hipersexualização dos influenciadores mirins levanta uma série de controvérsias, especialmente em relação à autoridade parental e a proteção psicoemocional dos infantes.

2 O FENÔMENO DE UMA SOCEIDADE HIPERCONECTADA

A sociedade experienciou, ao longo de seu percurso histórico, numerosas alterações, as quais modificaram de modo determinante a vida de todas as pessoas e do mundo como um todo.

Nesse contexto, o surgimento e desenvolvimento das tecnologias digitais de comunicação se apresenta como um dos fatores primordiais na acelerada evolução, sendo por muitos descrita como uma revolução digital.

A Internet tornou-se um instrumento essencial para o funcionamento das mais diversas estruturas sociais, proporcionando a difusão, o armazenamento e o processamento de dados com velocidade instantânea e grande precisão. Nesse cenário, repleto de transformações tecnológicas, o desenvolvimento das redes sociais virtuais representa um fenômeno recente, que vem causando grande impacto nas relações humanas e, portanto, nas relações jurídicas.[2]

O surgimento da Internet e das redes sociais nas últimas décadas se apresenta como um dos últimos passos da revolução digital, sendo que impulsionaram novos hábitos na vida das pessoas, de tal forma que pensar em uma vida sem a Internet e as redes sociais torna-se uma tarefa difícil, ou mesmo impossível para as novas gerações.

Esse novo paradigma social propiciou a formação de novas relações humanas independentes da proximidade geográfica, permitindo que pessoas de diferentes espaços do mundo criassem comunidades e grupos digitais ligados, única e exclusivamente, por alguma afinidade.[3]

O cenário de intensa conexão, formação das relações intersubjetivas por meio da internet e, mesmo, o exercício da própria cidadania[4] por meio das redes pode ser descrito como um fenômeno de hiperconexão, o qual, por sua vez, qualifica a sociedade contemporânea como sendo hiperconectada.[5]

As redes sociais, progressivamente, angariam mais usuários e tornam-se uma constante na vida das pessoas. Seja pela mera comunicação com outras pessoas, para ter conhecimento relativamente às atualidades, ou para obter conhecimento sobre algum tópico de

---

[2] TEFFÉ, Chiara Spadaccini de; MORAES, Maria Celina Bodin de. Redes sociais virtuais: privacidade e responsabilidade civil análise a partir do marco civil da internet. **Revista Pensar,** v.22, n.1, p.108-146, 2017, p.110.

[3] CHAMPANGNATTE, Dostoiewski Mariatt de Oliveira; CAVALCANTI, Marcus Alexandre de Pádua. Cibercultura – perspectivas conceituais, abordagens alternativas de comunicação e movimentos sociais. **Revista de Estudos da Comunicação,** v.1, n.41, p.312-326, 2015, p.317.

[4] LEMOS, André. **Cibercidade: as cidades na cibercultura.** Rio de Janeiro: E-Papers, 2004, p.17-21.

[5] LÉVY, Pierre. **Cibercultura.** 3. ed. São Paulo: Editora 34, 2010.

interesse, as redes sociais assumem papel de grande relevância na vida das pessoas e, especialmente, das crianças e adolescentes.

> Não há dúvidas de que a Internet, em razão das potencialidades e recursos que oferece, apresenta novas oportunidades para a realização dos direitos de crianças e adolescentes. Além disso, o acesso permanente a tecnologias digitais pode ajudá-los a realizar uma série de direitos civis, políticos, culturais, econômicos e sociais. Contudo, diante dos diversos sujeitos que nela interagem e das sofisticadas formas de tratamento de dados disponíveis, ela apresenta também riscos de violação ou abuso a direitos dos menores.[6]

Diante das numerosas possibilidades ofertadas por esse novo cenário digital, paulatinamente crianças e adolescentes passam a se inserir em plataforma sociais como *YouTube, TikTok* e *Instagram* e consumir conteúdo de diversas formas.

3 INFLUENCIADORES DIGITAIS MIRINS

No contexto posto, novas figuras exsurgem na sociedade, os chamados *Influenciadores Digitais*.

> As novas formas de mídia transformaram a abordagem publicitária dirigida as crianças. Os anunciantes percebendo a crescente e cada vez mais precoce conectividade de crianças à Internet e redes sociais, aproveitaram este espaço para anunciar seus produtos e serviços. Desta forma, ao passo que a comunicação mercadológica busca atingir este público alvo, merece destaque o surgimento dos influenciadores mirins.[7]

---

[6] TEFFÉ, Chiara Spadaccini de. Dados Sensíveis de Crianças e Adolescentes: aplicação do melhor interesse e tutela integral. *In:* TEIXEIRA, Ana Carolina Brochado; FALEIROS JÚNIOR, José Luiz de Moura; DENSA, Roberta (Coords.). **Infância, Adolescência e Tecnologia:** o estatuto da criança e do adolescente na sociedade da informação. Indaiatuba, SP: Editora Foco, 2022, p.299.

[7] EFING, Antônio Carlos; MOREIRA, Angelina Colaci Tavares. Influenciadores mirins: reflexos da publicidade digital direcionada às crianças.

Esse grupo pode ser descrito como indivíduos que exercem influência no público consumidor mediante a criação de conteúdo para as redes sociais, sendo, inclusive, capazes de alterar comportamentos e opiniões de seus seguidores.[8]

Os *influencers*, ademais, exercem o chamado marketing de influência, utilizando-se de seu contato com o público, prestígio, reputação e confiança, para ofertar produtos e serviços para seus seguidores através de contratos com fornecedores.

Verifica-se que os influenciadores digitais se dividem em diversos nichos nas redes sociais, notadamente por meio dos tópicos abordados em sua produção de conteúdo para as redes sociais, de moda a pets, finanças, tecnologia, entretenimento, moda, infanto juvenil, dentro muitos outros, numerosos são os nichos que cindem os *influencers* na Internet e, assim, criam áreas específicas para o público seguidor/consumidor.

Dentre todos os nichos dos influenciadores digitais, aquele que pendem maiores controvérsias diz respeito aos i*nfluencers* mirins, ou influenciadores infantojuvenis. O referido grupo é composto por crianças e adolescentes, as quais criam conteúdo voltado para outras crianças e adolescentes, especialmente a apresentação de sua rotina, *unboxing* de brinquedos e outros produtos, realização de jogos, brincadeiras e pegadinhas.

O caso de maior repercussão relacionado a erotização precoce de influenciadores mirins no Brasil, se refere à cantora Melody, outrora conhecida como MC Melody, nome artístico de Gabriella Abreu

---

Civilistica.com. Rio de Janeiro, a.10, n.3, p.1-18, 2021, p.10. Disponível em: http://civilistica.com/influenciadores-mirins/. Acesso em: 15 abr. 2023.
[8] BARBOSA, Caio César do Nascimento; GUIMARÃES, Glayder Daywerth Pereira; SILVA, Michael César. Publicidade ilícita e sociedade digital: delineamentos da responsabilidade civil do *digital influencer. In:* BARBOSA, Mafalda Miranda; BRAGA NETTO, Felipe Peixoto; SILVA, Michael César; FALEIROS JÚNIOR, José Luiz de Moura (Coords.). **Direito Digital e Inteligência Artificial:** Diálogos entre Brasil e Europa. Indaiatuba, SP: Editora Foco, 2021, p.381-410.

Severiano, a qual possui mais de 12 (doze) milhões de seguidores no Instagram.[9] A influenciadora mirim, atualmente, com 16 (dezesseis) anos de idade, foi alvo de numerosos debates acerca da *hipersexualização infantil*, desde os seus 8 (oito) anos de idade, época em que o Ministério Público de São Paulo abriu um inquérito para investigar o pai da *influencer* por suspeita de violação ao direito ao respeito e à dignidade de crianças e adolescentes.[10] Nas mídias sociais da influenciadora mirim é possível vislumbrar a utilização de um visual adultizado nas postagens divulgadas pela cantora, bem como fotos com poses e clipes musicais com coreografias, letras e cenas com conteúdo erotizado.

Outro caso de destaque em relação à temática, diz respeito à atriz Mel Maia, a qual possui mais de 19 (dezenove) milhões de seguidores no Instagram.[11] A *influencer*, atualmente, com 18 (dezoito) anos de idade, protagonizou numerosas situações de erotização precoce em suas plataformas digitais, durante sua adolescência, ao publicar múltiplas fotos nas redes sociais com teor adultizado, gerando intensas polêmicas relativas à hipersexualização de crianças e adolescentes e o exercício abusivo da autoridade parental.

Os influenciadores mirins, por se tratarem de infantes, são considerados incapazes[12] e, portanto, representados por seus pais e/ou representantes legais na prática dos atos da vida civil, recebendo proteção legal especial mediante as disposições constitucionais e do Estatuto da Criança e do Adolescente – ECA.

Há de se destacar, entretanto, que atualmente se verifica, nas redes sociais, um fenômeno de adultização das crianças e adolescentes

[9] INSTAGRAM. **Melodyoficial3.** 2023. Disponível em: https://www.instagram.com/melodyoficial3/?hl=pt. Acesso em: 13 abr. 2023.

[10] SENRA, Ricardo. Ministério Público abre inquérito sobre 'sexualização' de MC Melody. **BBC Brasil.** 2015. Disponível em: https://www.bbc.com/portuguese/noticias/2015/04/150424_salasocial_inquerito_mcmelody_rs. Acesso em: 13 abr. 2023.

[11] INSTAGRAM. **Melissamelmaia.** 2023. Disponível em: https://www.instagram.com/melissamelmaia/. Acesso em: 13 abr. 2023.

[12] BRASIL. **Código Civil - Lei 10.406.** 2002. Disponível em: http://www.planalto.gov.br/ccivil_03/leis/2002/l10406compilada.htm. Acesso em: 15 abr. 2023.

mediante sua erotização precoce, própria hipersexualização dos infantes, os quais posam com roupas reveladoras, utilizam apetrechos, acessórios e vestimentas voltadas para o público adulto e portam-se como se adultos fossem, sempre de forma sexualizada.

> Além do aspecto da exploração da imagem infantil, especialistas alertam que muitos pais projetam suas emoções infantilizados na vida dos rebentos e, na ânsia de serem imitados e admirados pelos filhos, acabam por adultizá-lo, tolerando e incentivando comportamentos que não são apropriados para a infância. Como o uso de roupas sensuais, crianças dançando músicas inadequadas para a idade, tirando fotos com atitudes de adultos, só para mencionarmos alguns.[13]

A referida sexualização precoce das crianças e adolescentes pode repercutir de formas diversas em sua personalidade e impactar de modo determinante seu desenvolvimento psicoemocional,[14] causando, desse modo, danos irreversíveis, ou de difícil reparação, aos infantes.

> A tecnologia ilimitada para a criança pode comprometer seriamente sua relação social baseada no afeto, causar déficit de atenção por conta dos estímulos de alta frequência de jogos eletrônicos, gerar hiperexposição (ocasionando o *bullying* ou *cyberbullying*), a hiperssexualização (a qual pode levar de forma não intencional a uma situação que envolva pedofilia), entre outros problemas.[15]

---

[13] GOLDHAR, Tatiane Gonçalves Miranda; MIRANDA, Glícia Thais Salmeron. A exposição de crianças e adolescentes com fins comerciais nas redes sociais, mecanismos de proteção e a responsabilidade civil dos pais ou responsáveis. *In:* EHRHARDT JÚNIOR, Marcos (Coord.). **Vulnerabilidade e novas tecnologias.** Indaiatuba, São Paulo: Editora Foco, 2023, p.263.

[14] TEIXEIRA, Ana Carolina Brochado; MEDON, Filipe. A hipersexualização infantojuvenil na internet e o papel dos pais: liberdade de expressão, autoridade parental e melhor interesse da criança. *In:* EHRHARDT JÚNIOR, Marcos; LOBO, Fabíola Albuquerque; ANDRADE, Gustavo (Coords.). **Liberdade de Expressão e Relações Privadas.** Belo Horizonte: Fórum, 2021.

[15] LAS CASAS, Fernanda. O incesto financeiro de ativos digitais. **Magis: Portal Jurídico.** 2023. Disponível em: https://magis.agej.com.br/o-incesto-financeiro-de-ativos-digitais/. Acesso em: 15 abr. 2023.

A hipersexualização dos infantes é praticada por seus represantes, ou mesmo pela própria criança e adolescente, com o objetivo de adquirir maior popularidade nas redes sociais, alcançar elevado número de seguidores, realizar publicidade para produtos e serviços e, assim, obter remuneração econômica.

A hipersexualização de crianças e adolescentes não é tema recente, todavia, com o advento da Internet e das redes sociais, assume novas proporções. Isso pois, por meio de tais tecnologias os infantes passam a ter contato direito com um número indeterminado de pessoas, muitas vezes desconhecidos, as quais, por sua vez, influenciam e estimulam a adoção de características, gestos, gostos, posturas, condutas e adoção de vestimentas incompatíveis com sua faixa etária, realizando, desse modo, sua adultização de forma incompatível com seu desenvolvimento físico, mental e emocional.

A prática da adultização dos infantes, notadamente dos influenciadores mirins, causa efeitos deletérios á criança ou adolescente e repercute em toda sua vida, sendo que constitui

Nesse seguimento, demonstra-se como necessária a atuação do Ministério Público e dos Conselhos Tutelares nesses casos, de modo a resguardar a imagem do infante, bem como seu desenvolvimento psicoemocional salutar.

4   A HIPERSEXUALIZAÇÃO DO INFLUENCIADOR MIRIM E SUA PROTEÇÃO LEGAL

Os infantes são representados ou assistidos pelos pais ou representantes legais para a prática dos atos da vida civil, complementarmente, até que alcancem a maioridade, 18 (dezoito) anos, devem ser guiados e protegidos pelos seus responsáveis.

A Constituição da República de 1988 determina que as crianças e adolescentes são objeto de proteção especial uma vez que se encontram em uma fase de desenvolvimento de sua personalidade.[16]

---

[16] BRASIL. **Constituição da República Federativa do Brasil.** 1988. Disponível   em:

O artigo 227 do texto constitucional estabelece que:

> É dever da família, da sociedade e do Estado assegurar à criança, ao adolescente e ao jovem, com absoluta prioridade, o direito à vida, à saúde, à alimentação, à educação, ao lazer, à profissionalização, à cultura, à dignidade, ao respeito, à liberdade e à convivência familiar e comunitária, além de colocá-los a salvo de toda forma de negligência, discriminação, exploração, violência, crueldade e opressão.[17]

O artigo retromencionado tutela o melhor interesse dos infantes, de modo que, em matéria da hipersexualização de crianças e adolescentes nas redes sociais, conclui-se que seus representantes devem se abster de publicar, ou permitir que se publique, conteúdo que possa repercutir negativamente no livre e sadio desenvolvimento da personalidade dos infantes. Logo, devem zelar pela incolumidade psicoemocional, moral e física das crianças e adolescentes em atenção à autoridade parental que lhes é incumbida.

Adicionalmente à previsão constitucional, o Estatuto da Criança e do Adolescente, por intermédio de seus artigos 15, 17 e 18, elenca como garantia fundamental aos infantes, o respeito e a primazia pela dignidade humana, assegurando-se, assim, um caráter protetivo especial estabelecido pelo referido Estatuto aos infantes no ambiente digital.[18]

Nessa linha de intelecção, à luz dos deveres impostos pela autoridade parental os pais e representantes dos infantes devem agir de modo a resguardar as crianças e adolescentes sob sua tutela, notadamente mediante a curadoria do conteúdo acessado e criado na Internet e redes sociais.

---

http://www.planalto.gov.br/ccivil_03/constituicao/constituicao.htm. Acesso em: 15 abr. 2023.

[17] BRASIL. **Constituição da República Federativa do Brasil.** 1988. Disponível em: http://www.planalto.gov.br/ccivil_03/constituicao/constituicao.htm. Acesso em: 15 abr. 2023.

[18] BRASIL. **Estatuto da Criança e do Adolescente.** Lei nº 8.069. 1990. Disponível em: http://www.planalto.gov.br/ccivil_03/leis/l8069.htm. Acesso em: 15 abr. 2023.

Ressalta-se que atualmente inexistem regramentos legais específicos para o tratamento da questão relativa à hipersexualização de crianças e adolescentes influenciadores nas redes sociais. Não obstante, as disposições estabelecidas pela Constituição da República de 1988 e pelo Estatuto da Criança e do Adolescente disciplinam o regime de proteção integral do infante, do melhor interesse da criança e adolescente, bem como do respeito a seus direitos fundamentais e dignidade humana, com o objetivo de resguardar o infante e garantir a adequada tutela desses hipervulneráveis.

Os pais e representantes legais devem, portanto, orientar, supervisionar e garantir que os infantes utilizem as redes sociais de forma segura, de modo a minimizar a possibilidade que a exposição das crianças e dos adolescentes enseje situações de desconforto, angústia, constrangimento ou humilhação.

A hipersexualização do influenciador mirim pode se perfazer de dois modos: i) a situação na qual os pais ou representantes estimulam a publicação do conteúdo erotizado da criança e adolescente nas redes sociais; ii) a situação na qual o próprio menor promove o conteúdo erotizado, mas com anuência de seus pais ou representantes.

Ambas as hipóteses destacadas representam situações gravosas relacionadas ao exercício da autoridade parental seja pela omissão relativa à proteção do infante, seja pela ação comissiva (atuação positiva) no sentido de expor de modo inadequado a criança ou adolescente nas redes sociais mediante publicações erotizadas.

Nessa toada, José Luiz de Moura Faleiros Júnior e Fernanda Pantaleão Dirscherl suscitam ser dever dos pais ou responsáveis cuidar para que os infantes utilizem as novas tecnologias digitais de modo responsável, zelando pela proteção das crianças e adolescentes, bem como para a formação e desenvolvimento de sua personalidade em ambiente digital.[19]

---

[19] FALEIROS JÚNIOR, José Luiz de Moura; DIRSCHERL, Fernanda Pantaleão. Proteção de Dados de Crianças e Adolescentes em Redes Sociais: uma leitura do artigo 14 da LGPD para além do mero controle parental. *In:* TEIXEIRA, Ana Carolina Brochado; FALEIROS JÚNIOR, José Luiz de Moura;

Conclui-se, portanto, que no exercício da autoridade parental, é imposto aos pais e representantes dos infantes uma atuação positiva no sentido de garantir a efetiva proteção às crianças e adolescentes sua guarda e proteção em ambiente digital. Complementarmente, as redes sociais devem desestimular esse tipo de conduta por meio de suas diretrizes de utilização, até mesmo removendo conteúdos que aviltem contra os interesses dos infantes. Para além dos agentes elencados, o Estado, por meio do Ministério Público e dos Conselhos Tutelares devem atuar junto à sociedade no sentido de garantir a efetiva tutela dos infantes no ambiente digital, com a finalidade de se coibir situações relacionadas a hipersexualização infanto-juvenil, a erotização precoce e a adultização de crianças e adolescentes nas redes sociais.

5   CONSIDERAÇÕES FINAIS

A sociedade contemporânea é amalgama de múltiplas modificações e revoluções tecnológicas ao longo dos anos. Do surgimento da comunicação verbal, da escrita, até mais recentemente a Internet e as redes sociais, todos esses marcos tornaram a sociedade no que é hoje.

Um dos últimos passos nesse longo percurso de avanço tecnológico comunicacional e informacional diz respeito ao surgimento das redes sociais, espaços comunitários que permitem a interconexão digital entre indivíduos de todo o mundo.

Destaca-se que, contemporaneamente, plataformas digitais como *YouTube*, *Facebook*, *TikTok* e *Instagram* se inseriram de modo irrefreável na vida das pessoas, de tal forma que se faz difícil, ou mesmo impossível, cogitar uma vida sem a conexão a essas redes sociais.

As redes sociais tornaram-se, em um curto lapso temporal, parte integrante da vida das pessoas e, até mesmo, extensão de seus direitos da personalidade. Isto pois, é o espaço no qual pode-se encontrar o maior

---

DENSA, Roberta (Coords.). **Infância, Adolescência e Tecnologia:** o estatuto da criança e do adolescente na sociedade da informação. Indaiatuba, SP: Editora Foco, 2022, p.347-360.

número de informações, fotos, vídeos e dados relativamente a uma única pessoa.

No contexto de massiva utilização das redes sociais e da Internet como um todo, admite-se a existência de um fenômeno de hiperconexão, o qual possibilita a caracterização da sociedade contemporânea como um modelo de sociedade hiperconectada.

Diante dessa hiperconexão e da massiva utilização das redes sociais demais plataformas online, mesmo crianças e adolescentes passam a integram esses noveis espaços digitais. Não é incomum encontrar conteúdo exclusivamente voltado para o público infanto juvenil na Internet, ou mesmo conteúdo criado por esse grupo.

A criação de conteúdo online demonstra-se uma atividade usual e realizada por todos indivíduos em rede, todavia, um grupo específico realiza essa atividade de forma profissionalizada e organizada, são os denominados *digital influencers.*

Os influenciadores digitais ou simplesmente *influencers* são caracterizados por indivíduos que que exercem influência no público consumidor mediante a criação de conteúdo para as redes sociais, sendo, inclusive, capazes de alterar comportamentos e opiniões de seus seguidores e, para tanto, utilizam-se do marketing de influência para obtenção de lucro mediante a realização de publicidade para fornecedores de produtos e serviços.

Os referidos influenciadores digitais dividem-se em múltiplos nichos, destaca-se, no escopo desse estudo o nicho dos influenciadores mirins, isto é, influenciadores digitais crianças e adolescentes que, em regra, produzem conteúdo voltado para o público infantojuvenil como o *unboxing* de brinquedos, demonstração de brincadeiras e apresentação de sua torina.

Ocorre que, em determinadas hipóteses esses influenciadores mirins padecem com a chamada hipersexualização, ou seja, sua erotização precoce.

Destaca-se que tal adultização dos infantes obstrui seu livre desenvolvimento da personalidade, sendo essa erotização precoce, ainda, detrimental para sua saúde psicoemocional, resultando em profundos impactos vislumbrados ao longo de sua vida.

A hipersexualização do influenciador mirim pode se perfazer de dois modos: i) a situação na qual os pais ou representantes estimulam a publicação do conteúdo erotizado da criança e adolescente nas redes sociais; ii) a situação na qual o próprio menor promove o conteúdo erotizado, mas com anuência de seus pais ou representantes.

Ambas as hipóteses destacadas representam situações gravosas relacionadas ao exercício da autoridade parental seja pela omissão relativa à proteção do infante, seja pela ação comissiva (atuação positiva) no sentido de expor de modo inadequado a criança ou adolescente nas redes sociais mediante publicações erotizadas.

Conclui-se, portanto, que no exercício da autoridade parental, é imposto aos pais e representantes dos infantes uma atuação positiva no sentido de garantir a efetiva proteção às crianças e adolescentes sua guarda e proteção em ambiente digital. Complementarmente, as redes sociais devem desestimular esse tipo de conduta por meio de suas diretrizes de utilização, até mesmo removendo conteúdos que aviltem contra os interesses dos infantes. Para além dos agentes elencados, o Estado, por meio do Ministério Público e dos Conselhos Tutelares devem atuar junto à sociedade no sentido de garantir a efetiva tutela dos infantes no ambiente digital, com a finalidade de se coibir situações relacionadas a hipersexualização infanto-juvenil, a erotização precoce e a adultização de crianças e adolescentes nas redes sociais.

REFERÊNCIAS

BARBOSA, Caio César do Nascimento; GUIMARÃES, Glayder Daywerth Pereira; SILVA, Michael César. Publicidade ilícita e sociedade digital: delineamentos da responsabilidade civil do *digital influencer. In:* BARBOSA, Mafalda Miranda; BRAGA NETTO, Felipe Peixoto; SILVA, Michael César; FALEIROS JÚNIOR, José Luiz de Moura (Coords.). **Direito Digital e Inteligência Artificial:** Diálogos entre Brasil e Europa. Indaiatuba, SP: Editora Foco, 2021, p.381-410.

BRASIL. **Constituição da República Federativa do Brasil.** 1988. Disponível em: http://www.planalto.gov.br/ccivil_03/constituicao/constituicao.htm. Acesso em: 15 abr. 2023.

BRASIL. **Estatuto da Criança e do Adolescente.** Lei nº 8.069. 1990. Disponível em: http://www.planalto.gov.br/ccivil_03/leis/l8069.htm. Acesso em: 15 abr. 2023.

BRASIL. **Código Civil - Lei 10.406.** 2002. Disponível em: http://www.planalto.gov.br/ccivil_03/leis/2002/l10406compilada.htm. Acesso em: 15 abr. 2023.

CHAMPANGNATTE, Dostoiewski Mariatt de Oliveira; CAVALCANTI, Marcus Alexandre de Pádua. Cibercultura – perspectivas conceituais, abordagens alternativas de comunicação e movimentos sociais. **Revista de Estudos da Comunicação,** v.1, n.41, p.312-326, 2015.

EFING, Antônio Carlos; MOREIRA, Angelina Colaci Tavares. Influenciadores mirins: reflexos da publicidade digital direcionada às crianças. **Civilistica.com.** Rio de Janeiro, a.10, n.3, p.1-18, 2021, p.10. Disponível em: http://civilistica.com/influenciadores-mirins/. Acesso em: 15 abr. 2023.

FALEIROS JÚNIOR, José Luiz de Moura; DIRSCHERL, Fernanda Pantaleão. Proteção de Dados de Crianças e Adolescentes em Redes Sociais: uma leitura do artigo 14 da LGPD para além do mero controle parental. *In:* TEIXEIRA, Ana Carolina Brochado; FALEIROS JÚNIOR, José Luiz de Moura; DENSA, Roberta (Coords.). **Infância, Adolescência e Tecnologia:** o estatuto da criança e do adolescente na sociedade da informação. Indaiatuba, SP: Editora Foco, 2022, p.347-360.

GOLDHAR, Tatiane Gonçalves Miranda; MIRANDA, Glícia Thais Salmeron. A exposição de crianças e adolescentes com fins comerciais nas redes sociais, mecanismos de proteção e a responsabilidade civil dos pais ou responsáveis. *In:* EHRHARDT JÚNIOR, Marcos (Coord.). **Vulnerabilidade e novas tecnologias.** Indaiatuba, São Paulo: Editora Foco, 2023.

INSTAGRAM. **Melissamelmaia.** 2023. Disponível em: https://www.instagram.com/melissamelmaia/. Acesso em: 13 abr. 2023.

INSTAGRAM. **Melodyoficial3.** 2023. Disponível em: https://www.instagram.com/melodyoficial3/?hl=pt. Acesso em: 13 abr. 2023.

LEMOS, André. **Cibercidade: as cidades na cibercultura.** Rio de Janeiro: E-Papers, 2004.

LAS CASAS, Fernanda. O incesto financeiro de ativos digitais. **Magis: Portal Jurídico.** 2023. Disponível em: https://magis.agej.com.br/o-incesto-financeiro-de-ativos-digitais/. Acesso em: 15 abr. 2023.

LÉVY, Pierre. **Cibercultura.** 3. ed. São Paulo: Editora 34, 2010.

SENRA, Ricardo. Ministério Público abre inquérito sobre 'sexualização' de MC Melody. **BBC Brasil.** 2015. Disponível em: https://www.bbc.com/portuguese/noticias/2015/04/150424_salasocial_inquerito_mcmelody_rs. Acesso em: 13 abr. 2023.

TEFFÉ, Chiara Spadaccini de; MORAES, Maria Celina Bodin de. Redes sociais virtuais: privacidade e responsabilidade civil análise a partir do marco civil da internet. **Revista Pensar,** v.22, n.1, p.108-146, 2017.

TEFFÉ, Chiara Spadaccini de. Dados Sensíveis de Crianças e Adolescentes: aplicação do melhor interesse e tutela integral. *In:* TEIXEIRA, Ana Carolina Brochado; FALEIROS JÚNIOR, José Luiz de Moura; DENSA, Roberta (Coords.). **Infância, Adolescência e Tecnologia:** o estatuto da criança e do adolescente na sociedade da informação. Indaiatuba, SP: Editora Foco, 2022.

TEIXEIRA, Ana Carolina Brochado; MEDON, Filipe. A hipersexualização infantojuvenil na internet e o papel dos pais: liberdade de expressão, autoridade parental e melhor interesse da criança. *In:* EHRHARDT JÚNIOR, Marcos; LOBO, Fabíola Albuquerque; ANDRADE, Gustavo (Coords.). **Liberdade de Expressão e Relações Privadas.** Belo Horizonte: Fórum, 2021.

www.ingramcontent.com/pod-product-compliance
Lightning Source LLC
Chambersburg PA
CBHW072348290526

45794CB00001B/39